荊木美行著

風土記と古代史料の研究

国書刊行会

風土記と古代史料の研究　目次

風土記と古代史料の研究

Ⅰ風土記の研究

第一章 『摂津国風土記』「比売嶋」小考

『摂津国風土記』逸文　『摂津国風土記』については、林羅山『諸国風土記抜萃』以来、多くの研究者が逸文の採訪につとめており、現在では、三十条近い記事が確認されている。これは、一国の風土記逸文としては群を抜いて多い。

もっとも、このなかには、いわゆる古風土記の逸文としては疑わしいものも少なからずふくまれており、すべてが古風土記のそれではない。しかしながら、われわれにとってありがたいのは、『摂津国風土記』逸文のなかには、『萬葉集註釈』や『釈日本紀』に引用されたものが存することである。あらためてのべるまでもないが、仙覚の『萬葉集註釈』（『萬葉集抄』とも）は、萬葉歌の解釈、とくにそこに歌われた地名の注釈のために、諸国の風土記の記事を多数引用している。その数およそ五十五条。同様に、卜部兼方が父兼文の講義録をもとに編輯したという『釈日本紀』も、『日本書紀』にみえる地名等に注釈を施すにあたって、これまた風土記を駆使しており、引用は六十七条にも及んでいる。

『萬葉集註釈』・『釈日本紀』は、ともに鎌倉時代中期、十三世紀後半の著作である。そこには、『出雲国風土記』など現存する風土記からの引用も多数みられ、それが現存本の記述と合致するところから、他の風土記についても、古風土記から直接引用である可能性が大きい。『摂津国風土記』の場合、『萬葉集註釈』に四条、『釈日本紀』に五条の逸文が引用されているが（うち、「住吉」は二書に重出）、このなかには、「夢野」など、比較的長文の、内容豊かなものがふくまれている。[1] 小論が取り上げる「比売嶋の松原」の一条も、『萬葉集註釈』巻二に引用される、信頼のおける『摂津国風土記』逸文である。

まず、原文を示すと、つぎのとおりである。

摂津国風土記云。比売島松原。右。軽島豊阿伎羅宮御宇天皇世。新羅国有二女神一。遁二去其夫一来。暫住二筑紫国伊波比乃比売島一。〈地名。〉乃曰「此島者。猶不二是遠一。若居二此嶋一。男神尋来」。乃更遷来。遂停二此島一。故取二本所一住之地名。以為二嶋号一。（『萬葉集註釈』二、萬葉集叢書本九五頁）

摂津国にあった比売嶋の島名の由来を説いた一文で、それが新羅国の女神が夫である男神を逃れて居住していた筑紫国の伊波比乃比売島（現在の大分県東国東郡姫島村）にもとづくものであると説明している。「伊波比乃比売島」の直下に「地名」とあるのは、それが地名であることを注記したものである。『摂津国風土記』が、名詞の直下に「地名」「木名」と割注のかたちで説明を加えていたことはほかにも例があり、同書の筆法だったのであろう。

比売嶋の史料　小論でおもに取り上げたいのは、摂津国の比売嶋がどこにあったのかという問題である。難波の地に比売嶋と称する地があったことは、他の史料からも確認できる。すなわち、『日本書紀』安閑天皇二年（五三五）九月十三日条に、

丙辰。別勅二大連一云。宜レ放二牛於難波大隅嶋与二媛嶋松原一。冀垂二名於後一。

とあり、さらに、『続日本紀』霊亀二年（七一六）二月二日条に、

令三摂津国罷二大隅・媛嶋二牧一。聴三佰姓佃食二之。

とあって、安閑天皇朝から、難波には、大隅嶋[2]とともに媛嶋と呼ばれる島が存在し、牧として利用されていたことが知られる。牧は、牛馬を放牧する牧場をいい、その管理上島嶼に設けられることがあったが、これもその例で

ある。[3]「島」としるされるところから判断すると、古くは島嶼状の地形であったことが知られるが、大隅嶋のほうは、『続日本紀』霊亀二年二月条には「大隅」とのみあれば、あるいはこの時代にはすでに陸続きになっていたのかも知れない。

また、時期は前後するが、『日本書紀』敏達天皇十二年（五八三）是歳条には、百済から日羅を召還したという、有名な話がみえている。日羅は、彼とともに来日した徳爾に殺害されるが、敏達天皇の詔によって日羅を小郡に埋葬としたのちの顛末をのべたくだりに、つぎのような記載がある。

天皇詔二贄子大連・糠手子連一。令レ収二葬於小郡西畔丘前一。以二其妻子・水手等一。居二于石川一。於レ是大伴糠手子連議曰。聚二居一処一。恐生二其変一。乃以二妻子一居二于石川百済村一。水手等居二于石川大伴村一。収二縛徳爾等一置二於下百済阿田村一。遣二数大夫一推二問其事一。徳爾等伏レ罪言。信。是恩率・参官教使レ為也。僕等為二人之下一不二敢違一矣。由レ是下レ獄復二命於朝庭一。乃遣二使於葦北一。悉召二日羅眷族一。賜二徳爾等一任レ情決罪。是時葦北君等受而皆殺。投二弥売嶋一。〈弥売嶋。蓋姫嶋也。〉以二日羅一移二葬於葦北一。於レ後海畔者言。恩率之船被レ風没レ海。参官之船漂二泊津嶋一。乃始得レ帰。

すなわち、日羅の一族によって殺害された徳爾を遺棄した場所として「弥売嶋」の名がみえるのだが、これは物語に登場する他の地名から推して、安閑天皇紀や霊亀二年二月条にみえる媛嶋とおなじ難波の比売嶋とみてよいであろう。

また、『萬葉集』巻二にも、

和銅四年歳次辛亥河辺宮人姫嶋松原見二嬢子一屍悲嘆作歌二首

（二二八）妹之名者　千代尓将流　姫嶋之　子松之末尓　蘿生萬代尓

（妹が名は　千代に流れむ　姫島の　小松が末に　苔生すまでに）

（二二九）難波方　塩干勿有曽祢　沈之　妹之光儀乎　見巻苦流思母

（難波潟　潮干なありそね　沈みにし　妹が姿を　見まく苦しも）

という姫島（比売嶋）を題材にした歌二首がみえている。[4] 冒頭に引いた『摂津国風土記』逸文が『萬葉集註釈』に引用されているのも、じつは、これら萬葉歌にみえる「姫嶋」の地名比定に関聯してのことである。したがって、この「姫島」も『摂津国風土記』逸文の比売嶋とおなじ場所を指すと考えてまちがいあるまい。

なお、ほかにも、『古事記』仁徳天皇段に、

亦一時、天皇為レ将二豊楽一而、幸二行日女嶋一之時、於二其嶋一鴈生レ卵。爾召二建内宿祢命一、以レ歌問二鴈生卵之状一。其歌曰。「多麻岐波流、宇知能阿曽。那許曽波、余能那賀比登。蘓等美都、夜麻登能久迩波爾、加理古牟登岐久夜」於レ是、建内宿祢以レ歌語白。「多迦比迦流、比能美古。宇倍志許曽、斗比多麻閇。麻許曽迩、斗比多麻閇。阿礼許曽波、余能那賀比登。蘓等美都、夜麻登能久迩波尓、加理古牟登、伊麻陀岐加受」如レ此白而、被レ給二御琴歌一曰。「那賀美古夜、都毘尓斯良牟登、加理波古牟良斯」此者、本岐歌之片歌也。

とあり、やはり「日女嶋」の名がみえているが、この史料についてはのちにあらためてふれる。

比売嶋はどこか　これらの史料にみえる比売嶋が難波のどのあたりにあったのかということについては、古来議論がある。

古く契沖の『萬葉代匠記』初稿本には「今は姫島とも姫こそともいふ所きこえず」とあり、『摂陽群談』巻第五「島の部」にも、「同郡（川辺郡＝荊木註）に属す。方角所指不詳」[5] とあり、いずれも所在地を明確にしていない。ちなみに、奥野健治氏は、この二書の記載をうけて、「恐らく此時代（元禄頃）には稗島村未だ立ちゐざりしか

或は其所在さ程現はれゐざりしものの如し（但延宝五年に新検地行はれし記録ありと云へば既に稗島村建てりしか）」[6]とのべている。その後、享保二十年（一七三五）に刊行された地誌『日本輿地通志』[7]（いわゆる『摂津志』）、畿内部第五十二、摂津国之四『摂津志』西生郡条が「姫島〈稗島村〉」としるし、爾来、これが通説となる。[8]稗島村は、現在の西淀川区姫島・姫里附近をいう（以下、この説をたんに「姫島説」と書くこともある）。

宝暦十二年（一七六二）刊行の谷川士清『日本書紀通證』巻二十三には「媛島松原〈在西成郡。今日羝嶋（後略）〉」（『日本書紀通證』第三巻〈臨川書店、昭和五十三年十一月〉一四〇五頁による）とあり、明治以降でも、栗田寛『古風土記逸文考證』（大日本図書株式会社、明治三十六年六月、のち昭和五十二年六月に有峰書店から復刻、ここでの引用は後者による）が「摂津志に西成郡姫島、稗島村とある地なるべし」（七四頁）とのべ、さらに、吉田東伍『大日本地名辞書』（冨山房、明治三十三年三月、のち昭和四十四年十二月増補版発行、ここでの引用は後者による）も「媛嶋」の項で「今の稗島村なり、中津神崎二川の間に横はり、南なる伝法西なる大和田は今に海口たり、往時媛嶋も海口なるべし」（五六三頁）としるすなど、いずれも『摂津志』の説を踏襲している。[9]

ちなみに、寛政八〜十年（一七九六〜一七九八）に刊行された秋里籬島『摂津国名所図会』や弘化二年（一八四五）刊行の池本鴨眠『和歌名所一覧』には、姫島の西北にあたる尼崎市大物附近にあてる説がみえているが、これは奥野氏も指摘するように、姫島に近接する以外にとくに根拠があるとは思われない（『萬葉摂河泉志考』〈前掲〉六四八〜六四九頁）。

東淀川区崇禅寺説　もっとも、この姫島説に対しては異論も寄せられている。たとえば、摂津池田の酒造業西大和屋の当主で江戸後期の国学者だった山川正宣（一七九〇〜一八六三）は、その著『姫島考』において、「同書姫島を稗島なりと云はあたらす」として『摂津志』の所説を批判している。これは、さきにあげた『古事記』下巻、仁徳天皇段に「天皇為レ将二豊楽一而、幸二行日女嶋一之時、於其嶋鴈生レ卵」とあるのを、『日本書紀』仁徳天皇五十年三月五日条では、「河内人奏言。於二茨田堤一鴈産之」としるしている点が大きなよりどころとなっている。両者の異同をうけて、正宣は「此茨田は今の茨田郡にて両岸の差別は異説なれとも、姫島は何にまれ難波の皇居より西には在へからぬをおもふへし」とのべる。さらに、彼は、『萬葉集註釈』が『摂津国風土記』逸文の「比売嶋松原」の直下に「風十記の次上に長楽〈地名〉の辺とみえたり」[10]としるすことに注目し、「右の説をもて考ふれば今の下中島北方村なる崇禅寺馬場に決せり。古は今の柴島辺以上には堤はなく渺々たる浪速江にして其処々に在し島の名の斯残りしなれは、此松原も其岸にて屍なともうちよせなり」と推測している。

なお、幕末の安政二年（一八五五）ごろ書かれた暁鐘成『摂津名所図会大成』（船越政一郎編纂校訂『浪速叢書』第七・八〈浪速叢書刊行会、昭和二年二月・同三年八月〉所収）巻之十一の「姫嶋松原」の項でも「北中嶋崇禅寺馬場の松原ならむ」として、山川正宣の説を詳しく引用・紹介しているが、[11]この引用をみた瀧川政次郎「律令時代における淀川河畔の牧場」（『政経論叢』六―六〈昭和三十二年七月〉、のち補遺を加えて『増補新版日本社会経済史論考』〈名著普及会、昭和五十八年九月〉所収、ここでの引用は後者による）は、この山川説を「非常な卓見である」として（五五〇頁）、「『記・紀』の作者が、日女島（媛島）と茨田とを混乱しているところを見ると、媛島は守口の近くにあった難波の入江中の島ではなかったかと思う」とのべる。瀧川氏は、さらに進んで、比売許曾神社の所在地が東生郡とされていることから、「故に私は媛島は、笠縫島と並んで、難波碕即ち今の上町大地の東側にあった島であろう」（五五一頁）としているが、同氏の説については、氏の比売許曾神社に関する専論をもとに、のちほどあらためて紹介する。

大正区三軒家附近説　ところで、比売嶋の比定地は、これにとどまるものではない。明和五年（一七六八）に出版された賀茂真淵『萬葉考』二之考の頭註には、「古き難波の図を見るに、姫島・衢壌島・江小島などいふ島六有し

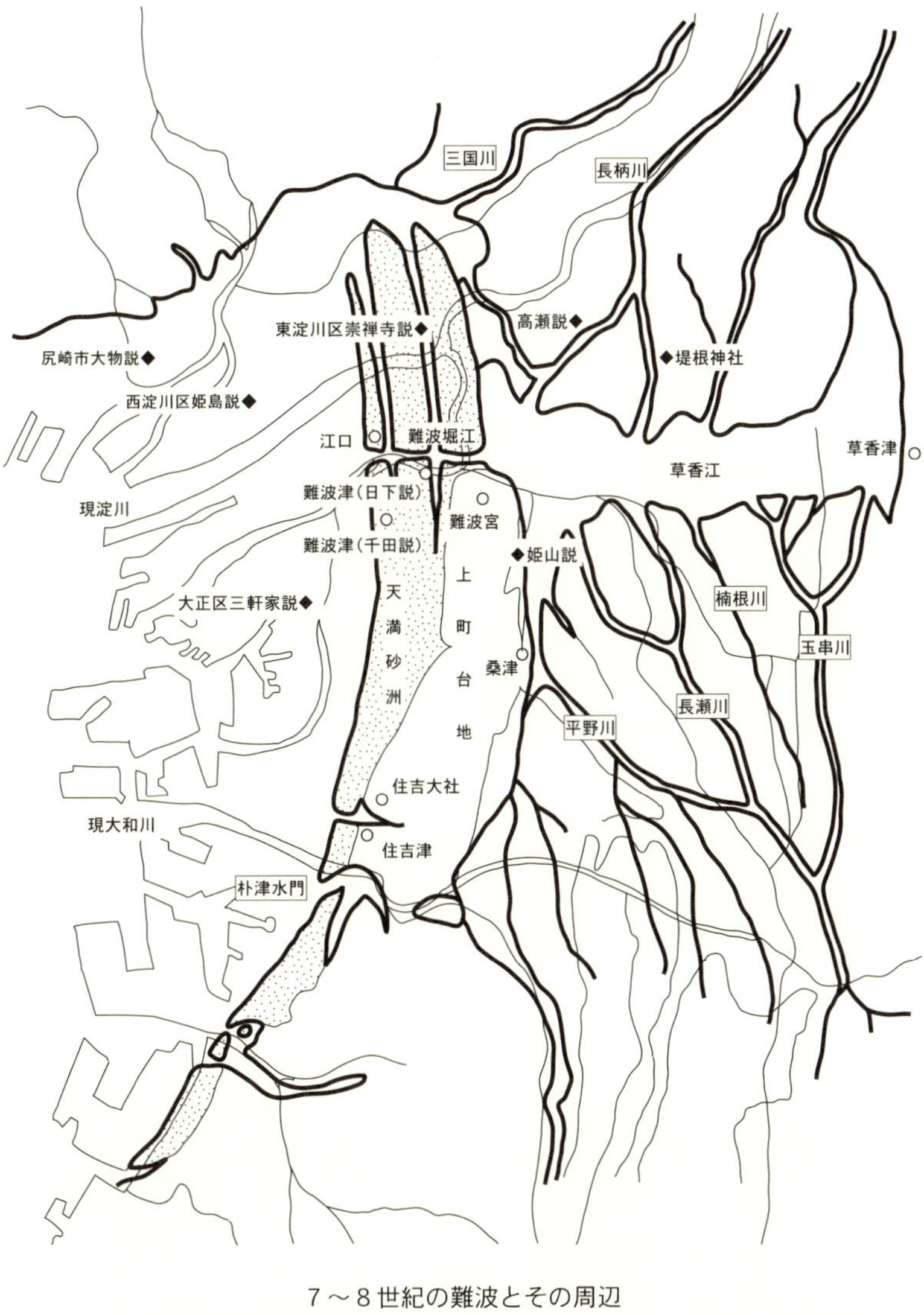

７～８世紀の難波とその周辺

日下雅義『古代景観の復原』（中央公論社、平成３年５月）を参考に作成。太線は当時の復原地形を示し、細線がこんにちの地形を示している。図中の「難波宮」は前期難波宮跡。

を、今は其辺陸と成て、くじやく島・えのこ島てふは里の名と成てあり、然れは姫島も此辺なりしを、今は名さへ伝らずなりぬ」（『賀茂真淵全集』第一巻〈続群書類従完成会、昭和五十二年四月〉所収、一七九頁）とみえ、さらに、寛政二年（一七九〇）から文政五年（一八二二）にかけて刊行された本居宣長『古事記伝』三十七之巻では、さきに引いた『古事記』下巻の仁徳天皇段の「日女嶋」を注解して、

日女嶋は、摂津国西成郡にあり、【難波の古き図を見るに、姫島は、九条嶋の南に並びたる嶋にて、今世に、勘助嶋と云処のあたりにあたれり、大坂の西の辺にて、南によれる処なり、然るを或説には、姫島は、今稗嶋と云処是なりと云り、稗嶋村は、下中嶋と云処の内にて、大坂の西北なり、彼古図の地とは合はず、なほよく尋ねて定むべし】」（『本居宣長全集』第十二巻〈筑摩書房、昭和四十九年三月〉一三三頁）

とのべている。真淵と宣長のみたという古地図はおなじものであったと思われるが、そこにみえる「姫島」は現大阪市大正区にかつて存在した勘助嶋の旧名である（木津村の中村勘助が開発したことから、勘助嶋の名がある）。この附近にもまた「姫島」の地名のあったことは、姫島はかならずしも一箇所ではなかったことを示すものとして興味深い。つとに井上正雄『大阪府全志』巻二（大阪府全志発行所、大正十一年十一月、のち昭和五十年十一月清文堂出帆より複刻）が注意をうながしたように（四四七頁）、遺称地によって比売嶋の所在を確定することには注意が必要である。

ちなみに、『行基年譜』「天平十三年記」に、「堀四所」の一つとして記載される「比売嶋堀川〈長六百丈。深六丈五尺。在西城郡津守村〉」は、津守村にあったというのだから、大正区の姫島附近の開鑿を伝えたものであろう。

『大阪府全志』の姫山説　ところで、右に引いた井上正雄『大阪府全志』巻二（前掲）は、「三光神社の所在地たる姫山〔現在の大阪市天王寺区玉造本町にある三光神社附近。境内地は姫山・嬪山と呼ばれ、神社もかつては姫山神社と称した＝荊木註〕は、比売嶋松原の遺称ならんか」（四四六頁）として、独自の説を展開している。

井上氏は、『摂津国風土記』逸文にみえる新羅国の女神を応神天皇記の阿賀流比売のこととみて、

阿賀流比売の留りたる所は同記のみに依れば、一見四方環海の島なるが如し。旧志に西成郡の稗島を以て之に擬するは、同地が島なりしと島名の姫島たりしとに依れり。然るに古事記に依れば阿賀流比売は難波に留りて比売碁曾神となると記し、且、其の後を追ひ来れる夫の天日矛は、将に難波に入らんとして其の渡の神に塞へられ、入ることを得ずして多遅麻国に去れりと見ゆれば、其の留りし所は難波渡よりも内部ならざるべからず。難波渡は已に第三聯合の条に於て記せしが如く、同聯合に属する難波碕の北辺なる天満川の辺なりしと明なり。（中略）然るに此の地（姫山＝荊木註）は天満川以内なるのみならず、高津丘の東部にありて玉造江に瀕しければ、難波渡を経て此に留り、其の地に松林繁茂し、且つ水辺にして島地の観ありしが為め、旧住地の名を之に命じて比売島の松原と呼び、其の称残りて後世に姫山の名を伝へしものならん。（四四七頁）

とのべている。ここで注目されるのは、井上氏が、「其の後を追ひ来れる夫の天日矛は、将に難波に入らんとして其の渡の神に塞へられ、入ることを得ずして多遅麻国に去れりと見ゆれば、其の留りし所は難波渡よりも内部ならざるべからず」とのべている点である。「難波渡」については諸説あるが、難波の堀江中にあった渡河の場所のことであったことは疑いないから、[12] それより内部に存した比売嶋は、当然のことながら、上町臺地の東側にあったと考えられる。したがって、この説話の地理的描写が、実際の難波の地形を反映したものなら、通説的地位を占める比売嶋＝西淀川区姫島説は、まず成り立たない。

ただ、そこからさきの絞り込みとなると、容易ではない。井上氏は姫山をもって比売嶋の遺称地とするのだが、井上氏自身、「姫島といへるは小島の愛らしきを呼びたるより起れるの称にして、三軒家に於ける勘助島の旧名も姫島なり。されば単に姫島の名のみに依りて之を風土記の比売島の松原なりしとは断ずべからず」（『大阪府全志』巻二

〈前掲〉四四七頁）としているのだから、「姫」の字の一致をもって比売嶋＝姫山とするのはいかにも根拠薄弱である。地理的条件としてはそれなりに理にかなっているようだが、説得力に乏しいのは否めない。

諸説の当否　以上、比売嶋の所在地について、おもな所説を紹介してきた。[13] 諸説については、紹介のつど気づいたことをコメントしたが、ここであらためて諸説の妥当性について検討したい。

最初にあげた稗島説は支持者も多いが、これは、西淀川区に姫島という地名が現存することが大きなよりどころとなっている。ただ、姫島の名は、大正区にも存したから、地名の一致はかならずしも有力な根拠にはなりえない。

しかも、新修大阪市史編纂委員会編『新修大阪市史』第一巻（大阪市、昭和六十三年三月）の服部昌之氏執筆の「古代における景観構成とその変化」によれば、稗島附近は、いわゆる天満砂堆（上町台地北端から北々西方向に難波砂堆の延長上に延びていた砂洲）のかなり西にあって、五世紀ないし六世紀ごろには、ここまでデルタが進展していたと考えるのは困難だというから（五五～五六頁）、地理学的にみても姫島説には無理がある。そして、このことは、そのまま三軒家説にも当て嵌まることであって、比売嶋を現在の西淀川区姫島附近や大正区三軒家附近に比定することはむつかしいといわざるをえない。

さて、そうなると、比売嶋は、上町臺地の東側にあったと考えざるをえない。臺地北側も考慮すべきであろうが、五世紀から七世紀にかけての上町臺地北の低地と河川の状況についてはまだ不明な部分が多い。しかも、天満砂堆がかなり北まで延びており、大阪湾側と河内潟のあいだはかなり狭隘だったから、島嶼の存在を想定するなら、上町臺地の東側の入海中にその候補をもとめるのがよいように思う。

比売嶋と長柄　こうした推測は、べつな史料からも補強できる。すなわち、さきにも紹介したように、『萬葉集註釈』巻二には「比売嶋松原」の直下に「風土記の次上に長楽〈地名〉の辺とみえたり」とある。これは、いうまでもなく、「風土記の「比売嶋の松原」の次の項目には、長楽〔地名である〕と出てくる。「比売嶋の松原」の場所はこの「長楽」の辺りと思われる」[14]という意味であって、『萬葉集註釈』は、『摂津国風土記』によって「比売嶋の松原」を「長楽」附近とみていたのである。

ならば、「長楽」はどこであろうか。これがわかれば、比売嶋の位置をかなり絞り込むことができる。

長楽とは、いうまでもなく長柄のことだが、この長柄の範囲を知る好史料に『住吉大社神代記』がある。同記の「長柄船瀬本記」には、

四至　東限高瀬。大庭。南限大江。西限鞆渕。北限川岸。

右。船瀬泊。欲㆓遣唐貢調使調物積船舫造㆑泊天皇念行時。大神訓賜。我造㆓長柄船瀬㆒進矣。□造也。（四六四～四六五行）

とあって、住吉大神が港を築いたという「長柄船瀬」の四至がしるされている。順にみていくと、東限の高瀬・大庭は現在の守口市高瀬町附近とその北に隣接する同市大庭町附近であり、南限の大江は難波の堀江、西限の鞆渕は大阪市都島区友渕町附近、そして北限の川岸は淀川を、それぞれ指していると考えられる。したがって、『住吉大社神代記』がいう長柄の船瀬（港津）の範囲は、現在の都島区・旭区・守口市西部の地域にあたり、上町臺地の東側であったと考えられる。ただ、これはあくまで船瀬の範囲であって、しかも、『住吉大社神代記』のいう四至が、具体的にいつの時代のものかあきらかでない憾みがある。

ただ、現在、大阪市北区の北東部、淀川と天満川（大川）の分岐点に近いところに「長柄」の地名が残っている。これは『住吉大社神代記』のいう長柄の船瀬の西限の鞆渕と天満川を隔てて西に隣接する地域だから、おおま

かにいって、長柄はこの附近のことだと考えてよいであろう。

茨田堤・大隅嶋との関聯　さて、こうした比定が的を射たものだとすると、比売嶋もまた、この附近だと考えることが可能である。ここでさらに、比売嶋の位置を絞り込むうえで参考になるのは、前出の『古事記』下巻、仁徳天皇段の茨田堤に関する記載である。

すでに紹介したように、山川正宣は、『古事記』下巻、仁徳天皇段に「天皇為レ将二豊楽一而、幸二行日女嶋一之時、於二其嶋一鴈生卵」とあるのが、『日本書紀』仁徳天皇五十年三月五日条では、「河内人奏言。於二茨田堤一鴈産之」となっていることに注目し、「此茨田は今の茨田郡にて両岸の差別は異説なれとも、姫島は何にまれ難波の皇居より西」だと考えた。仁徳天皇がみずから雁の卵をみたとする『古事記』の伝承よりも、河内の人がそれを目睹して奏上したとする『日本書紀』のほうがリアリティがあるが、いずれにしても、記紀の異同から祥瑞の確認された場所に異説があったことは事実で、それが、正宣のいうように、比売嶋と茨田堤が地理的に近い位置にあることに由来するものであれば、これをもって、比売嶋の位置を推測できる。茨田堤は、河内国茨田郡にあり、現在の門真市宮野町の堤根神社の境内には「史跡茨田堤」の石碑が建つ。このあたりは、さきにみた『住吉大社神代記』のいう長柄の船瀬の東限とされる大庭のやや東方で、地理的にも、比売嶋を長柄附近とする『萬葉集註釈』の記載によく合致している。

ところで、比売嶋の位置を確定するうえで、いま一つ参考になるのが、大隅嶋との関聯である。奥野氏は、山川正宣の崇禅寺説に対し、「但、此説は大隅島との関係、即同島を西大道村（東淀川区）とし姫島は其に並びたるものと見ての立言なれば、両島の接近してありきとの証出でざる限り従ふことを得ず」（六四九頁）とのべ、大隅嶋と媛嶋を地理的に近いとみる説に批判的である。

しかしながら、『日本書紀』安閑天皇二年九月条と『続日本紀』霊亀二年二月条には、大隅嶋と媛嶋の名がならんでみえる。しかも、両島に同時に牧が設置され、また時をおなじくしてそれが停廃されているところをみると、両島が、似たような地理的条件の島嶼であったことはじゅうぶんに考えられる。げんに、瀧川政次郎氏などもそのようにみている（後述参照）。したがって、そこから、両島が位置的にも近接していたと判断することは、けっして的外れな推測ではあるまい。いっぽうの大隅嶋が現在の東淀川区大道町附近に比定されるのであれば、おなじく媛嶋も、かつての長柄川（中津川）の河口附近にできた砂洲状の島嶼であった可能性は大きい。そして、媛嶋（比売嶋）は、長柄附近にあったというのだから、位置関係でいえば、比売嶋のほうが、大隅嶋よりも東南もしくは、南にあったと考えられよう。

こうしてみていくと、旧茨田郡に薭嶋村（現在の門真市薭嶋）の地名が残ることや、しかも、それが堤根神社に近いという点にも興味をそそられるが、薭嶋という地名については、あくまで参考に留めたい。なぜなら、奥野氏のいうように、「比較的早く難波の陸地に続きて遂に其名を失」（『萬葉摂河泉志考』〈前掲〉六五一頁）った可能性も考えられるからである。

比売許曾神社と比売嶋　さて、以上のことから判断すると、比売嶋は上町臺地東側の海上、現在の地名でいえば、守口市とその東に隣接する門真市の市域内に存在したのではないかとの推測に達するのだが、ここで考えておかねばならないのは、比売許曾神社との関係である。

周知のように、『古事記』中巻、応神天皇段には、

又昔、有二新羅国王之子一、名謂二天之日矛一。是人参渡来也。所三以以参渡来一者、新羅国有二一沼一、名謂二阿具奴摩一〈自レ阿下四字以レ音。〉此沼之辺、一賎女昼寝。於レ是、日耀如レ虹、指二其陰上一。亦有二一賎夫一、思レ異二其

状一、恒伺二其女人之行一。故是女人、自二其昼寝時一妊身、生二赤玉一。爾其所レ伺賎夫、乞三取其玉一、恒裹著レ腰。此人営二田於山谷之間一。故、耕人等之飲食負二一牛一而入二山谷之中一、遇三逢其国主之子天之日矛一。爾問二其人一曰。何汝飲食負レ牛入二山谷一。汝必殺三食是牛一。即捕二其人一将レ入二獄囚一。其人答曰。吾非レ殺レ牛。唯送二田人之食一耳。然猶不レ赦。爾解二其腰之玉一、幣二其国主之子一。故将三来其玉一置二於床辺一、即化二美麗嬢子一。仍婚為二嫡妻一。爾其嬢子常設二種々之珍味一、恒食二其夫一。故其国主之子心奢詈レ妻。其女人言。凡吾者非下応レ為二汝妻一之女上。将レ行二吾祖之国一。即窃乗二小船一逃遁度来、留二于難波一。〈此者坐二難波之比売碁曽社一謂二阿加流比売一神也。〉」於レ是天之日矛聞二其妻遁一、乃追渡来、将レ到二難波一之間、其渡之神、塞以不レ入。故、更還泊二多遅摩国一。（後略）

という説話が載せられている。いわゆる天之日矛伝説である。これによれば、新羅の王子天之日矛のもとを逃れ、難波に留まった女性が比売碁曽社の阿加流比売神だという。

これに類する伝承は、『日本書紀』にもある。すなわち、垂仁天皇二年是歳条には「是歳。任那人蘇那曷叱智請之。欲レ帰二于国一。蓋先皇之世来朝未レ還歟。故敦賞二蘇那曷叱智一。仍齎二赤絹一百疋一。賜二任那王一。然新羅人遮二之於道一而奪焉。其二国之怨。始起二於是時一也」とあって、直後に意富加羅国王の子都怒我阿羅斯等に関する二つの説話を分註のかたちでしるすが、あとのほうの説話にはつぎのような話がみえている。

一云。初都怒我阿羅斯等。有レ国之時。黄牛負二田器一。将レ往二田舎一。黄牛忽失。則尋レ迹覓之。跡留二一郡家中一。時有二一老夫一曰。汝所レ求牛者。入二此郡家中一。然郡公等曰。由二牛所レ負物一而推之。必設二殺食一。若其主覓至。則以レ物償耳。即殺食也。若問二牛直欲レ得何物一。莫レ望二財物一。便欲レ得二郡内祭神一云爾。俄而郡公等到之曰。牛直欲レ得二何物一。対如二老父之教一。其所レ祭神。是白石也。乃以二白石一。授二牛主一。因以将来置二于寝中一。其神石化二美麗童女一。於レ是。阿羅斯等大歓之欲レ合。然阿羅斯等去二他処一之間。童女忽失也。阿羅斯等大驚之。問二己婦一曰。童女何処去矣。対曰。向二東方一。則尋追求。遂遠浮レ海以入二日本国一。所レ求童女者。詣二于難波一為二比売語曾社神一。且至二豊国国前郡一。復為二比売語曾社神一。並二処見レ祭焉。

これは、多少の出入りはあるが、さきに引いた応神天皇記の天之日矛伝承の前半とおなじもので、いずれも比売許曾神社鎮座の由来を伝えたものである。

ちなみに、こうした天之日矛伝説は、ほかにも多様な類話が存在する。右に引いた『日本書紀』垂仁天皇二年是歳条の分註の前半には、都怒我阿羅斯等（于斯岐阿利叱智于岐）が穴門→出雲→越国笥飯浦→弥摩那国、と各地を転々としたとする、つぎのような話がみえている。

一云御間城天皇之世。額有レ角人。乗二一船一泊二于越国笥飯浦一。故号二其処一曰二角鹿一也。問之曰。何国人也。対曰。意富加羅国王之子。名都怒我阿羅斯等。亦名曰二于斯岐阿利叱智于岐一。伝聞三日本国有二聖皇一。以帰化之。到二于穴門一時。其国有レ人。名伊都都比古。謂レ臣曰。吾則是国王也。除レ吾復無二二王一。故勿レ往二他処一。然臣究見二其為人一。必知レ非レ王也。既更還之。不レ知二道路一留二連嶋浦一。自二北海一廻之。経二出雲国一至二於此間一也。是時遇二天皇崩一。便留之。仕二活目天皇一逮二于三年一。天皇問二都怒我阿羅斯等一曰。欲レ帰二汝国一耶。対諮。甚望也。天皇詔二阿羅斯等一曰。汝不レ迷レ道必速詣之。遇二先皇一而仕歟。是以改二汝本国名一。追負二御間城天皇御名一。便為二汝国名一。仍以二赤織絹一給二阿羅斯等一。返二于本土一。故号二其国一謂二弥摩那国一。其是之縁也。於レ是。阿羅斯等以二所レ給赤絹一蔵二于己国郡府一。新羅人聞之。起レ兵至之。皆奪二其赤絹一。是二国相怨之始也。

同様に、『日本書紀』垂仁天皇三年三月条の「新羅王子天日槍来帰焉。将来物」という記事の直後に引かれた「一云」には、

一云。初天日槍。乗レ艇泊二于播磨国一。在二於完粟邑一。時天皇遣下三輪君祖大友主与二倭直祖長尾市一於播磨上。而問二天日槍一曰。汝也誰人。且何国人也。天日槍対曰。僕新羅国主之子也。然聞三日本国有二聖皇一。則以二己国一授二弟知古一而化帰之。仍貢献物葉細珠・足高珠・鵜鹿鹿赤石珠・出石刀子・出石槍・日鏡・熊神籬・胆狭浅大刀并八物。仍詔二天日槍一曰。播磨国完粟邑。淡路島出浅邑。是二邑。汝任意居之。時天日槍啓之曰。臣将レ住処。若垂二天恩一。聴二臣情願地一者。臣親歴二視諸国一。則合二于臣心一欲レ被レ給。乃聴之。於レ是。天日槍自二菟道河一泝之。北入二近江国吾名邑一而暫住。復更自二近江一経二若狭国一西到二但馬国一則定二住処一也。是以近江国鏡谷陶人。則天日槍之従人也。故天日槍娶二但馬出嶋人。太耳女。麻多烏一。生二但馬諸助一也。諸助生二但馬日楢杵一。日楢杵生二清彦一。清彦生二田道間守一也。

という説話がみえているが、天之日矛が但馬に滞在したことは、おなじく『日本書紀』垂仁天皇八十八年十日条にもみえる。また、『播磨国風土記』揖保郡条には、

御方里。〈土中下。〉所三以号二如形一者。葦原志許乎命、与二天槍命一。到二於黒土志尓嵩一。各以二黒葛三条一。着レ足投之。尓時。葦原志許乎之叩之黒（葛）。一条落二但馬気多郡一。一条落二夜夫郡一。一条（落）二此村一。故曰二三条一。天日槍命之黒葛。皆落二於但馬国一。故占二但馬伊都志一地而在之。（後略）

とあり、さらには、『釈日本紀』巻十の引く『筑前国風土記』逸文の「怡土の郡」条にも、断片的な記事ながら、

筑前国風土記曰。怡土郡。昔者。穴戸豊浦宮御宇足仲彦天皇。将レ討二球磨噌唹一。幸二筑紫一之時。怡土県主等祖五十跡手。聞二天皇幸一。抜二取五百枝賢木一。立二于船舳艫一。上枝挂二八尺瓊一。中枝挂二白銅鏡一。下枝挂二十握劒一。参二迎穴門引嶋一献之。天皇勅問「阿誰人」。五十跡手奏曰「高麗国意呂山。自レ天降来日桙之苗裔。五十跡手是也。天皇。於レ斯誉五十跡手曰「恪乎〈謂伊蘇志。〉」。五十跡手之本土可レ謂二恪勤国一。今謂二怡土郡一。訛

也。（新訂増補国史大系本『釈日本紀』一四六頁）

とあって、日桙の子孫が筑前国怡土郡にいたという話があるが、これらの伝承には、最初に掲げた『古事記』応神天皇段や『日本書紀』垂仁天皇二年是歳条の分註後半の「一云」のように、難波に到来した話は出てこない。難波が登場する応神天皇記・垂仁天皇紀二年是歳条の分註後半の「一云」・『摂津国風土記』逸文では、いずれも天之日矛（あるいは都怒我阿羅斯等）と阿加流比売神（あるいは比売語曾社神）、というように、男女一対になっているのが特徴である。[15] このことから、阿加流比売神（あるいは比売語曾社神）と難波との結びつきの深さがうかがえるのであって、松前健氏は、この点をとらえて、比売語曾社神の縁起と天之日矛の渡来伝承は、元来はまったく無関係な説話であって、比売語曽社神が夫神に追われて逃げてきたという伝承は、摂津においてはじめて作られたと考えている。[16] 松前氏の見解についてはなお検討を要するが、男神・女神の名を具体的にしるさない『摂津国風土記』の伝承は、応神天皇記や垂仁天皇紀二年是歳条の分註後半の「一云」より早い段階の、より素朴な所伝とみることは許されるであろう。

比売許曾神社の鎮座地　ところで、この比売許曾神社は、『延喜式』巻第三、神祇三「臨時祭」、名神祭二百八十五座に、住吉神社四座・大依羅神社四座・難波生国魂神社二座のつぎに「比売許曾神社一座〈亦号下照比売。〉」とあるもので、さらに、巻第九、神祇九にも、

摂津国七十五座

（中略）

東生郡四座〈大三座小一座〉

難波坐生国咲国魂神社〈並名神大。月次相嘗新嘗。〉

比売許曾神社〈名神大。月次相嘗新嘗。〉

阿遅速雄神社

とあって、東生郡に鎮座する古社であったことが知られる。『摂津国風土記』の「比売嶋松原」にいう新羅国の女神が記紀にいう比売語曾社神（阿加流比売神）だとすれば、風土記のいう女神が留まった比売嶋こそは、比売許曾神社の所在地である。比売許曾神社に祭神や鎮座地について詳細な研究を遺した瀧川政次郎氏も、比売許曾神社の位置は「比売島の位置を考定することによって、これを正確決定することができる」とのべておられるほどである(17)。

瀧川氏の研究は詳細をきわめるが、ポイントは、前引の『古事記』仁徳天皇段に、天皇が日女嶋に行幸した際に雁の産卵をみた説話を、『日本書紀』仁徳天皇五十年三月条とおなじことをしるしたものとみて、日女嶋を茨田堤のあった場所にもとめる点にある(18)。

両者については単純に同一視できない部分もあるが、『日本書紀』安閑天皇二年九月条や『続日本紀』霊亀二年二月条から、「史冊が二度までも大隅島、媛島と二島を並べ称してゐることは、二島が同じやうな島であり、二島の距離が近かつたことを示唆している」(19)と看破した点などは、まったく同感である。

また、瀧川氏は、前引の『萬葉集』二二八・二二九番歌から、比売嶋が奈良から難波に行く交通路に近いところにあったことを推測し、さらに、『行基年譜』の「直道一所　在自高瀬生馬大山登道　已上河内国茨田郡摂津国云々」という記載から、行基が草香の大戸から高瀬に至る直道を開いたと考え、歌の作者の川辺宮人は大戸から高瀬を経て難波に至る途中で、嬢子の屍をみたのであり、そこから、比売嶋は高瀬附近であったとしている。

こうした瀧川氏の考察には、傾聴すべき点が多々ある。しかしながら、比売嶋に関する従来の研究をみると、

『摂津国風土記』逸文や『萬葉集』二二八・二二九番歌の解釈に、こうした比売許曾神社の研究の成果がじゅうぶん取り入れられていないような印象をうける。無論、比売嶋の所在地と比売許曾神社の鎮座地を同一とみるためには、『古事記』中巻、応神天皇段の天之日矛伝承や『日本書紀』垂仁天皇二年是歳条の意富加羅国王の子都怒我阿羅斯等の伝承と『摂津国風土記』逸文の異同をいかに解釈するかという問題が解決されねばならないのだが、実証レベルではむつかしい問題をふくんでいる。[20]奥野健治氏が「神名帳の比売許曾神社の鎮座ありし故地に就ては猶慎重なる考察を要すべし」(『萬葉摂河泉志考』〈前掲〉六四六頁)と警告しているのも、そのあたりに理由があるように思われる。小論が、屋上屋の誹りに甘んじ、あえて比売嶋の関する論点を整理し、旧説の整理をこころみたのも、這般の経緯を確認しておく必要を痛感したからにほかならない。微意のほど、お汲み取りいただければ、幸甚である。

〔補註〕

(1) 約三十条ある『摂津国風土記』逸文の信憑性については、拙稿「『摂津国風土記』逸文をめぐって」(『摂播歴史研究』二十五周年記念特集号、摂播歴史研究会発行、平成十九年八月、のち拙著『風土記研究の諸問題』〈国書刊行会、平成二十一年二月〉所収)で詳しく考察したので、詳しくはこちらを参照されたい。

(2) この「大隅(嶋)」については、拙稿「初期難波宮覚書—応神・仁徳天皇と難波の宮居—」(『皇學館論叢』四三—四、平成二十二年八月、本書所収)で、応神天皇の大隅宮とのかかわりでやや詳しく論じたので、参照されたい。

(3) 難波周辺の牧については、瀧川政次郎「律令時代における淀川河畔の牧場」(『政経論叢』六—六〈昭和三十二年七月〉、のち補遺を加えて『増補新版日本社会経済史論考』〈名著普及会、昭和五十八年九月〉所収)に詳しい。

(4) ちなみに、『萬葉集』巻三「挽歌」には、これとほぼ同文の題詞と歌四首が掲げられている(四三四〜四三七番歌)。

(5)『大日本地誌大系』第三十八巻(雄山閣、昭和四十六年十月)八七頁による。
(6)奥野健治『萬葉摂河泉志考』(靖文社、昭和十六年六月、のち奥野健治著作刊行会編『萬葉地理研究論集』第二巻〈秀英書房、昭和六十年八月〉所収。ここでの引用は後者による)六四六頁。
(7)周知のように、関祖衡・並河永らによって編纂された官撰地誌『日本輿地通志』(享保二十年〈一七三五〉刊行)の畿内部六十一巻を「五畿内志」と称し、さらに、巻四十九~六十一の摂津国の部分を「摂津志」と呼んでいる。ここでも、便宜上「摂津志」の通称でしるすことにする。小論では、『大日本地誌大系』第三十四巻(雄山閣、昭和四十六年十月)影印の原本によった。
(8)『大日本地誌大系』第三十四巻(雄山閣、昭和四十六年十月)二八〇頁。
(9)『萬葉集』二二八・二二九番歌とのかかわりから、『萬葉集』の注釈書には比売嶋の所在地に言及したものは少なくない。たとえば、高木市之助・五味智英・大野晋編『日本古典文学大系　萬葉集』一(岩波書店、昭和三十二年五月)は「記紀・続紀にも見え、摂津(大阪府)の地名であることは知られるが、その位置には諸説あり、未だに確定しない」(一二七頁)とし、沢瀉久孝『萬葉集注釋』巻第二(中央公論社、昭和三十三年四月)五一二~五一三頁は諸説を紹介するが、断定は避けている。小島憲之・木下正俊・東野治之編『新編日本古典文学全集　萬葉集』①(小学館、平成六年五月)は「現在の淀川河口辺りにかつてあった島の名。大阪市西淀川区の阪神電鉄本線と同・西大阪線との間にその町名が残る」(一五一頁)との べ、伊藤博『萬葉集釋注』一(集英社、平成七年十一月)は「所在未詳。淀川河口の島の名か。今、大阪市の西北端西淀川区に、姫島、姫里の名がある」(五一〇頁)としている。
また、風土記の諸注釈書も、『摂津国風土記』逸文のところで比売嶋の所在にふれている。秋本吉郎校注日本古典文学大系2『風土記』(岩波書店、昭和三十三年四月)は「大阪市西淀川区姫島町(稗島)の地か」(四二五頁)とし、久松潜一校註日本古典全書『風土記』下（朝日新聞社、昭和三十五年十月）は安閑天皇紀や『続日本紀』霊亀二年二月条を紹介しつつ、「大阪市西淀川区姫島町の地とされる」（二二七頁）とのべ、小島瓔禮校注『風土記』（角川書店、昭和四十五年七月）は比定地はしるさないが、応神天皇記の天の日矛の妻が日本に渡り、難波の比売碁曾社の阿賀流比売神に祀られた伝承を紹介し、「神名帳、東生郡に比売許曾神社がある」とのべ（二四三頁）、植垣節也校注・訳新編日本古典文学全集5『風土記』（小学館、平成九年十月）は「明確な場所は不明」しつつも、『萬葉集註釈』には風土記の項目に「長楽」が並んでいるとあるから、その近くであろうとする（四二三頁）。また、上代文献を読む会編『風土記逸文注釈』（翰林書房、平成十三年二月）は、「此萬葉の姫島は、難波の海上に在りし小島にして、淀川、大和川の流しし土砂の堆積によりて成りたるものならむは明かなれば、大江、難波方面、即難波の崎に近き淀川（堀江）河口に存在し、比較的早く難波の陸地に続きて、遂に其名を失ひしものにあらざるか」とする奥野健治『萬葉摂河泉志考』（前掲）の見解を「穏当」とする（斎藤安輝氏執筆、二六〜二八頁）

(10) この一文は、今井似閑『萬葉緯』が『萬葉集註釈』巻二所引の「比売島松原」条の末尾に割注のかたちで注記したのが最初で、武田祐吉『風土記』（岩波書店、昭和十二年四月）も「比売島松原」条の脚注として注記している。ただ、独立した一個の風土記逸文として取り扱ったのは、森尻麒一郎氏にはじまる（遺稿「風土記逸文一覧」『高岡市萬葉歴史館紀要』四、平成六年三月）。

(11) 小論では、『姫島考』は、奥野健治『萬葉摂河泉志考』（前掲）にならって、池田叢書第三編『山川正宣集』（池田史談会、大正十三年六月）からの引用であるが、船越政一郎編纂校訂『浪速叢書』第七・八（浪速叢書刊行会、昭和二年二月・同三年八月）収録の『摂津国名所図会大成』ではいささか文章が異なる。同書には複数の写本があり、それぞれ文章も異なるが、この部分に関していえば、論旨はほぼおなじである。

(12) たとえば、瀧川政次郎「難波の比売許曾神社鎮座地考」(『神道史研究』六―五、昭和三十三年九月)八頁は、天満橋・天神橋附近とし、直木孝次郎「難波の柏の渡りについて」(大阪郵政考古学会編『藪内吉彦退官記念論攷』〈大阪郵政考古学会、平成元年六月〉所収、のち『難波宮と難波津の研究』〈吉川弘文館、平成六年二月〉所収)も「後年天満橋、天神橋が架橋されたあたり」(五五頁)と推測している。

(13) ここで紹介した以外にも比定地があるが、それらについては、奥野健治『萬葉摂河泉志考』(前掲)六四五〜六五二頁の「姫島」の項に詳しい(小論も、研究史については、同書に負うところが大きい)。ただ、喜田貞吉「偽作難波図の害毒(味原の地の所在)」(『歴史地理』三―五、明治三十四年五月)が三島郡味原村附近(現在の摂津市別府・一津屋・新在家)に比定する説について、ここで一言言及しておく。喜田氏は、『朝野群載』の「摂津国東方味原に於て石船あり、往年下照姫垂迹云々」という記事を『摂津名所図絵』から引用しつつ、「こゝに下照姫とは即ち比売許曾神にして、其垂迹の地は必ず比売島なり、然らば比売島が味原の地、即ち江口の近傍にありといふもの単に推測のみに非ざるなり、殊に古事記には、比売許曾神逃れて難波に来る、日矛之を追うて到らんとせしに、渡の神に塞へて入れざりし由を伝ふるを見れば、比売許曾神社の所在、即ち比売島は難波の渡りより内部ならざるべからず、旁、稗島を以て之に擬するは穏ならず、其船のはつるは正に江口の辺なりしならん、然らは比売許曾神社の旧地は、味原の中にして、其の味原は矢張り続日本紀の鯵生野、延喜式の味原牧と同一地方なるを知るに足るべし」(三四六〜三四七頁)とのべている。たしかに、喜田氏のいうとおり、味原牧は三島郡味原村附近(現在の摂津市別府・一津屋・新在家)とみてよいでろうが、比売嶋をこの辺りにあてることには疑問が残る。なぜなら、喜田氏が『摂津名所図絵』から孫引きした記事は『朝野群載』にはなく、後世の偽作と考えられるからである(瀧川政次郎「律令時代における淀川河畔の牧場」〈前掲〉五五七頁)。したがって、これに依拠した味原説は成立しない。

(14) 植垣節也校注・訳新編日本古典文学全集5『風土記』(前掲)四二六頁の廣岡義隆氏の訳による。

（15）諸説話の要素の比較については、水谷千秋「天之日矛と渡来神の伝承−朝鮮系神話の受容について」（日野昭編著『龍谷大学仏教文化研究叢書Ⅵ　日本古代の社会と宗教』〈永田文昌堂、平成八年二月〉所収、六九〜七一頁）参照。

（16）松前健「記・紀のヒメコソ縁起の成立」（『大阪成蹊女子短期大学紀要』二七、平成二年三月、のち『松前健著作集』第三巻〈おうふう、平成九年十二月〉所収）二一五〜二一八頁。

（17）瀧川政次郎「難波の比売許曾神社鎮座地考」（前掲）一四頁。また、あわせて同氏の「比売許曽の神について」（『国學院大學日本文化研究所紀要』九、昭和三十六年十月）も参照されたい。

なお、現在、大阪府大阪市東成区東小橋に鎮座する比売許曾神社は、ここで取り上げている古代のそれとは直接かかわりがないといわれる。この点については、喜田貞吉「難波沿革図の偽作」（『歴史地理』二一―七、明治三十三年十月）・同「偽作難波図の害毒（味原の地の所在）」（前掲）・瀧川政次郎「比売許曾神社偽書考」上・中・下（『史迹と美術』二八五〜二八七、昭和三十三年八月・九月・十月）など参照。

（18）この点、「『記・紀』の作者が、日女島（媛島）と茨田とを混乱している」という「律令時代における淀川河畔の牧場」（前掲）の表現とは若干ニュアンスがちがうので、注意を要する。

（19）瀧川政次郎「難波の比売許曾神社鎮座地考」（前掲）一六頁。

（20）こうした説話の異同を「歴史編纂の態度に関する問題として取扱」った好論に、三品彰英「天之日矛帰化年代攷」（『青丘学叢』八、昭和七年五月、のち三品氏『日鮮神話伝説の研究』〈柳原書店、昭和十八年六月〉、のちさらに『三品顕彰英論文集』第四巻〈平凡社、昭和四十七年四月〉所収）がある。三品氏によれば、『日本書紀』編者は、まず、田道間守の常世国行きの話を歴代天皇中もっとも長寿の垂仁天皇時代のこととして記載し、それに準じてその四代の祖の天之日矛の「帰化年次」を決定したのだという。たしかに、『播磨国風土記』は天之日矛を神としており、応神天皇記も天之日矛の渡来を「又昔。有新羅国王之子。名謂天之日矛。是人参渡来也」という書き出しで伝えていることなどを考慮すると、天之日矛の渡来は、漠然と応神天皇朝よりも「昔」と考えておくべきであろう（塚口義信「天之日矛伝説の謎を探る」『古代大和の謎』〈学生社、平成二十一年三月〉所収、八頁）。

なお、この伝承について考察した比較的最近の研究に、松前健「アメノヒボコとヒメコソの神」（中村啓信・菅野雅雄・山崎正之・青木周平編『神田秀夫先生喜寿記念　古事記・日本書紀論集』〈続群書類従完成会、平成元年十二月〉所収、のち『松前健著作集』第十巻〈平成十年七月〉所収）・「記・紀のヒメコソ縁起の成立」（前掲）・水谷千秋「天之日矛伝承の成立について―神話・伝承研究の一試論」（『龍谷大学仏教文化研究所紀要』三二、平成五年十二月）・同「天之日矛と渡来神の伝承―朝鮮系神話の受容について」（前掲）があり、参考になる。

第二章　初期難波宮覚書
――応神・仁徳天皇と難波の宮居――

初期の難波宮　古代難波の地にはしばしば宮が営まれている。なかでも、孝徳天皇の難波長柄豊碕宮、天武天皇の難波宮、聖武天皇の難波宮は一般にもよく知られているが、六世紀以前にも難波に宮が存在したことが『古事記』や『日本書紀』には記録されている。応神天皇の難波大隅宮・仁徳天皇の難波高津宮などがそれである(1)（小論では、これらをかりに「初期難波宮」と一括して称する）。この時代に難波に宮が造営されたのは、いわゆる「倭の五王」による中国南朝との交渉と密接な関係があろうが、その点についてはひとまず措くとして、これらの宮については、七世紀以降の難波諸宮と異なり、その遺構とおぼしきものが発見されていない。そのため、宮の所在地をめぐっては古くからさまざまな説が唱えられ、容易に帰趨をみない。

ただ、回顧すれば、大隅宮や高津宮はこんにちではほとんど話題にのぼることがなく、わずかに法円坂建物群（後述）発見の際に、高津宮址ではないかとする見解が一時マスコミの注目を浴びた程度である(2)。比較的最近刊行された新修大阪市史編纂委員会編『新修大阪市史』第一巻（大阪市、昭和六十三年三月）や大阪府史編輯専門委員会編『大阪府史』第二巻古代編Ⅱ（大阪府、平成二年三月）が、これらの宮についてほとんど記載するところがないのは、そうした動向を如実に物語っている。もちろん、大隅宮や高津宮に関する詳細な研究が乏しいのは、関係史料に恵まれないことが大きな原因である。しかし、河内政権論ともかかわりの深いこの問題について、ここでいまいちど整理しておくことも無意味ではあるまい(3)。そこで、小論では、大隅宮や高津宮の推定所在地をどこまで絞り込むことができるのかという問題を中心に考えてみたい。

応神天皇の大隅宮　応神天皇朝に難波の地に大隅宮と呼ばれる宮が存在したことは、『日本書紀』応神天皇二十二年三月五日条に「天皇幸二難波一居於二大隅宮一。」とあることから判明する。おなじく応神天皇四十一年二月十五日条には「天皇崩二于明宮一。時年一百一十歳。〈一云。崩二于大隅宮一。〉」とあって、異伝ではあるが、天皇がここで崩御したことを伝えている。さらに、『日本書紀』応神天皇二十二年三月十四日条には、

登二高臺一而遠望。時妃兄媛侍之。望レ西以大歎。〈兄媛者。吉備臣祖御友別之妹也。〉於是天皇問二兄媛一曰。何爾歎之甚也。対曰。近日妾有下恋二父母之情上。便因二西望一而自歎矣。冀暫還之。得レ省レ親歟。爰天皇愛兄媛篤二温清之情一。則謂之曰。爾不レ視二二親一。既経二多年一。還欲二定省一。於理灼然。則聴之。仍喚二淡路御原之海人八十人一為二水手一。送二于吉備一。

とあり、つづく四月条には、

兄媛白二大津一発船而往之。天皇居二高臺一望二兄媛之船一以歌曰。阿波旋辞摩。異椰敷多那羅弭。阿豆枳辞摩。異椰敷多那羅弭。豫呂辞枳辞摩之魔。儺伽多佐例阿羅智之。吉備那流伊慕塢。阿比瀰菟流慕能。

とあって、天皇が父母を恋しく思う兄媛を吉備に帰す話がみえている。「大隅」とはしるさないが、ここにみえる「高臺」は大隅宮の宮殿を指すとみてよいであろう。

大隅宮の所在地についてはあきらかでない点もあるが、難波に「大隅」という地名が存在したことは、『日本書紀』安閑天皇二年（五三五）九月十三日条に「丙辰。別勅二大連一云。宜レ放二牛於難波大隅嶋与二媛嶋松原一。冀垂二名於後一。」とあることや、『続日本紀』霊亀二年（七一六）二月二日条に「令三摂津国罷二大隅・媛嶋二牧一。聴二佰姓

佃食之」とあることから疑いがない。とくに、安閑天皇紀に「大隅嶋」とあることは注目してよく、媛嶋[4]とともに、もとは島嶼状の地形であったことが知られる（『続日本紀』霊亀二年二月条にはたんに「大隅」とのみあれば、このころはすでに陸続きになっていたのかも知れない）。牧は、牛馬を放牧する牧場のことで、その管理上島嶼に設けられることがあったが、これなどもその例である。[5]

大隅宮の所在　問題は、この「大隅」がどこかという点である。

有力なのは、東淀川区大道町附近とする説である。元禄十四年（一七〇一）刊行の『摂陽群談』巻第十の「歴世都地・古宮の部」では「同郡に属す。方角所指不詳」とされており、大道町附近にもとめる説は、享保二十年（一七三五）刊行の地誌『日本輿地通志』[6]（いわゆる『摂津志』）にはじまる。すなわち、畿内部第五十二、摂津国之四には、

> 西大道〈旧名大隅。又大内。又三宝寺。属一邑〉

とあり、西大道村の旧名が「大隅」であったとしるしている。同郡の「古蹟」の項の「大隅宮」でも「在西大道村」としているが、この附近は、三国川（現在の神崎川）と長柄川（吾君川。現在の淀川筋）に挟まれた土地で、もとは、これらの河川が上流から運ぶ土砂の堆積した島であったと考えられる。

もっとも、この大道町説に対しては異論もある。吉田東伍『大日本地名辞書』上巻（冨山房、明治四十年十月）[7]は、

> 按に大隅宮は難波大津の上にして津頭発船の状を望視し得べき地なるに似たり、蓋高津宮などの地勢と同じかるべき所とす、而て之を大道村とすれば大津と相間隔するのみならず、海船の発ち出づるを望み得ん理なし、大隅宮址は必定大道などの辺ではあらで、大坂の中なるべし。[8]（四一五頁）

としており、大阪市参事会編『大阪市史』第一（大阪市参事会、大正二年十二月）も、さきに引いた応神天皇紀の兄媛

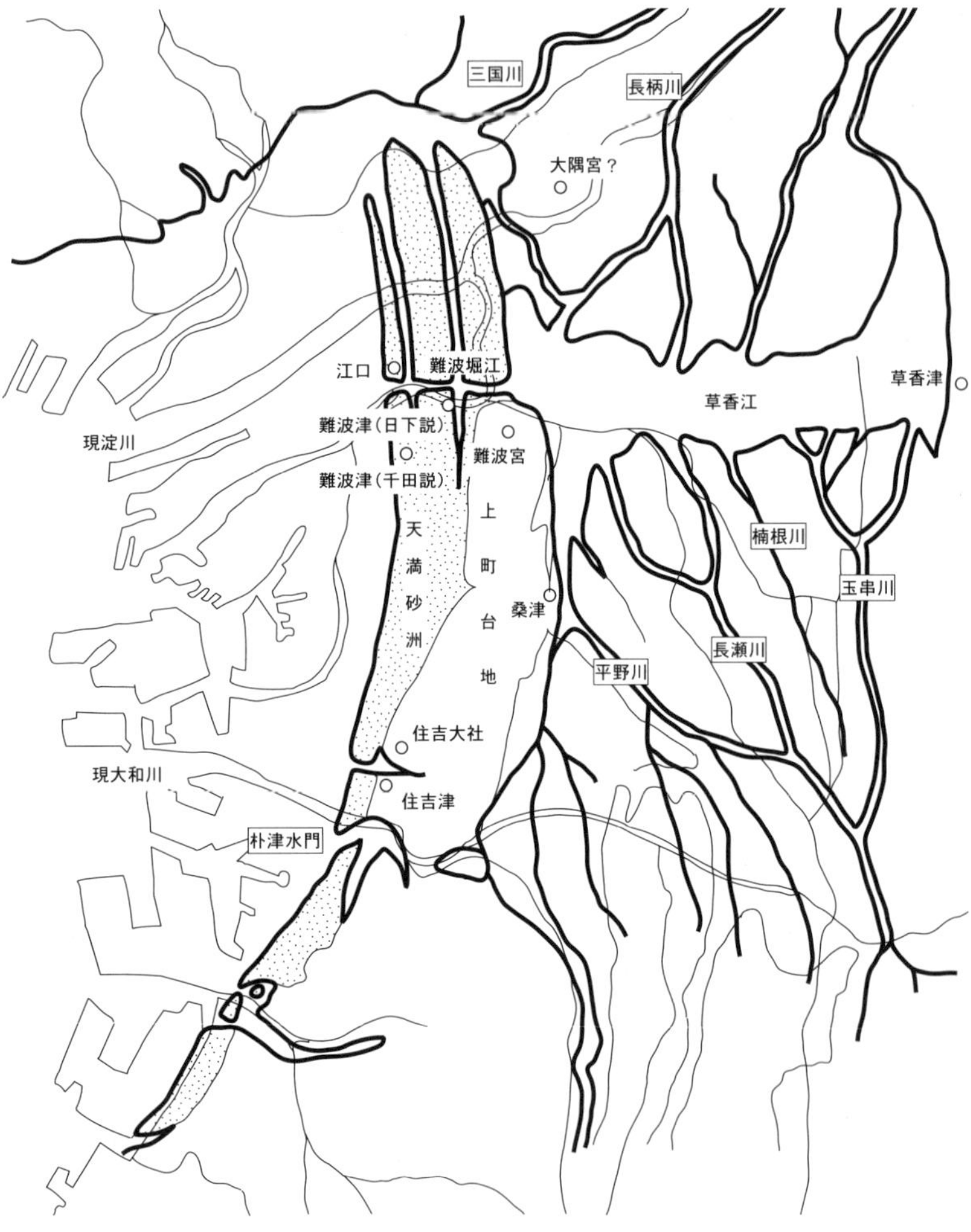

7～8世紀の難波とその周辺

日下雅義『古代景観の復原』（中央公論社、平成3年5月）を参考に作成。太線は当時の復原地形を示し、細線がこんにちの地形を示している。図中の「難波宮」は前期難波宮跡。

の帰郷の記事をよりどころに、「天皇此宮の高臺にて兄媛の難波大津より発船するを望見し給へりとあり。宮址を西大道とすれば当時と今日との間に海岸線に過大の変化ありしを認めざるべからず、摂津志の説俄に首肯し難し」（三〜四頁）とのべ、大道町説には批判的である。

応神天皇朝（四世紀末から五世紀初頭にかけての時期と推測される）と現在とでは、大阪市周辺の地形や海岸線が大きく変化していることはこんにちでは常識であって、その点で『大阪市史』の批判はあたらない。また、近年、弥生〜古墳時代における高殿の存在を示す資料が相次いで確認されており、望楼的建築物の存在があきらかにされつつある。そのような高層建築が大隅宮にも存在したとすれば、そこから大阪湾上を進む船を「遠望」することはかならずしも不可能ではあるまい(9)。

ちなみに、こうした大道町説は、難波津の所在地とも密接にかかわってくる。たとえば、田中卓氏は、『住吉大社神代記』「長柄船瀬本記」に、

四至　東限高瀬。大庭。南限大江。西限鞆渕。　北限川岸。
右。船瀬泊。欲＿遣唐貢調使調物積船舫造＿泊天皇念行時。大神訓賜。我造＿長柄船瀬＿進矣。□造也。（四六四〜四六五行）

とあることをよりどころに、住吉大神が港を築いたという「長柄船瀬」が、現在の都島区・旭区・守口市西部のあたりであるとして、上町臺地の東側に位置したとみる。そして、『日本書紀』允恭天皇四十二年正月条の「難波津」や仁賢天皇六年秋条の「難波御津」をこのあたりにもとめることができるとすれば、高臺に立てば、大道町附近からでも海船の出入が眼下（南方）に一望できるとしている（田中卓『住吉大社史』〈住吉大社奉賛会、平成六年十一月〉中巻、三五五〜三七〇頁）。

諸説の問題点　なるほど、田中氏のように考えれば大道町説の難点も解消されるが、それでも問題がないわけではない。

一つは、難波津を上町台地東方にあてる点である。日下雅義氏によれば、河内潟に出入りする船は、上町臺地の北に延びる天満砂洲北側の狭い水路を通っていたというが、この水路は、砂洲から飛ばされてきた砂や淀川デルタの前進によりしだいに浅くなり、航行不可能になったという。しかも、その時期は、四世紀末から五世紀末にかけてが一つの目安となるというから（日下雅義『古代景観の復原』〈中央公論社、平成三年五月〉二一二〜二一三頁）、応神天皇朝の難波津を上町臺地東方に想定するのは、地理学的にいって難がある。

つぎに、『摂津志』は大道町附近の旧名が「大隅」だというが、じつはこれもあまり定かではない。「大隅」の地名が、古地図などで確認できるというわけではないのである。[10] 井上正雄『大阪府全志』巻三（大阪府全志発行所、大正十一年十一月、のち昭和五十年十二月清文堂出帆より複刻）の「大道村」の「大字西大道」の項によれば、西大道村の旧名が大隅であったいうのは『摂津志』にはじまる説だというから、それほど古いものではない。吉田東伍『大日本地名辞書』上巻（前掲）が「徴証太だ乏し」というのも（「大隅島」の項、四一五頁）、おそらくこの点をいうのであろう。さらに、瀧川政次郎氏が、

> 江戸時代の学者は、この大隅宮と大隅島とを簡単に同一視して、大隅宮は大隅島にあったとしているが、難波に大隅と称する場所が唯一つしかなかったとは、断定できない。現に桑津と称する場所は、難波の北と南にある。（「律令時代における淀川河畔の牧場」『政経論叢』六―六〈昭和三十二年七月〉、のち補遺を加えて『増補新版日本社会経済史論考』〈名著普及会、昭和五十八年九月〉所収、五四八頁）

とのべているのも、傾聴に値しよう。ちなみに、瀧川氏は、大隅島は安閑天皇朝においてすら、牧地にしか利用

できなかった低湿の土地であって、「応神天皇の御代には、恐らくそれは干潟か浮州であったであろう。そんな所に宮殿が営まれる筈がない。従って応神天皇の大隅宮址は、これを上町台地に求むべきであろう」とのべている（「律令時代における淀川河畔の牧場」〈前掲〉五四八頁）[11]。

さらに、いま一つ大道町附近説の障碍となるのが、仁徳天皇の高津宮以降、難波に営まれたおもな宮はおおむね上町臺地上に存したと考えられる点である。摂津地方に営まれた古代の宮としては、ここで取り上げた応神天皇朝の大隅宮、仁徳天皇朝の高津宮のほか、欽明天皇朝の祝津宮や継体天皇の樟葉宮などがあり、孝徳天皇朝には長柄豊碕宮以下、子代離宮・蝦蟇行宮・小郡宮・難波碕宮・味経宮・大郡宮といった、複数の離宮や行宮が登場し、さらに時代がくだって天武天皇朝の難波宮や聖武天皇朝の難波宮がある。なかには所在のはっきりしないものもあるが、全体として、上町臺地上に比定されるものが多い（味経宮については後述参照）。したがって、もし大道町説を採るなら、大隅宮だけが離れた場所にあったことになり、いささか不自然である。

もっとも、仁徳天皇以降の難波の宮都が上町台地に造営されたことは、仁徳天皇朝に堀江の開鑿がおこなわれ、ここに難波大津がおかれたことと無関係ではあるまい。

淀川の河口に発達した港のことを古くから「難波津」と呼んだが、船の着く津は各所にあり、難波津は一箇所に限らなかったらしい。そのなかで、朝廷の管理するもっとも重要な津を「難波大津」・「難波御津」と称し、のちに難波津といえば難波御津を指すようになったといわれている（『大阪府史』第二巻〈前掲〉八八頁）。

この難波津の位置については、①中央区三津寺町附近説、②天満・天神橋附近説、③上町台地東方説、④中央区高麗橋附近説、などの諸説があり帰趨をみないが、なかでも注目されるのは、日下雅義氏の説である。日下氏は、難波堀江の開鑿は、仁徳天皇紀がいうような、東の水を西の海に排除するためだけではなく、「「宮」の近くに、安全で便利な津を開くとともに、遠く大和・山城国にも通ずる水路を掘り、新しい交通システムを確立させる必要」からだとする。さらに、日下氏は、『日本書紀』に「難波津」という名称が出てくるのは、堀江の開鑿がおこなわれたとされる仁徳天皇十一年以降であることに注目する。そして、難波津の成立を堀江の開鑿とのかかわりでとらえつつ、五～六世紀の地形環境の復原から、難波津は、大川から堀江にはいった場所、すなわち④説がもっとも相応しいとするのである（『古代景観の復原』〈前掲〉二〇八～二三四頁）。

日下氏は、堀江は「五世紀中葉から六世紀のはじめにかけて開かれた可能性が大きい」（日下雅義『古代景観の復原』〈前掲〉二二二頁）とするので、これが事実ならば、五世紀前半と推定される仁徳天皇朝の実年代とはずれがあり、この時間的なずれをいかに解釈するかが今後の課題となるが、淀川・大和川水系との連絡という点を考慮すると、④説はかなり有力といえよう。

堀江の開鑿の絶対年代はしばらく措くとして、『日本書紀』の所伝のとおり仁徳天皇朝のことだとすれば、高津宮に近いところを選んであらたな水路や港が開かれたであろうことは、想像にかたくない。そう考えると、上町臺地上、とりわけ高津宮周辺の開発が進むのは、それ以降のこととなるので、いまだ堀江や難波津がなかった応神天皇朝においては、宮を上町臺地上にもとめねばならない理由はなかったことになる。

ちなみに、『日本書紀』白雉元年（六五〇）正月一日条には、

車駕幸二味経宮一観二賀正礼一。〈味経。此云二阿膩賦一。〉是日車駕還レ宮。

とあり、

『日本書紀』白雉二年（六五二）十二月晦条には、

於二味経宮一請二二千一百餘僧尼一。使レ読二一切経一。是夕。燃二二千七百餘燈於朝庭内一。使レ読二安宅土側等経一。

於是。天皇従二於大郡一遷二居新宮一。号曰二難波長柄豊碕宮一。

とあって、味経宮という行宮のことがみえている。この宮の所在地についても諸説あるが、味原牧のあった三島郡味生村附近（現在の摂津市別府・一津屋・新在家）にあてる説が有力である。だとすれば、上町臺地からかなり隔たった淀川北岸の地に宮が営まれることもあったわけで、かならずしも上町臺地にこだわる必要はないのである。

中央区天神橋南東詰の高臺説　ちなみに、難波宮の研究に生涯を捧げた山根徳太郎氏は、おなじ上町臺地でも、べつなところに候補地をもとめる。山根氏は、まず、『摂津志』の大道町説に対し、ここが「往昔淀川の河口である江口の西南方に当り、正しく海面か河口の洲渚であった。その洲渚は洪水の度ごとに淀川の氾濫地域となる低湿なる沮洳地で」あって、「そのような場所に宮室を営むことはあり得ない」（「応神天皇大隅宮の研究」『難波宮の研究　研究予察報告第壱』〈昭和三十一年五月〉二八頁）と批判しつつ、いっぽうで、大隅宮を中央区天神橋南東詰の高台説に比定する。(12)

山根氏の所説はいささか難解だが、順を追って紹介すると、氏はまず、『住吉大社神代記』に、

一。猪加志利乃神。二前。一名。為婆天利神。元大神居坐。為二唐飯所聞食地一。

右。大神者。難波高津宮御宇天皇之御世。天皇子波多毘若郎女之御夢奉二喩覚一良久。吾者住吉大神之御魂曾止。号二為婆天利神一。亦猪加志利之神止託給支。仍神主津守宿禰令二斎祀一。祝仁為加志利津守連等奉仕。奉レ充神戸二烟。神田七段百四十四歩。即在二西成郡一。（六七九〜六八五行）

とあることから、猪加志利乃神（座摩神）は住吉大神と同体と考え、これを祀る座摩神社の旧神域、すなわち、天神橋の東南方附近がかつての住吉大神の社地であったと推測する。そして、『古語拾遺』（後掲）がいうように、座摩の神霊が大宮地の霊にいますと考えられていたとするならば、「難波における坐摩の神域となっていた西成郡の聖地は往年そこが皇居として考えられていた日のあったことを思うのであって」、具体的には応神天皇の大隅宮

の故地ではないかとしている（「応神天皇大隅宮の研究」〈前掲〉二八頁）。宮中神の座摩神社をかつて宮の所在地と結びつける山根氏の説は、仁徳天皇朝の高津宮を座摩神社の旧社地にもとめる賀茂真淵の説に通じるものがあるが、それについては後述する。

なお、山根氏によれば、『住吉大社神代記』に「座二玉野国渟名椋長岡玉出峡墨江御峡一大神（五行）」とあるのは、「清江に臨んでつき出た長い丘の上に美しい倉庫のある場所に鎮まります岡の上の大神」と解読でき、『住吉大社神代記』に、

亦表筒男。中筒男。底筒男三軍神誨之曰。吾和魂宜レ居二大御栄大津渟中倉之長岡峡国一。看二護往来船一。因則以二手搓足尼一被二祭拝一矣。難破長柄泊賜。胆駒山嶺登座時。奉レ寄二甘南備山一。大神重宣。吾欲二住居一地。渟名椋長岡玉出峡。時皇后勅。誰人知二此地一。今令レ問賜地。手搓足尼居住地也。在然者替地賜二手搓足尼一可レ奉レ寄二於大神一宣賜。時進手搓足尼啓。今須不レ賜二替地一而随二大神願賜一以二己家舎地等一奉レ寄二於大神一。已了。即大神住賜。因レ如二御意一改二号住吉国名一。定二大社一也。即悦賜宣。吾為二皇后神主一懸二太襁褓一斎祀更不二享賜一。被レ拝二戴手搓足尼一。奉レ護二天皇君夜護昼護一矣。同奉レ護二天下国家人民一。宣賜。時為二皇后神主一止賜。吾代被レ奉二斎祀一。手搓足尼神主。勅賜。仍奉二神主一已了。（三〇七〜三一二行）

とある「神話」の主旨にかなう土地としては、いにしえの座摩神の鎮座地が相応しいとしている。山根氏の所説は、『住吉大社神代記』によって、住吉大神のかつての祭りの庭を「難破長柄」にもとめるなど、注目すべき点があるが、はたしてそれが応神天皇の大隅宮と結びつくのかどうかは、一抹の不安がある。瀧川政次郎氏なども、山根説には懐疑的である（「律令時代における淀川河畔の牧場」〈前掲〉五四八〜五四九頁）。大隅宮の所在地については、史料が乏しいのであって、こうした山根氏の所説も、やはり臆測の域を出ない。

軽嶋明宮との関係　ところで、大隅宮について留意しておきたいのは、応神天皇の宮としては、これとはべつに軽嶋明宮が存したことである。応神天皇については、『古事記』中巻、応神天皇段に「品陀和気命、坐軽嶋之明宮、治天下也」とあるのをはじめとして、『肥前国風土記』養父郡、鳥樔郷条に「昔者、軽嶋明宮御宇誉田天皇之世」、『萬葉集註釈』二の引く『摂津国風土記』逸文（比売島の松原条）に「軽島豊阿伎羅宮御宇天皇世」、『続日本紀』宝亀三年（七七二）四月二十日条に「軽嶋豊明宮馭宇天皇御世」、同延暦九年（七九〇）七月十七日条に「軽嶋豊明朝御宇應神天皇」とあるなど、後世、軽嶋明宮で天下を治めた天皇という認識が強かったことがわかる。

この軽嶋明宮は、『八幡宇佐宮御託宣集』第一巻「御因位部」に、

・類聚国史巻廿一云、誉田天皇、〈応神天皇、〉足仲彦天皇第四子也。母曰二気長足姫尊一。天皇、以下皇后討二新羅之年一、歳次庚辰冬十二月上、生二於筑紫之蚊田一。幼而聡達、玄監深遠、動容進止。聖表有レ異焉。皇大(マヽ)后摂政之三年、立為二皇太子一。〈時年三、〉初天皇在孕而、天神地祇授二三韓一。既産之完生二肸上一其形如鞆。是肯(肖)下皇太后為二雄装一之負上レ鞆。〈肯、此云二何(阿)叡一。〉故称二其名一、謂二誉田一。上古恪(俗)、号レ鞆謂二褒武多一焉。摂政六十九年夏四月、皇太后崩。元年春正月丁亥朔、皇太子即位。是年也、太歳庚寅。四十一年春二月甲午朔戊申、天皇崩二于明宮一。〈時年一百一十歳。一云、崩二于大隅宮一。今案二帝王系図云一、軽嶋明宮、大和国高市郡、〉

とあるように、大和国高市郡にあったと考えられる[13]。高市郡には軽という地名が残るし（現在の橿原市大軽町附近か）、『日本書紀』応神天皇十九年十月一日条に、

幸二吉野宮一。時国樔人来朝之。因以二醴酒一献二于天皇一。而歌之曰。（中略）歌之既訖。則打レ口以仰咲。今国樔献二土毛一之日。歌訖即撃レ口仰咲者。蓋上古之遺則也。夫国樔者。其為人甚淳朴也。毎取二山菓一食。亦煮二蝦蟆一為二上味一。名曰二毛濔一。其土自レ京東南之。隔レ山而居二于吉野河上一。峯嶮谷深。道路狭巘。故雖レ不レ遠二

於京一。本希二朝来一。然自レ此之後。屢参赴以献二土毛一。其土毛者栗菌及年魚之類焉。

とあって、吉野川上流の国樔の地が「京の東南」にあたるとされていることから、この地に比定することに異論はない（『新修大阪市史』第一巻〈前掲〉直木孝次郎執筆「河内政権の成立」五〇八頁。）。

ただ、『新修大阪市史』第一巻（前掲）は、「応神天皇自身に結び付く物語で、軽周辺の地に関係することはほとんどない。筑紫で誕生したという応神が、崇神以降の歴代天皇の誰も宮を置いた伝承のない高市郡の地に宮居するというのも不自然である」として、「応神の皇居を軽嶋明宮とするのは、後代おそらくは藤原宮の時代前後に考えられたことで、難波大隅宮とする伝承の方がより古い」（五〇八頁）とのべる。

しかし、古くは懿徳天皇や孝元天皇がそれぞれ「軽曲峡」・「軽境原」に宮を営んだとする伝承があるし、『日本書紀』神功皇后摂政三年正月三日条には、

立二誉田別皇子一為二皇太子一。因以都二於磐余一。〈是謂二若桜宮一。〉

とあって応神天皇生母の神功皇后が磐余に、さらに、応神天皇の孫にあたる履中天皇についても、『日本書紀』履中天皇元年二月一日条に、

皇太子即二位於磐余稚桜宮一。

とあって、磐余稚桜宮にいたとする伝承をしるす。ゆえに、これらを参考にすると、かならずしも軽嶋明宮が、後代に考えられたものとは断言できないように思う。なかでも、理解に苦しむのは、藤原宮の時代前後に、なぜ、突如として軽嶋明宮が案出されたのかという点である。あるいは、藤原宮からの聯想かも知れないが、それなら、なぜ応神天皇の宮にだけ藤原宮のイメージが投影されているのか、その点がうまく説明できないと思う。しかも、応神天皇と軽嶋明宮の結びつきが、七世紀末から八世紀初頭のような、『日本書紀』完成の時期からみてきわめて

近い時代に考え出されたものならば、「軽島豊阿伎羅宮御宇天皇世」（『摂津国風土記』逸文）といった呼び方が定着しているのも不審である。大隅宮を宮居とする伝承のほうが古いのならば、「難波大隅宮御宇天皇世」などと称する史料があってもよさそうなものだが、そうした例はないのである。

『日本書紀』によれば、応神天皇は治世の二十二年に大隅宮に移ったのであり、応神天皇四十一年二月十五日条の天皇崩御の記事の分註に「一云。崩于大隅宮」とあるのが正しければ、そのまま十九年近くそこに居住したことになる。本居宣長『古事記伝』が、仁徳天皇について「元年に始めて難波に移り坐するには非ず」と指摘するように、その即位前から難波にいたのであれば（『本居宣長全集』第十二巻〈筑摩書房、昭和四十九年三月〉四六頁）、父の応神天皇もまた難波にいてもおかしくない。ただ、大隅宮で崩じたというのが異伝でしかないことを思うと、やはり、本文のほうを採るべきかも知れない。

なお、この点に関聯して注目されるのが、塚口義信氏の研究である（たとえば、「〝神武天皇伝説〟成立の背景」『東アジアの古代文化』一二二、平成十七年一月、など）。氏によれば、記紀がしるす麛坂・忍熊王の叛乱は、四世紀末にヤマト政権内部で勃発した内乱を描いたもので、神功皇后・応神天皇に象徴される政治勢力が、ヤマト政権の最高首長権を保持していた政治集団の正統な後継者である忍熊王の軍勢を打倒した事実を、勝者の側から伝えたものだという。その結果、応神天皇は大和の軽嶋明宮で即位し、河内大王家の基礎を築くのだが、塚口氏は、内乱によって王権を奪取した応神天皇が、みずからの正統性を保証するため、それまで語られていた神武天皇の建国神話を改変したのであり、記紀の神武天皇伝説は、四世紀末の内乱とそれによって河内大王家が誕生したという史実を念頭において形成されたものだという。

こうした構想は、応神天皇の宮を考える際にも有効である。氏の指摘のとおり、神武天皇が畝傍山の白檮橿原宮で即位したことが、応神天皇がおなじ地の軽嶋明宮で即位した事実の投影だとすると、応神天皇の宮は、やはり軽嶋明宮だったのであり、大隅宮のほうはあくまで行宮と考えてよいであろう。応神天皇二十二年三月五日条に「幸二難波一居二於大隅宮一」とあることも、大隅宮への移動が行幸的なものであることを示唆している。軽嶋明宮と大隅宮のいずれを主とみるかという認識は、たんに所在地の問題だけでなく、その規模・建築物を推測する際にもたいせつな要素となるので、あえて注意を喚起しておく次第である。

仁徳天皇の高津宮　つぎに、仁徳天皇朝の高津宮について考えてみたい。

高津宮のことは、『日本書紀』仁徳天皇元年正月三日条に、

大鷦鷯尊即天皇位。尊二皇后一曰二皇太后一。都二難波一。是謂二高津宮一。即宮垣室屋弗二堊色一也。桷梁柱楹弗二藻餝一也。茅茨之蓋弗二割斉一也。此不下以二私曲之故一留中耕績之時上者也。

とみえている。この記事では高津宮の宮殿が質素なものであったことが詳しく描かれているが、記紀は、仁徳天皇のことを有徳の君主として描くので、かかる描写についても割引いて考える必要がある。たとえば、『古事記』下巻の仁徳天皇段には、

於是。天皇登二高山一見二四方之国一。詔之。於二国中一烟不レ発。国皆貧窮。故自レ今至二三年一。悉除二人民之課役一。是以。大殿破壊。悉雖二雨漏一。都勿二修理一。依レ械受二其漏雨一。遷二避于不レ漏処一。後見二国中一。於国満レ烟。故為二人民富一。今科二課役一。是以百姓之栄。不レ苦二役使一。故称二其御世一。謂二聖帝世一也。

とあって、人々が天皇の治世を「聖帝の世」と讃えた伝承がしるされているが、これなども、仁徳天皇を徳の高い為政者として描く顕著な例である。近年の研究によれば、かかる思想は、欽明天皇朝にまとめられた「原帝紀」の性質に由来するものだというから（塚口義信「〝原帝紀〟成立の思想的背景」『ヒストリア』一三三、平成三年十二月）、仁徳天皇

記の記事の利用には慎重でなければならない。

ちなみに、このエピソードは、『日本書紀』のほうにもみえている。すなわち、仁徳天皇四年二月六日条に、

詔二羣臣一曰。朕登二高臺一以遠望之。烟気不レ起二於域中一。以為百姓既貧。而家無二炊者一。朕聞。古聖王之世。人々誦二詠徳之音一。毎レ家有二康哉之歌一。今朕臨二億兆一。於茲三年。頌音不レ聆。炊烟転踈。即知。五穀不レ登。百姓窮乏也。封畿之内。尚有二不レ給者一。況乎畿外諸国耶。

とあり、また三月二十一日条には、

詔曰。自レ今以後。至二于三年一。悉除二課役一。以息二百姓之苦一。是日始之。黼衣絓履。不二弊尽一不二更為一也。温飯煖羹不二酸餧一不レ易也。削レ心約レ志。以従事乎無為。是以宮垣崩而不レ造。茅茨壊以不レ葺。風雨入レ隙而沾二衣被一。星辰漏レ壊而露二床蓐一。是後風雨順レ時。五穀豊穣。三稔之間。百姓富寛。頌徳既満。炊烟亦繁。

とある。つづく仁徳天皇七年四月一日条には、

天皇居二臺上一而遠望之。烟気多起。是日。語二皇后一曰。朕既富矣。更無レ愁乎。皇后対諮。何謂富焉。天皇曰。烟気満レ国。百姓自富歟。皇后且言。宮垣壊而不レ得レ脩。殿屋破之衣被露。何謂レ富乎。天皇曰。其天之立レ君。是為二百姓一。然則君以二百姓一為レ本。是以古聖王者。一人飢寒顧之責レ身。今百姓貧之。則朕貧也。百姓富之。則朕富也。未二之有一。百姓富之君貧矣。

とあり、さらに仁徳天皇十年十月条には、

甫科二課役一。以構二造宮室一。於是百姓之不レ領。而扶レ老携レ幼。運レ材負レ簣。不レ問二日夜一。竭レ力競作。是以未レ経二幾時一而宮室悉成。故於今称二聖帝一也。

とあって、『古事記』と比較すると、ずいぶん詳しいことがしるされている。ここで留意しておきたいのは、『古

事記』で「高き山」とあるところが、『日本書紀』では「高臺」となっている点である。『日本書紀』が正しいとするならば、それはとりもなおさず高津宮の楼閣ということになるが、この史料の取扱いには注意が必要である。

ちなみに、延喜六年（九〇六）の「日本紀竟宴和歌」に「たかどのにのぼりてみれば天の下四方に煙りて今ぞ富みぬる」とあるのは、記紀にみえる、この事績にちなんだ歌である。(14)

高津宮の所在地はどこか　ところで、高津宮の所在地はいずこにもとめることができるのであろう。
この点に関して参考になるのが、『日本書紀』仁徳天皇十一年十月条に、

掘㆓宮北之郊原㆒。引㆓南水㆒以入㆓西海㆒。因以号㆓其水㆒曰㆓堀江㆒。（後略）

とある記事である。これは、高津宮の北の郊原を開鑿して水路を通したことをのべたものだが、ここにいう「堀江」は、こんにち大阪のひとが「大川」と呼ぶ天満川のことである。堀江は、その後の側方侵食によって上流側は南に、下流側は北に、流心を少しづつ移した結果、現在みられるような逆S字型の流路を示すようになったが、当初はほぼ東西方向に掘られていたと考えられる（日下氏『古代景観の復原』〈前掲〉二一五～二二一頁）。開鑿当初のルートは、大川右岸（北岸）の堤附近で、その後左岸へと侵食が進んだとみられるので、堀江の南に位置したという高津宮は、大川右岸（北岸）の堤以南にもとめることができる。

さらに、『日本書紀』仁徳天皇三十八年七月条には、

天皇与㆓皇后㆒居㆓高臺㆒而避㆑暑。時毎夜自㆓菟餓野㆒有㆑聞㆓鹿鳴㆒。其声寥亮而悲之。共起㆓可憐之情㆒。及㆓月尽㆒以鹿鳴不㆑聆。（後略）

とみえており、高臺にいた仁徳天皇が、菟餓野で鳴く鹿の声を聞いたとある。菟餓野については、神戸市灘区の都賀川附近や、おなじく兵庫区夢野町附近にあてる説もあるが、大阪市北区兎我野町附近とする説が有力である。

してみると、鹿の声が聞こえるぐらいだから、宮はここから遠からぬところに位置したはずで[15]、この点でも、上町臺地上説は有利である。

以上のことから、高津宮を上町臺地上にもとめてよいと思うのだが、こまかい比定地となると諸説紛々である[16]。たとえば、『摂陽群談』巻第十は、

東生郡高津小橋の地に属す。今西成郡西高津村に於て　仁徳天皇の社あり。世俗此社地を指て、皇居の地と云へり[17]。

とのべ、また、『摂津志』東生郡条は、

高津宮〈大坂安国寺坂北有二小祠一。此其古蹤。一名難波宮。又大宮。又大郡宮。又忍照宮。(後略)〉[18]

とのべ、寛政二年(一七九〇)から文政五年(一八二二)にかけて刊行された本居宣長『古事記伝』三十五之巻では、

船着て難波津は岸の上なりけむ、故高津とは云なるべし、宮は或人今の大坂の内なり〈上本町通安曇寺町筋の民家の後に小祠ありて今に古宮跡と云伝へたり、これ高津宮の跡なり、天満社司渡邊氏の家に蔵る難波の古図を以て考るに此処にあたるべし〉と云り」(『本居宣長全集』第十二巻〈前掲〉四六頁)

とのべている。また、『古事記伝』とほぼおなじ時期の寛政十一・十二年(一七九九〜一八〇〇)に出た荒木田久老『難波旧地考』は、「或人の考」・「或人云」として複数の説を詳しく掲げる点で有意義だが、そのうちの「或人のいふには今の高津宮とて仁徳帝を祠れる御社のあなる其近きあたりに菟餓野の旧名遺れりといへり」という説を「是あたれるに似たり」としている。

中央区高津説　こうした諸説のなかで一般に滲透しているのが、中央区高津周辺説である。明治二十一年(一八八八

九）の仁徳天皇千五百年祭には、天王寺区餌差町に「高津宮址」の石碑が建てられたほどである（この碑は、いまでは東高津町の高津高校の校庭に移されている）。

この説の最大の根拠は地名の一致である。しかし、高津については、『摂津志』には「東高津〈王子記作郡戸〉」[19]とあるように、「郡戸」の音転とも考えることの可能だし、あるいは、本居宣長が、

今世にかうづを高津と書て此大宮を其なりと云其神社を此天皇なりと云なれどもかうづは、書紀孝徳巻に蝦蟇行宮とある処にて、此地名、うつほ物語の歌にも見えたりと谷川氏云り、さもあるべし、かうづ若古の高津ならむには、今もたかつとこそ呼べけれ、いかでかうづとは呼む。（『本居宣長全集』第十二巻〈前掲〉四六頁）

と指摘するように、かうづ＝蝦蟇という解釈も成り立つ。前掲『大阪市史』第一なども、「又仁徳帝の高津宮を以て今の高津に擬するは偶々文字の同じきより起これる説にして、タカツの音のカウヅに変じたる順序の判明せざるに於ては、縦令文字は同一なりとするも、タカツを今のカウヅに関係ありといふを得ず」（六頁）と、高津周辺説には懐疑的である。

地名の音転については判断がむつかしいが、高津周辺説にはべつな難点もある。それは、高津宮を現在の高津附近にもとめれば、仁徳天皇朝に開鑿されたという難波堀江や難波津から、いささか距離があるという点である。後述のように、高津宮と堀江・難波津の密接な関係を考えると、高津宮はもう少し北にもとめたほうがよいのではあるまいか。その意味では、つぎに紹介する大坂城附近説は、そうした地理的条件をよく満たしている。

大阪城附近説　この大坂城附近説は、以下に掲げる『延喜式』巻第八、神祇八の「祝詞」祈年祭条にみえる、「座摩」「生嶋」の解釈をよりどころとしたもので、賀茂真淵『祝詞考』にはじまる。

（前略）座摩乃御巫乃称辞竟奉皇神等能前尓白久。生井。栄井。津長井。阿須波。婆比支登御名者白氏辞竟奉

者。皇神能敷坐。下都磐根尓宮柱太知立。高天原尓千木高知氐。皇御孫命乃瑞能御舎乎仕奉氐。天御蔭日御蔭登隠坐氐。四方国乎平乎安国登平久知食故。皇御孫命能宇豆乃幣帛乎。称辞竟奉久登宣。

御門能御巫能称辞竟奉皇神等能前尓白久。櫛磐間門命。豊磐間門命登御名者白氐。辞竟奉者。四方能御門尓。湯都磐村能如塞坐氐。朝者御門開奉。夕者御門閉奉氐。疎夫留物能自下往者下乎守。自上往者上乎守。夜能守日能守尓守奉故。皇御孫命能宇豆能幣帛乎。称辞竟奉久登宣。

生嶋能御巫能辞竟奉皇神等能前尓白久。生国足国登御名者白氐。辞竟奉者。皇神能敷坐嶋能八十嶋者。谷蟆能狭度極。塩沫能留限。狭国者広久。峻国者平久。嶋能八十嶋堕事無。皇神等能依志左奉故。皇御孫命能宇豆乃幣帛乎。称辞竟奉久登宣。（後略）

すなわち、真淵は、『祝詞考』上巻のなかで、右の祝詞の「座摩乃御巫辞竟奉皇神等乃前尓白久」について、

座摩は、本摂津国、西生郡の所の名にて、式にも、同郡に、同神の社あり、此次に、皇神の敷坐云々ちふ文にも依に、いにしへより、この大神の敷坐し所に、仁徳天皇、宮造し給ひて、宮中に斎まし〻故に、其後大和、山城と、京を遷されても、同じくうつし斎はれて、そこを即座摩といひしなるべし。（『賀茂真淵全集』第七巻〈続群書類従完成会、昭和五十九年九月〉一九七頁）

とのべ、さらに、あとにつづく「生嶋能御巫能辞竟奉皇神等能前尓白久」の部分の註解でも、

か〻れば、既にいふ如く、是も高津宮にて、斎給ひしを、都ごとに遷されけむ、仍ていづくはあれど、難波生嶋に依べくおぼゆるなり。（前掲書、二〇一頁）

としるしている。

こうした真淵の説は、その後も支持者が多い。たとえば、古いところでは、『大日本地名辞書』上巻（前掲）が、

「座摩」の項において、この真淵の説を紹介しつつ、「仁徳帝の高津皇居の時に宮地の主神として重く斎祀ありしと云説信用すべし」（四〇一頁）としるし、さらに「高津宮址」の項でも、

摂津志浪速国志等擬定する所あれど採り難し、難波旧地考の説最参考すべし而も尚不審なきに非ず、此間幸にして座摩祠のその故址を今日に伝ふるあれば（吉田東伍は、八軒屋を「天満天神両橋間南岸の字なり」として、座摩はこの「八軒屋の旧名なり」とする＝荊木註）、之に因り宮城の片隅をのみ推知すべし、座摩神は宮地之霊にして、宮域内たること明確毫糸も疑を容れず、一隅と雖、挙げて以て全形を想ふべし。（三九二頁）

とのべるなど、真淵の説を全面的に支持している。[20]

このほか、大正二年（一九一三）に出た『大阪市史』第一（前掲）なども、真淵の説を敷延したものである。同書は、前掲の『延喜式』巻第八、神祇八の所載の祝詞をよりどころに、座摩社や生国魂社が古くから宮中に祀られる神であり、両社がどこに鎮座したかは、仁徳天皇の宮を考定する上で重要な手がかりになるとする。そして、その旧址が大坂城附近にもとめられるところから、この地を仁徳天皇の宮址にあてるのである。[21]

こうした大阪城附近説は、座摩社や生国魂社が宮中神三十六座にふくまれることに着目した説で、それらが宮中神に編入された理由を難波の宮とのかかわりで説明しようとした、巧みな所説である。ただ、特定の宮中神がただちに高津宮と結びつくのかどうかは、史料的な裏づけを缺く。難波に宮が存在したのは、なにも仁徳天皇朝に限ったことではないので、これらの神が宮中神に取り込まれた時期を仁徳天皇朝に特定するのは、やはり躊躇せざるをえないのである。

法円坂町臺地説　なお、山根徳太郎氏は、難波堀江を、現在の大坂城二の丸外濠から、もとの陸軍射的場のあった東西にわたる低地帯を掘り開いたものとみて、その南方に広がる法円坂町の臺地を高津宮のあった宮地と考えてい

る（「仁徳天皇高津宮の研究」大阪市立大学難波宮研究会編『難波宮址の研究』〈研究予察報告第弐〉、昭和三十三年三月）。[22]これだと、高津宮は、のちの孝徳天皇朝の難波長柄豊碕宮や聖武天皇の難波宮とほぼおなじ場所に造営されたことになり、七世紀の難波宮の先蹤をなすものとみることができる。山根氏自身も、この点にふれ、「高津宮址は世人の記憶にも残っていたであろう。この由緒のある宮址に、長柄豊碕宮は営まれ、そのあとに、聖武天皇の難波の宮が作られたのであった」とのべている（『難波王朝』〈学生社、昭和四十四年四月〉一二七頁）。

ところで、山根氏の説に関聯して想起されるのが、いわゆる「法円坂建物群」の存在である。これは、昭和六十二年（一九八七）の秋から冬にかけて、中央区番場町に隣接する大手前四丁目の大阪市立中央体育館附近で発見された遺跡で、棟方向をほぼ東西に揃えた同一構造・規模の建物十六棟以上が、整然と計画的に配置されていた。

遺構自体は、倉庫群の可能性が大きいとされており、造営時期は五世紀前半にまでさかのぼらないのではないかと考えられている（『大阪府史』第二巻古代編Ⅱ〈前掲〉五七～五九頁）。その点では、仁徳天皇朝の高津宮址には直接結びつかないかも知れないが、五世紀代に溯る大規模な遺跡がこの附近から発見されたことの意義は大きい。今後の発掘次第では、仁徳天皇朝の高津宮に結びつくような遺構がみつかる可能性も、皆無ではあるまい。それゆえ、高津宮の解明には、考古学的調査に期待するところが大きいのである。

今後の課題　さて、以上、きわめて粗雑ではあるが、応神天皇の大隅宮と仁徳天皇の高津宮の所在地に関する諸説を俯瞰しつつ、その是非を検討してきた。こうした学説の回顧を通じて思うのは、宮の所在地を絞り込むには、①関聯史料の解釈と批判、②中近世にまで遡るような遺称地の有無、③復原される、当時の地理的環境との合致、④考古学的徴証、といった多角的な角度からの検討が必要だということである。

おなじ難波の宮でも、時代の下る孝徳天皇朝の長柄豊埼宮や聖武天皇の難波宮は、こうした材料が比較的豊富で、とりわけ半世紀を超える発掘調査による知見は、これらの諸宮の具体像を描き出すうえで、多くの情報を提供してくれた。

これに対し、大隅宮・高津宮の場合は、時代が古いこともあって、その研究にはずいぶん制約があり、それがそのまま所在地を確定する際の障碍となっている。①・②に関しては、議論は出尽くした感がなきにしもあらずだが、③・④については、さきに高津宮のところでふれたように、今後の研究に期待するところも大きい。ただ、地理学的・考古学的研究がもたらす新知見に対応していくためには、それに先立って文献の解釈を深めておく必要がある。なかでも、記紀が伝える応神・仁徳天皇朝の記事には伝承的なものが多く、とくに『古事記』下巻については、塚口氏によってあきらかにされた、「原帝紀」のイデオロギーとでもいうべきものを踏まえて読む必要がある。これは、宮に関する記述にもそのまま当て嵌まるのであって、関聯史料の徹底した分析が、大隅宮や高津宮を考察するうえで、なによりも重要な作業だといえる。

〔補註〕

（1）ほかに、『日本書紀』欽明天皇元年（五四〇）九月五日条に「幸難波祝津宮」というかんたんな記事があり、欽明天皇朝にも難波に行宮の存したことが知られるが、あまりに断片的な記録で、小論ではとくに取り上げなかった。

（2）たとえば、昭和六十二年十二月十五日附の『朝日新聞』朝刊二六面（第十四版、東京版）には、「「古代難波」見えてきた」「「高津宮」跡?・発見、広がる興奮」「宮の倉庫か海への基地か」という見出しのもとに、七段抜きでこの発見を報じている。ちなみに、この記事のなかで、森浩一氏は「状況や規模などから考えて、高津宮の関連施設と考えても差し支えないと思う」というコメントを寄せている。

(3) 河内政権論・河内王朝論について小論でふれる餘裕はない。この点については、拙稿「河内王朝論から見た騎馬民族説」（『歴史と旅』平成六年十二月号、平成六年十二月）・「初期ヤマト政権の成立」（『皇学館大学紀要』三二輯、平成六年十二月、のち改稿して「初期ヤマト政権の成立と展開」と題して『『日本書紀』とその世界』〈燃焼社、平成六年十二月〉所収）を参照されたい。

(4) ここにみえる媛島については、べつに「『摂津国風土記』「比売嶋」をめぐって」（『史料』二二六、平成二十二年六月）と題する小論を発表したので、こちらを参照されたい。

(5) 難波周辺の牧については、本文中でも引用した瀧川政次郎「律令時代における淀川河畔の牧場」（『政経論叢』六－六〈昭和三十二年七月〉、のち補遺を加えて『増補新版日本社会経済史論考』〈名著普及会、昭和五十八年九月〉所収）に詳しい。

(6) 周知のように、関祖衡・並河永らによって編纂された官撰地誌『日本輿地通志』（享保二十年〈一七三五〉刊行）の畿内部六十一巻を「五畿内志」と称し、さらに、巻四十九～六十一の摂津国の部分を「摂津志」と呼んでいる。ここでも、便宜上「摂津志」の通称でしるすことにする。小論では、『大日本地誌大系』第三十四巻（雄山閣、昭和四十六年十月）影印の原本によった。

(7) 吉田東伍『大日本地名辞書』は、現在では増補版が普及しており、摂津国の項は、昭和四十四年十二月発行の『増補大日本地名辞書』第二巻「上方」に収められているが、ここでは研究史紹介の都合で、旧版から引用している。

(8) ちなみに、『国史大辞典』第十巻（吉川弘文館、平成元年九月）「難波大隅宮」（中尾芳治氏執筆）は「大隅宮跡については淀川沿いの大阪市東淀川区東辺に比定する説と東区上町台地上に比定する説があるが、いずれも推定の域を出ない」としるしており、田中卓氏は、これをうけて、後者の説を「吉田東伍博士の説であらう」（『住吉大社史』〈前掲〉中巻、三六八頁）

とみている。本文中に引いたように、吉田東伍『大日本地名辞書』は大隅宮＝大坂としているので、こうした理解もまちがいではないが、『国史大辞典』第十巻がいうのは、具体的に論拠をあげている、本文後述の山根徳太郎氏の説とみるのが妥当であろう。

（9）大隅宮の「高臺」については、上田正昭監修・小笠原好彦著『難波京の風景』（文英堂、平成七年三月）五一～五三頁参照。近年知られるようになった遺構や絵画資料から、応神天皇が兄媛を遠望した「高臺」を類推すると、それはまさに高殿と称するにあたいする建物だったと考えられる。したがって、障碍物の少ないところではかなり見晴らしがよかったと推測されるので、「遠望」云々という『日本書紀』の記述（まずもって、伝承の域を出ない話ではあるが）をよりどころに、上町台地上にもとめる必要はないであろう。さらにいえば、海さえ望見できるところであれば、実際に兄媛の乗った船を目視できなくとも、海上の船の往来から兄媛に思いを馳せたということも考えられるので、この描写を大隅宮所在地の推定の材料とするには不安が残る。

（10）たとえば、寛政十二年（一八〇〇）に刊行された『浪速上古図』は、当時流行した大阪の古地形の復原図の一つだが、このなかの「神武帝ヨリ応神帝マデ地図」では上町臺地の北に「小郡ノ内　大隅嶋」として嶋を描き、「此地今大道村ニ八幡の小社あり是いにしへの皇居の後なり」としるすが、これもなにに依拠したものかは不明である。

（11）この点については、大井重二郎『上代の帝都』（立命館出版部、昭和十九年十月）も、「大道附近はなほ卑湿の地であり、次朝仁徳天皇御宇に始めて堀江開鑿の工事を起こしたのであつて、其の以前は未だ難波の入江中にあり、たとへ安閑天皇紀の牧牛の記事の大隅宮を本地とするも、此の時は治水工事の一応完成した遥か後世のことに属する。然かも安閑天皇紀の記載は牧牛以外に用途なき荒蕪地域たることを反証するのみならず、延暦四年に於てもなほ治水工事を施す必要があつたのである」（二二五～二二六頁）とのべ、また、上田正昭監修・小笠原好彦著『難波京の風景』（前掲）も、大隅宮を東淀川区大道町附近にあてれば、淀川河口に形成された三角洲の上に立地したことになるが、「そのような低地の立地に、宮室が営まれた例はほかに知られない。これは、このような立地条件の地域に宮室を想定することに問題がある、ということを意味する」（五一頁）とのべている。

（12）山根氏の説は山根徳太郎『難波王朝』（学生社、昭和四十四年四月）にもほぼ同文がしるされているが、ここではさきに出た論文によった。

（13）この『八幡宇佐宮御託宣集』第一巻「御因位部」が引く『類聚国史』巻廿の逸文の末尾の「今案二帝王系図一云、軽嶋明宮、大和国高市郡」という部分が、『日本書紀』「系図一巻」の逸文の可能性のあることについては、拙稿「『日本書紀』「系図一巻」再論」（拙著『記紀と古代史料の研究』〈国書刊行会、平成二十年三月〉所収）を参照されたい。

（14）『新古今和歌集』巻七賀歌巻頭には、仁徳天皇御製として「高き屋にのぼりて見れば煙立つ民のかまどはにぎはひにけり」（七〇七）という歌がみえるが、これは、本文中に引いた「日本紀竟宴和歌」の「たかどのにのぼりてみれば天の下四方に煙りて今ぞ富みぬる」（藤原時平）がいつしか仁徳天皇の歌として誤って伝えられたもので、『和漢朗詠集』には作者不明としてみえるが、『水鏡』や『古来風躰抄』などには仁徳天皇御製として載っている。ちなみに、本歌を踏まえた派生歌に、

高き屋に治まれる世を空にみて民のかまども煙立つなり（藤原雅経〔続後撰〕）
今も猶民のかまどの煙までまもりやすらん我が国のため（後宇多院〔新千載〕）
たかきやにけむりをのぞむ古にたちもおよばぬ身をなげきつつ（長慶天皇）
かまどよりたつや煙も高き屋にのぼる霞の色とみゆらん（正徹）

などがある。

（15）この説は、はやく荒木田久老『難波旧地考』に「或人の考に」として紹介されている。

（16）江戸期のおもな所説については、幕末の安政二年ごろ書かれた暁鐘成『摂津名所図会大成』巻之一の「高津宮」の項に適宜抄出されており、編者自身の説も附されていて、便利である。なお、同書は、船越政一郎編纂校訂『浪速叢書』第七・八（浪速叢書刊行会、昭和二年二月・同三年八月）に収録されており、容易に披見しうる。小論も、これによった。
なお、高津宮の所在地をめぐる諸説を整理し、その異同を詳しく掲げているのは、奥野健治『萬葉摂河泉志考』（靖文社、昭和十八年六月、のち奥野健治著作刊行会編『萬葉地理研究論集』第二巻〈秀英書房、昭和六十年八月〉所収）である。

（17）『大日本地誌大系』第三十八巻（雄山閣、昭和四十六年十月）一八二頁による。

（18）『大日本地誌大系』第三十四巻（前掲）二七二頁。

（19）『大日本地誌大系』第三十四巻（前掲）二七〇頁。

（20）吉田東伍「高津宮附難波堀江」（『歴史地理』一一―二、明治三十三年四月）でも、おなじ趣旨のことがのべられている。なお、大井重二郎『上代の帝都』（前掲）は、吉田東伍説を引いて「坐摩社所在地を以て官址（ママ）決定の傍証としたのは確かに卓見である」（四一頁）として、吉田氏のオリジナルかのごとき書き方をいるが、本文でも紹介したように、この所説は、元来、賀茂真淵『祝詞考』にはじまるものである。

（21）ほかにも、『大坂市史』第一は、『延喜式』巻第三、神祇三に「凡座摩巫。取都下国造氏童女七歳巳上者充之。若及嫁時。申辨官充替」とある条文をあげて、「都下は仁徳天皇が皇后と共に鹿鳴を聞き給ひしと称する菟餓野と同じく、皇居に接近し、且つ座摩社に由緒深き地なるべし」とものべている（一三頁）。

（22）高津宮についても、山根氏『難波王朝』（前掲）にもほぼ同文がしるされているが、ここでは初出の論文によった。

第三章　『丹後国風土記』について

失われた風土記　風土記とは、和銅六年（七一三）の政府通達に対して、諸国が提出した文書（解）をいう。このときの通達は、『続日本紀』同年五月二日条にみえるが、その内容は、①全国の地名に好い字をつけよ、②郡内の物産を筆録せよ、③土地の肥沃の状態、④山川原野の名称の由来、⑤古老が代々伝える旧聞異事、という五点について、史籍に記載して報告せよ、というものである。

これを受けて、諸国では、国司・郡司らが調査して報告書をまとめたが、それが、やがて、国名を冠して「――国風土記」と呼ばれるようになった。

風土記は、当時存在した六十餘国の多くが提出したようだが、現在では、わずかに、常陸・播磨・出雲・豊後・肥前の五国の分が残るだけである。ここで取り上げる『丹後国風土記』も例外でなく、風土記そのものは現存せず、いくつかの古典籍に引用された断片的な記事（これをわれわれは「風土記逸文」と呼ぶ）が知られるだけである。

もっとも、『丹後国風土記』については、逸文とはべつに『丹後国風土記』残缺（以下、『残缺』と略称する）と呼ばれる一書が伝えられており、これがもし古風土記だとすると、『丹後国風土記』はまがりなりにも現存することになる。しかし、この書についてはいろいろと問題があるのであとに回し、まずは逸文のほうからみていきたい。

天の椅立　『丹後国風土記』逸文として知られているものは、三条ある。『釈日本紀』巻第五に引かれる「天の椅立」とおなじく巻第十二所引の「水江の浦の嶼子」、そして『古事記裏書』や『元元集』などが引用する「比治の真奈井・奈具の社」である。

最初の「天の椅立」は、つぎに取り上げる「水江の浦の嶼子」とともに、十三世紀後半に卜部兼方（懐賢）のあらわした『釈日本紀』が引く風土記逸文で、同書巻第五、述義、神代上の「天浮橋」の項にみえている。

日本三景の一つ天橋立（京都府宮津市）をご存じないかたはいないであろうが、この逸文によれば、国をお生みになった大神伊射奈藝命が天に通っていこうとして梯子をお作りになったことから、それが「天の椅立」と呼ばれ、大神が寝ているあいだにその梯子が倒れたので、そこを久志備（霊異のはたらき）の浜と呼んだのだという。こうした記述は、まさに冒頭で紹介した通達の要請している④「山川原野の名称の由来」に該当するし、末尾に「雑魚貝等住。但蛤乏少」とあるのは、おなじく②の「郡内の物産を筆録せよ」に対応する。

諸国の風土記逸文のなかには、その逸文がはたして古風土記のものかどうか疑わしいものもずいぶんふくまれているが、右の逸文に関しては、出典が『釈日本紀』であるところから、古風土記のそれとみてよい。なぜなら、『釈日本紀』には、七十七条におよぶ風土記逸文が引用されているが、そのなかには現存する五風土記からの引用もふくまれており、それがことごとく現存本の文章と一致するからである。しかも、『釈日本紀』の引く風土記逸文と現存本の該当記事とを比較してみると、同書の引用が、いかに原文に忠実であるかがよくわかる。それゆえ、くだんの『丹後国風土記』逸文についても、ほぼ風土記の原文どおりであったと判断しうるのである。

浦島太郎と乙姫　さて、つぎの「水江の浦の嶼子」も、やはり、『釈日本紀』の引く逸文である。同書、巻第十二、述義八、雄略の「浦嶋子」の項には長文の引用があるが、これも、出典が『釈日本紀』であるところから、古風土記からの引用とみてよい。

与謝郡日置里の筒川村の条下に引かれた、この逸文は、昔話としていまに語り継がれる浦島太郎の物語であり、その内容はあまりに有名である。

逸文は、筒川村に日下部首らの先祖にあたる筒川嶼子（いわゆる水江浦嶼子）という人物の紹介からはじまる。雄略天皇朝のこと、嶼子は小舟で大海に漕ぎ出して、亀を釣りあげたが、その亀が、突然乙女（亀比売）に変身して、嶼子を常世の蓬莱山へと誘う。仙人境に到着した嶼子は、大勢の歓迎をうけ、乙女と夫婦の契りをかわす。のちの室町物語草子とは細部でことなるが（「竜宮」が登場するのは、室町物語草子の段階から）、大筋はおなじである。

やがて三年が経過し、嶼子はにわかに望郷の念にかられ、乙女に心の内を告げる。話し合いの結果、嶼子は故郷へ帰ることになるが、乙女は、別れ際に愛用の化粧箱を嶼子に授け、「あなたが、最後までわたくしを棄てず、ふたたびここへ戻ってこようと思うなら、この化粧箱をぜったい開けないでください」と告げる。

こうして帰郷を果たした嶼子がみたものは、三百餘年が経過し、かわりはてた筒川郷であった。途方に暮れた嶼子が発作的に化粧箱を開くと、芳香が風雲とともに翻って天上にのぼる（風土記には老人にかわる話はない）。乙女との約束を破った嶼子は、もはや彼女に再会することもかなわず、涙に咽んであたりを徘徊したのであった。

この物語は、雄略天皇朝のこととされているが、『日本書紀』雄略天皇二十二年（四七八）七月条には、「丹波国餘社郡管川人水江浦嶋子乗レ舟而釣。遂得二大亀一。便化為レ女。於レ是浦嶋子感以為レ婦。相逐入レ海。到二蓬莱山一歴二覩仙衆一。語在二別巻一。」というかんたんな記事がある。『丹後国風土記』が嶼子の物語をしるすにあたってみたという「旧宰の伊預部馬養連の記す所」が、この「別巻」とおなじものを指すのか、また、伊預部馬養の記録が現存する「浦嶋子伝」（『群書類従』文筆部、巻第百三十五）にあたるのか、などについては諸説あり、短文の小論ではとても書きつくすことはできない。詳細は、この問題を取り上げた専著に譲るしかないが（重松明久『浦島子伝』ほか）、ほかにも、『萬葉集』巻第九には、「水江の浦島子を詠む一首〈并せて短歌〉」として、高橋虫麻呂の歌がみえているなど、関聯史料も多く、本条は、風土記逸文のなかでも、もっとも研究の蓄積の多い一条である。

丹後の羽衣伝説　さて、いま一つの逸文「比治の真奈井・奈具の社」についてもふれておこう。この逸文は、十二世紀後成立の『倭姫命世記』にもすでに一部が引用されているが、十三世紀後半に書かれた『古事記裏書』に詳しい。

　ちなみに、「比治の真奈井・奈具の社」の一条は、南北朝時代にできた『元元集』巻第七にも引用されているが、『古事記裏書』の文とはいささか出入りがある。『古事記裏書』と『元元集』を比較すると、『古事記裏書』には三箇所の省略があり、その点で、後者のほうが風土記の原文に忠実である。しかし、『古事記裏書』の冒頭には、『元元集』にない「丹後国丹波郡。々家西北隅方。有二比治里一。此里比治山頂有レ井」という字句があり、この記載から、本条が丹波郡比治里条の記事であったことが判明するのは、『古事記裏書』の手柄である。

　「比治の真奈井・奈具の社」は、出典が『古事記裏書』や『元元集』であり、『釈日本紀』所引の二条とは同列に論じられない。しかしながら、『古事記裏書』には、現存本『出雲国風土記』意宇郡熊野山条や、『釈日本紀』巻第七所引の『備後国風土記』逸文「蘇民将来」も引用されているので、右の逸文も、古風土記を引いたものと考えてよいであろう。文体や行政区劃の表記に「天の椅立」・「水江の浦の嶼子」の二条と共通点があることも、こうした推測を助けるものである。

　ところで、この「比治の真奈井・奈具の社」も有名な話で、いわゆる羽衣伝説として珍重すべき伝承である。比治山頂の真奈井という泉に天女八人が舞い降りて水浴びをしていたところ、土地の老夫婦が、一人の天女の衣裳を隠してしまう。こどものいなかった老夫は、服を奪われ天上に帰れることのできない天女に自分の子になるよう懇願する。彼女は、「わたくし一人が人間世界に留まってしまった。だから、あなたのいうことにしたがわぬわけにはいかないでしょう」といって、老夫とともにその家に行き、そこで十餘年の歳月を送ることになる。

天女は醸酒が巧みで、家はその代価で裕福になったが、その後、無情にも、老夫婦は天女に「おまえはわたくしの子ではない。しばらくのあいだかりに住んでいただけだ」といって彼女を追い出そうとする。泣く泣く家を出た天女は、途方に暮れ、荒塩村から丹波里の哭木村に至る。さらに竹野郡船木里まで来て、ようやく気持ちが落ち着いたので、この村に留まる。竹野郡の奈具社に鎮座する豊宇賀能売命こそは、この天女である。

比治里という地名の起源説話でもあり、また、竹野郡に鎮座する奈具社の創祀を説いた伝承ともいえるが、比治山頂の真奈井という泉にかけて語られているから、この地で採録された「古老相伝の旧聞異事」のたぐいであろう。

逸文から何がわかるか　以上、かんたんに『丹後国風土記』逸文の内容をみてきた。わずか三条ではあるが、いずれも貴重なものである。とくに、「水江の浦の嶼子」・「比治の真奈井・奈具の社」の二条は、長文で情報も豊富である。

逸文の数だけでいえば、『摂津国風土記』のように、古風土記として確実なものが十一条も伝わっている国もあるが、文字数では、百十ほどの古風土記の逸文のなかでも、「水江の浦の嶼子」が群を抜いている（約一千五十七字）。また、「比治の真奈井・奈具の社」も、字数では、「水江の浦の嶼子」、『釈日本紀』巻第十四や『萬葉集註釈』巻第三の引く『伊豫国風土記』逸文の「温泉・伊社邇波の岡」に次いでいる（約四百八十六字）。したがって、この二条を有する『丹後国風土記』は、諸国の風土記逸文のなかでももっとも残存字数が多い（総計で約一千六百七十六字）。完本といえども、『豊後国風土記』などは僅々二千二百七字しかないことを思うと、『丹後国風土記』逸文は侮ることはできない史料である。本誌（『國文學―解釈と教材の研究』五四―七）が五風土記に加え、あえて『丹後国風土記』の一篇を立てている理由も、まさにそこにある。

とはいえ、逸文は、所詮断片的な記録でしかなく、これによって『丹後国風土記』の全貌を把握するのはむつかしい。とくに、その成立については、郡里制による行政区劃の表記を用いていることから、郷里制が施行された霊亀元年（七一五）以前の編纂と考えられること（ただし、郷里制の実施時期については、鎌田元一氏が、平城京跡から出土した和銅八年の計帳軸や長屋王家木簡をてがかりに、霊亀三年にまで繰り下げる説を提出している）、「水江の浦の嶼子」の冒頭の記載から、編纂にあたっては、元国司の伊預部馬養が部内で採訪した伝承が利用されていること、ぐらいしか判明しない。

郡里制にもとづく地名の表記は、現存本『常陸国風土記』・『播磨国風土記』にもみえ、これらの風土記も同様に、霊亀元年（七一五）以前の成立と考えられている。ただ、そうなると、完成までの期間があまりにも短くなる。近年、『常陸国風土記』の編纂が養老年間まで続けられたとみる説（増尾伸一郎「神仙の幽り居める境」井上辰雄編『古代東国と常陸国風土記』所収）が提出されていることを参考にすると、『丹後国風土記』も、はたして霊亀元年（七一五）までに編纂が完了していたかは、なお検討の餘地があろう。

『丹後国風土記』残欠とは　さて、逸文についてはこれで措くとして、つぎに、『残欠』について考えておきたい。『残欠』は、冒頭でもふれたように、『釈日本紀』や『元元集』に引かれた『丹後国風土記』逸文とはべつに伝わる地誌である。その写本は、現在も各地の文庫・図書館に残るが、永濱宇平編『丹後史料叢書』第一輯や海部穀定『元初の最高神と大和朝廷の元始』（以下、『残欠』の引用は本書による）に全文が飜刻されているので、こんにちでは披見が容易な史料である。

『残欠』は総記と加佐郡からなるが、それもすべてではなく、ところどころに「以下三行虫喰」などと欠けた箇所がある。奥書は、写本によってことなる部分もあるが、その書き出しにはいずれも、

右風土記残冊丹後国伽佐郡餘巻

資益王家之蔵本積年懇望漸今年一覧不日頓臨写之畢

長享二〈戊申〉年九月十日

大聖院権大僧都真言大阿闍梨　智海法印　在判

とある（海部氏校訂本、四一二～四一三頁）。

『残缺』の存在ははやくから知られていたようで、江戸時代の国学者でもこれに注目したひとが少なくなかった。たとえば、幕末の国学者鈴木重胤も、『日本書紀伝』のなかで「近頃世に出て珍らしきは、此の記（『播磨国風土記』＝荊木注）と丹後風土記と、新撰字鏡と字鏡集と、大同類聚方との五部なりき」としるしている。重胤は、『残缺』を古風土記の一つと認識していたようで、『日本書紀伝』でもしばしばこれを利用している。また、鈴木重胤と親しかった敷田年治なども、「丹後風土記五郡の中伽佐郡一郡存れり。原本にて明細に伝へはあれど毎行五字三字の虫食あり。惜しむべし」（神宮文庫所蔵『風土記考』）と、『残缺』を高く評価している。

『残缺』は偽書　なるほど、『残缺』は、文体にもあまり不自然なところがなく、ところどころ他書にみられない古伝承を引くなど、いかにも古風土記的である。しかし、風土記の研究の進んでいない昔ならいざしらず、現在では、古風土記に擬した偽書と断定せざるをえない。

そのように判断する理由はいくつかあるが、おもなものはつぎの二点に尽きる。

第一に、全体の体裁や記述が、『出雲国風土記』などに他の古風土記に酷似している点である。

『残缺』は、冒頭の総記の部分において、「丹後国者。本与二丹波国一合為二一国一。于時日本根子天津御代豊国成姫天皇御宇。詔割二丹波国五郡一。置二丹後国一也」（海部氏校訂本、四〇三頁）云々と建国の経緯と国名の由来をのべるが、これは、『豊後国風土記』・『肥前国風土記』など、九州地方のいわゆる甲類の風土記の総記の記述と合致する。

さらに、全体の構成や記述に目をやると、『出雲国風土記』とよく似ていることに気がつく。順に紹介すると、

『残缺』は、さきの記述につづいて、

国之大体。首離(ママ)尾坎(ママ)東西壹百壹拾四里壹百参拾歩。南北七拾貳里壹百拾歩。東隣二若狭国一。西隣二但馬国一。南隣二丹波国一。北二接海一。

国中所在之山川野海其所産之禽獣木魚鼈不レ得二悉記一レ之。但其一二記二毎郡之条下一矣。（海部氏校訂本、四〇三頁）

とするが、これは、『出雲国風土記』の書き出しに、

国之大体、首震尾坤。東南山、西北属海。東西一百卅七里一十九歩。南北一百八十三里一百九十三歩。（中略）老、細思枝葉、裁定詞源。亦、山野浜浦之処、鳥獣之棲、魚貝海菜之類、良繁多、悉不陳。然不獲止、粗挙梗概、以成記趣。（植垣節也校注・訳新編日本古典文学全集5『風土記』〈小学館、平成九年十月〉一三〇頁）

とあるのとほぼ一致する。『残缺』は、これにつづいて、国内の郡名・郷の総数・神社の総数を列挙するが、これも、『出雲国風土記』特有の書式である。条下にある「本字――」・「今依前用」・「在神祇官」・「不在神祇官」などの注記に至っては、『出雲国風土記』とまったくおなじ文言である。さらに、加佐郡のところでも、冒頭に郷の総数・名称、神社の総数・社名を列挙し、条下に「本字――」・「今依前用」・「在神祇官」と注記するなど、『出雲国風土記』各郡の記載と共通点が多い。

風土記は、和銅六年（七一三）に出た通達にもとづいて作成されたものだから、諸国の風土記が、形式や記述内容において、ある程度共通点をもつのは当然だが、これほどまでの一致は不自然である。別個に編纂されたはずの各地の風土記がかくも酷似するのは、いっぽうが他方に倣ったとみるほかなく、この場合は、やはり、『残缺』が先行する他の風土記に擬したと判断せざるをえないのである。

ところで、『残缺』を偽作と考える、いま一つの理由は、地名である。

この点については、はやく邨岡良弼「丹後国風土記偽撰考」（『歴史地理』三―五）が明快に論じておられるが、邨岡氏によると、『残缺』が加佐郡下の郷として記載する「高橋郷」・「田造郷」は、流布本『倭名類聚鈔』に「高橋」・「田造」とあるのによったもので、いずれも高山寺本『倭名類聚鈔』に「椋橋」・「田辺」とあるのが正しいという。邨岡氏によれば、誤った地名の由来をもっともらしく説明する『残缺』が偽撰であることは明白で、ひいては『残缺』全体も信用ならないのだという。

なるほど、邨岡氏の指摘のとおりであって、ここに至って、『残缺』が偽書であることは、もはや動かしがたい。このほかにも、他の逸文は「比治里」などと「里」の字を使うのに、『残缺』だけが「志楽郷」「高橋郷」などと書くのも不審だし、ところどころ虫喰にみせかけて省略する点や京都の縉紳家から出たとする奥書も、日本総国風土記によくあるパターンで、どことなく胡散臭い。

偽作者は誰か　とはいえ、日本総国風土記もそうであるように、『残缺』も、いつごろ、誰が、いかなる目的で、かかる偽書を編んだのか、また、その際どのような資料を用いたのか、など、未解決の問題が残る。

邨岡氏は、ご自身のご覧になった写本の奥書に、

懇二請中臣連胤朝臣之蔵本一謄二写之一。蓋此書雖レ為二僅々一少残闕一。頗有二正実之旧辞存一レ実。可レ謂二国家宝典一耳。故校訂補正以伝二後昆一焉。

安政三年八月十日　　六人部是香

とあることを手がかりに、「或は連胤是香の二氏等が、為にする所ありて、擬作せし者にはあらぬか、さるは熟らに古典を参酌せし痕迹の字句の、間に散出せるは此二氏なとの学力あるにあらざれば綴り得難き者なるをや」（前掲論文、三三七頁）と、偽作の時期と人物を示唆しておられる。

しかし、近世初頭をやや降るころの作かといわれる（村田正志「海部氏系図 附海部氏勘注系図解説」『村田正志著作集』第六巻所収）『海部氏勘注系図』に『残缺』からの引用がみえるので、同書が邨岡氏のいわれるようなあたらしい時代の偽作ではないことは明白である。したがって、偽作の時期や人物はべつにもとめる必要があるのだが、遺憾ながら、たしかなところは不明とするほかない。

ただ、『残缺』をていねいにみていくと、志楽郷条に「青葉山者。一山而有二東西二峯一。名神在焉。共号二青葉神一。其東而所レ祭神者。若狭彦神。若狭姫神。二座也。其西而所レ祭神者。笠津彦神。笠津姫神。二座也。是若狭国与二丹後国一之分堺而其笠津彦神笠津姫神者。丹波国造海部直等祖也（後略）」（海部氏校訂本、四〇七頁）とあるなど、三箇所にわたって海部氏の祖神のことが特記されている。

わずかな残篇にたびたびそのことが出てくる不自然さを思うと、海部氏が、この偽作に関与しているのではないかという「疑惑」が浮上してくる。籠神社の社家である海部家に伝わる『海部氏勘注系図』がさかんに『残缺』を引用していることも、これと無縁ではないと思う。奥書によれば、白川家所蔵の一本を書写したのが籠神社に奉仕する大聖院の僧侶だったというが、これもいささか出来過ぎた話ではないだろうか。

ちなみに、『残缺』に加佐郡しかないのも、同郡が海部氏ゆかりの地であることを思うと、合点がいく。おそらく、『残缺』を偽作した人物は、はじめから加佐郡の分しか作るつもりはなかったのであろう。

とはいえ、『残缺』には、部分的に古伝承や古記録にもとづく記述があることも事実で、その意味ではみるべきものがある。しかし、史料的価値があることと、古風土記であることとは別問題であって、『残缺』は、やはり、風土記研究の対象からは除外しなければならない。このあたりが、風土記、とりわけその逸文の研究のむつかしいところである。われわれが頭を悩ませるのも、じつはこの点のである。

第四章　播磨と出雲

―『播磨国風土記』にみえる出雲国人の往来をめぐって―

はじめに

『播磨国風土記』の大半を占める地名の起源説話のなかでも、とくに注意を惹くのが、周辺地域との人的交流を語った伝承である。一二例をあげると、『播磨国風土記』飾磨郡、美濃里条に、

美濃里。継潮。土下中。右、号二美濃一者、讃伎国弥濃郡人、到来居之。故号二美濃一。

とあり、揖保郡、大田里条に、

大田里。〈土中上。〉所三以称二大田一者、昔、呉勝、従二韓国一度来、始到二於紀伊国名草郡大田村一。其後分来、移到二於摂津国三嶋賀美郡大田村一。其又、遷来二於揖保郡大田村一。是、本紀伊国大田以為レ名也。

などとみえているのが、それである。これらは、いずれも地名の由来を説明するなかで、それが移住してきた人々の故地に因んだものであることを説いている。移住してきたのは、人に限らない。託賀郡、黒田里条には、

云二袁布山一者、昔、宗形大神、奥津嶋比売命、任二伊和大神之子一、到二来此山一云、「我可レ産之時、訖」。故曰二袁布山一。云二支閇岡一者、宗形大神云、「我可レ産之月、尽」。故曰二支閇岡一。

とあり、ここでは、神のこととして語られている（移住の主体が神である説話は、おそらくその神を奉斎していた氏族集団の移

住を語る伝承と理解してよいであろう）。

このほかにも、揖保郡の狭野村に別君玉手らの祖が川内（河内）国泉郡から移住してきたこと、枚方里に河内国茨田郡枚方里の漢人が移住してきたこと、など移住民に関する記事が少なくない。長山泰孝氏によれば、これは、播磨国の土地が肥沃で、交通の要衝であったことから、入植して、当地に定着するものが多かったことによるという（『加古川市史』第一巻本編Ⅰ〈加古川市、平成元年三月〉第三章第一節「古代国家の成立と加古川」〈長山氏執筆〉三五六頁）。いずれにしても、近隣の丹波や但馬との交流は不思議でないにしても、遠く近江・河内・出雲・讃岐・筑紫からも神や人が播磨に移住してきたという伝承は驚嘆に値する。

むろん、他の地域でも、おなじような移住がおこなわれていた可能性はじゅうぶんに考えられるが、『常陸国風土記』・『出雲国風土記』・『豊後国風土記』・『肥前国風土記』には、そうした人の往来に関する記述が乏しい。それゆえ、『播磨国風土記』の伝承はいっそうわれわれの関心を誘うのである。

小論では、『播磨国風土記』の移住に関する記事のなかから、おもに出雲とのかかわりをしるした伝承を取り上げてみたい。これについては、上田正昭「古代播磨の伝承文化」（『姫路文学館紀要』一、平成十年三月、のち『上田正昭著作集』第二巻〈小学館、平成十年十月〉所収）にも言及があるが、小論では、最近の考古学の成果も交えつつ、あらためてこの問題を掘り下げてみたい。

一、『播磨国風土記』にみえる出雲的要素

はじめに、『播磨国風土記』における出雲とのかかわりを示す記事を紹介しておく（引用は、植垣節也校注・訳『新編日

本古典文学全集5　風土記』〈小学館、平成九年十月〉による。ただし、原文の割注は〈　〉に括って小字で示した）。風土記の記載順にあげていくと、まず、揖保郡、上岡里条には、

①上岡里。〈本、林田里。〉土中下。出雲国阿菩大神、聞二大倭国畝火・香山・耳梨三山相闘一。此欲二諫止一、上来之時、到二於此処一乃聞二闘止一、覆二其所一レ乗之船一而坐之。故号二神阜一。阜形似レ覆。

とある。上岡里は、現在のたつの市神岡町にあたる地域を指す。出雲国阿菩大神については不明だが、植垣節也氏は、飾磨郡、英保里条に、

英保里。土中上。右、称二英保一者、伊予国英保村人、到来居二於此処一。故号二英保村一。

とある「英保」とのかかわりを重視し、「伊予国から飾磨の郡英保の里に移住した一族が奉じた神と推定」しておられる。

なお、この記事は、三條西家本では「上岡里……土中下」の十字が「阜形似覆」のつぎに来るのだが、この点について、秋本吉郎氏が、つぎのようにのべ、本文の乱れを指摘しておられる。

原本のまま狭野村に続く越部の里内の記事とすれば「神阜」という標目があるべきであり、書式に合わない。上岡里の条に里名説明の記事がないのも亦例に反する。恐らくは上岡里は風土記編述中に「本林田里」の注記の如く林田里から分立した新しい里で、例によって里名の提記と土品とは記したが、里名説明記事が採録せられていず、後に追録したものである。里名説明記事の書式例によれば、記事に「所以号神阜（または上岡）者」という冒頭書式があるべきであるが、それがないのは追録未整理の記事であったためと認められる。（秋本吉郎氏校注『日本古典文学大系2　風土記』〈岩波書店、昭和三十三年四月〉三五四頁）

さらに、植垣氏は、上岡里の「上」（ミ甲類）と神阜の「神」（ミ乙類）の混乱があることや、出雲から上岡里まで

船で来たというのも不自然であることを理由に、もとは飾磨郡、英保里条の伝承だったものが、上岡条に移されたとみておられる（新日本古典文学全集本『風土記』五一頁）。氏の指摘はもっともだが、ただ、だからといって、この記事が上岡里条が英保里条から移されたとは即断できないように思うので、氏が「阿菩大神」を伊予国からの移住者が奉斎した神とされる点については保留したい。ここでは、ひとまず、「出雲国阿菩大神」とある点を尊重し、出雲系の神とみることにする。

ちなみに、大和三山の妻争いは、『萬葉集』巻一、一三・一四番歌の「中大兄〈近江宮卿宇天皇〉三山歌」とその反歌にもみえる有名な話であるが、小論の主題からは逸脱するので、ここでは深く立ち入らない。

つぎに、揖保郡、日下部里条には、つぎのような記事がある。

②立野。所㆔以号㆓立野㆒者、昔、土師弩美宿祢、往㆓来於出雲国㆒、宿㆓於日下部野㆒、乃得レ病死。尓時、出雲国人来到、連立人衆運伝、上㆓川礫㆒作㆓墓山㆒。故、号㆓立野㆒。即号㆓其墓屋㆒為㆓出雲墓屋㆒。

立野は、現在のたつの市龍野町北龍野附近にあたる。この地で病歿した野見宿祢の墓を建てるために人々が野に立ち手送りで石を運んだ話は、『日本書紀』にみえる箸墓伝承を彷彿とさせるが、それはともかく、ここにみえる弩美宿祢については、『日本書紀』垂仁天皇七年条にも「出雲国有㆓勇士㆒。曰㆓野見宿祢㆒。」とあって、やはり出雲国とのかかわりがしるされている。土師宿祢氏については、『新撰姓氏録』右京神別下、天孫条に、

土師宿祢　天穂日命十二世孫可美乾飯根命之後也。光仁天皇天応元年。改㆓土師㆒賜㆓菅原氏㆒。有レ勅改賜㆓大枝朝臣姓㆒也。

とあり、おなじく山城国神別、天孫条には、

土師宿祢　天穂日命十四世孫野見宿祢之後也。

とあって、多少のちがいはあるが、出雲臣とおなじく天穂日命の後裔氏族であり、出雲とはかかわりが深い。『出雲国風土記』飯石郡に野美の地名がみえるが、土師弩美宿祢との関係が考えられる。ちなみに、兵庫県たつの市には現在野見宿祢神社がある。これは、出雲墓屋伝承地に建てられたもので、神社敷地内に野見宿祢の塚がある。もとより言い伝えに過ぎないが、風土記の伝承に由来するものなので紹介しておく。

つぎに、揖保郡、広山里条には、

> ③意此川。品太天皇之世、出雲御蔭大神、坐㆓於枚方里神尾山㆒、毎遮㆓行人㆒、半死（半）生。尓時、伯耆人小保弖・因幡布久漏・出雲都伎也三人相憂、申㆓於朝庭㆒。於㆑是、遣㆓額田部連久等々㆒、令㆑祷。于㆑時、作㆓屋形於屋形田㆒、作㆓酒屋於佐々山㆒而祭之。宴遊甚楽。即櫟山柏挂㆑帯捶㆑腰、下㆓於此川㆒相圧。故号㆓圧川㆒。

という伝承がみえている。

意此川は、現在の林田川（旧名安志川）のことと思われる。風土記にしばしば登場する交通妨碍説話の一例で、『播磨国風土記』のなかだけでも、賀古郡、鴨波里条・揖保郡、広山里条（後掲④参照）・神前郡、埴岡条に類話がみえる。この伝承で興味を引くのは、枚方里（現在の太子町平方）にあたる神尾山において出雲御蔭大神が通行人を殺したとき、伯耆・因幡・出雲の人が朝廷にそれを訴えたという部分である。この伝承の背景には、出雲だけでなく、山陰地方の人々が播磨国内の交通路を利用していた事実が存在しているのではないかと思われる。

おなじく広山里条にみえるつぎの伝承は、さきの意此川の記事と重複するものである。

> ④佐比岡。所㆔以名㆓佐比㆒者、出雲之大神、在㆓於神尾山㆒。此神、出雲国人経㆓過比処㆒者、十人之中留㆓五人㆒、五人之中留㆓三人㆒。故出雲国人等、作㆓佐比㆒祭㆓於此岡㆒、遂不㆓和受㆒。所㆓以然㆒者、比古神先来、比売神後来、此男神不㆑能㆑鎮而行去之。所以、女神怨怒也。然後、河内国茨田郡枚方里漢人来至、居㆓此山辺㆒而敬祭

之、僅得㆓和鎮㆒。因㆓此神在㆒、名曰㆓神尾山㆒。又作㆓佐比㆒祭処、即号㆓佐比岡㆒。

佐比岡は、たつの市太子町佐用岡平方附近のことである。その神尾山に出雲の大神が鎮座していたという伝承である。さきに、意此川のところでは「出雲御蔭大神」としるされる神がここではたんに「出雲之大神」とある。伝承ではあるが、やはり③同様、出雲―播磨間の往来が頻繁であったことを反映しているように思われる。

つぎも揖保郡のものであるが、桑原里条には、

⑤琴坂。所㆔以号㆓琴坂㆒者、大帯比古天皇之世、出雲国人、息㆓於此坂㆒。有㆓一老父㆒、与㆓女子㆒倶、作㆓坂本之田㆒。於㆑是、出雲人、欲㆑使㆑感㆓其女㆒、乃弾㆑琴令㆑聞。故号㆓琴坂㆒。此処有㆓銅牙石㆒。形似㆓双六之綵㆒。

という伝承が載せられている。琴坂は、現在のたつの市揖西町構の西にあたるとされるが、やはり、出雲国人の旅行者が話題になっている。さきの③は、「品太天皇之世」（応神天皇朝）、ここでは「大帯比古天皇之世」（景行天皇朝）と、具体的な時代が語られている点が他の伝承とはちがう。揖保郡では、景行天皇朝のような古い時代にかけて語られる伝承はこれが唯一だが、出雲との交流がかなり早い段階があったことを反映しているようで興味深い。

残る一つは、讃容郡、柏原里条の記載で、これだけが讃容郡内の伝承である。

⑥筌戸。大神、従㆓出雲国㆒来時、以㆓嶋村岡㆒為㆓呉床㆒、坐而、筌置㆓於此川㆒。故号㆓筌戸㆒也。不㆑入㆑魚而入㆑鹿。此取作㆑鱠、食不㆑入㆑口而落㆓於地㆒。故、去㆓此処㆒遷㆑他。（讃容郡、柏原里）

筌戸は、現在の志文川が千種川に合流する附近にあたる地域である。本条のように、讃容郡には、たんに「大神」とだけしるし、具体的な神名をしるさない例がほかにも散見する。この問題については、のちにあらためて取り上げたいが、⑥の場合、「出雲国より来る時」といっているのだから、当然、出雲の大神を想定することは許されるであろう。

さて、以上が出雲とのかかわりを示した記事である。「出雲」と明記されたものだけに限ったが、それでも六例もある。しかも、興味深いのは、『播磨国風土記』のなかで出雲からの移動（移住）をしるした記事が、いずれも揖保郡と讃容郡に限定されることである。

ちなみに、現存する『播磨国風土記』は巻首を欠くが、賀古・飾磨・揖保・讃容・宍禾・神前・託賀・賀毛・美嚢の九郡に関する記載がある。『播磨国風土記』に記載された郡は、風土記編纂当時における存在が疑問視される印南郡を除けば（明石郡は、逸文も確認できるので、冒頭の欠損部に存したとみられる）、民部省式上の記載順とおおむね一致しているが、民部省式上のほうには、讃容郡のまえに風土記にはない赤穂郡の名がみえる。風土記編纂当時赤穂郡がまだ置かれていなかったのかも知れないが、平城宮出土木簡には「播磨国□□（穂カ）□（里カ）□」（『平城宮発掘調査出土木簡概報』一〇―九頁）とあって、郡里制による地名表によってしるされた例の存するので、赤穂郡は風土記編纂当時すでに存在したとみてよいであろう（福島好和「古代の赤穂」『赤穂市史』一〈昭和五十六年九月〉所収、三〇一〜三〇五頁）。第一、かりに赤穂郡が分立していなくても、それに相当する地域は存在したはずだから、揖保郡や讃容郡のところにのちの赤穂郡域の地名がみえてもおかしくないのに、現存本『播磨国風土記』にはそれがみえない。これは、むしろ、風土記には赤穂郡に関する記載がまるごと脱落していると考えたほうが自然である。

さて、そうなると、つぎに、なぜ現存本風土記がそれを脱しているのかが問題となる。これについては、延長年間の再提出に際して郡衙保存のものを集めたとき、赤穂郡の分がすでになくなっていたとする説（倉野憲司「風土記概説」『上中古文学論攷』〈叢文閣、昭和九年九月〉所収）や、現存本『播磨国風土記』を国庁に残存した稿本を伝本祖とする未精撰本で、国庁保管中に一郡ひとまとまりの記事が失われたとみる説（秋本吉郎「播磨国風土記未精撰考」『風土記の研究』〈大阪経済大学後援会、昭和三十八年十月〉所収）などがあり、こんにちでも容易に決着をみない。

それゆえ、赤穂郡についてはひとまず保留するしかないが、現存本『播磨国風土記』の冒頭の欠損部分に明石郡の記載が存在したことはまちがいない。したがって、ここに出雲関係の記事があった可能性も皆無ではないのだが、現存する賀古・飾磨・宍禾・神前・託賀・賀毛・美嚢の七郡には出雲関係の記事はみえないので、ひとまず出雲との交流を示す記事は揖保・讃容二郡に限定されるとみてよいであろう。

二、播磨国の交通路

さて、ここで注目されるのは、古くからこの二郡を経由して出雲に通じる交通路が存在したという事実である。のちの出雲街道である。

そこで、いささか話が脇に逸れるが、ここで播磨国の駅と交通路について確認しておきたい。

古代播磨国の駅については、『播磨国風土記』のなかにも賀古郡の賀古駅家、揖保郡の邑智駅家の名がみえ、『釈日本紀』所引の逸文にも明石郡の明石駅家のことがみえている。播磨国内の駅については、『類聚三代格』十八、大同二年（八〇七）十月二十五日の太政官符に、

（前略）播磨国九駅廿五疋　備前国四駅廿疋　備中国五駅廿五疋　備後国五駅廿五疋　安藝国十三駅六十五疋
周防国十駅五十疋　長門国五駅廿五疋　已上元駅別廿疋
已上五十一駅　駅別減二五疋一。（後略）

とあるように、それまでは、播磨国の山陽大路には九駅が設けられ、駅別に駅馬二十五疋が備えられていたようだが、大同二年（八〇七）に至り、駅別に五疋を減じて二十疋としたことがわかる。延長五年（九二七）に完成した

延喜兵部省式には、

　山陽道

　播磨国駅馬〈明石卅疋。賀古卌疋。草上卅疋。大市。布勢。高田。野磨各廿疋。越部。中川各五疋。〉

とあって、駅家数は二駅減少して七駅となり、駅馬数に西播地域の大市・布勢・高田・野磨の四駅では大同二年（八〇七）当時とおなじ駅別二十疋のままであるが、東播地域の明石・賀古・草上の三駅ではそれぞれ十〜二十疋増加している。高橋美久二氏によれば、駅家と駅馬の増減には相関関係があり、もともと明石と賀古、賀古と草上の中間には一つづつの駅家があったが、それらは九〜十世紀のあいだに廃止され、各駅に常備されていた駅馬二十疋は二分して十疋づつ隣接する駅家へ配分され、その結果、明石駅家は三十疋、賀古駅家は四十疋、草上駅家は三十疋になったのだという（高橋美久二「山陽道」木下良編『古代を考える　古代道路』吉川弘文館、平成八年四月）。

　こうした推測は、『続日本後紀』承和六年（八三九）二月条に「播磨国印南郡佐突駅家依レ旧建立」とあることから裏づけられる。すなわち、この記事によって、九世紀の前半ごろには、賀古と草上両駅家のあいだに「佐突駅家」とよばれる駅が設置されていたことがわかるのであって、ここに駅馬二十疋が配備されていたのであろう。このように考えると、明石〜賀古両駅の中間にも駅馬二十疋を備えた一駅の設置を想定することができるのであって、高橋氏は、これを「邑美駅家」と仮称している。

　なお、大同二年（八〇七）以前の駅馬定数は確認できないが、草上駅については、安藝国の例から算出した駅子六人に駅馬一疋という割合を当て嵌めてみると、駅馬三十疋という数値が得られるが、これはさきの『類聚三代格』が示す大同二年（八〇七）の数字よりは五疋多く、延喜兵部式のそれと一致する。

　ところで、『播磨国風土記』にみえる駅のうち、賀古駅家については、前述のように、延喜兵部式に「播磨国駅

馬〈（中略）賀古卌疋〉とある。これは、全国最大である。養老厩牧令、置駅馬条には、

凡諸道置㆓駅馬㆒。大路廿疋。中路十疋。小路五疋。（中略）毎㆑馬各令㆓中中戸養飼㆒。

とあり、また、同田令、駅田条に、

凡駅田。皆随㆑近給。大路四町。中路三町。小路二町。

とあるところから判断すれば、駅馬四十疋に対しては四十戸の駅戸、八町の駅田が必要であった。「駅家里」のように、駅家の名を冠する里があることは、賀古駅家がいかに大規模な施設であったかを如実に示している。この賀古駅の位置については、『日本往生極

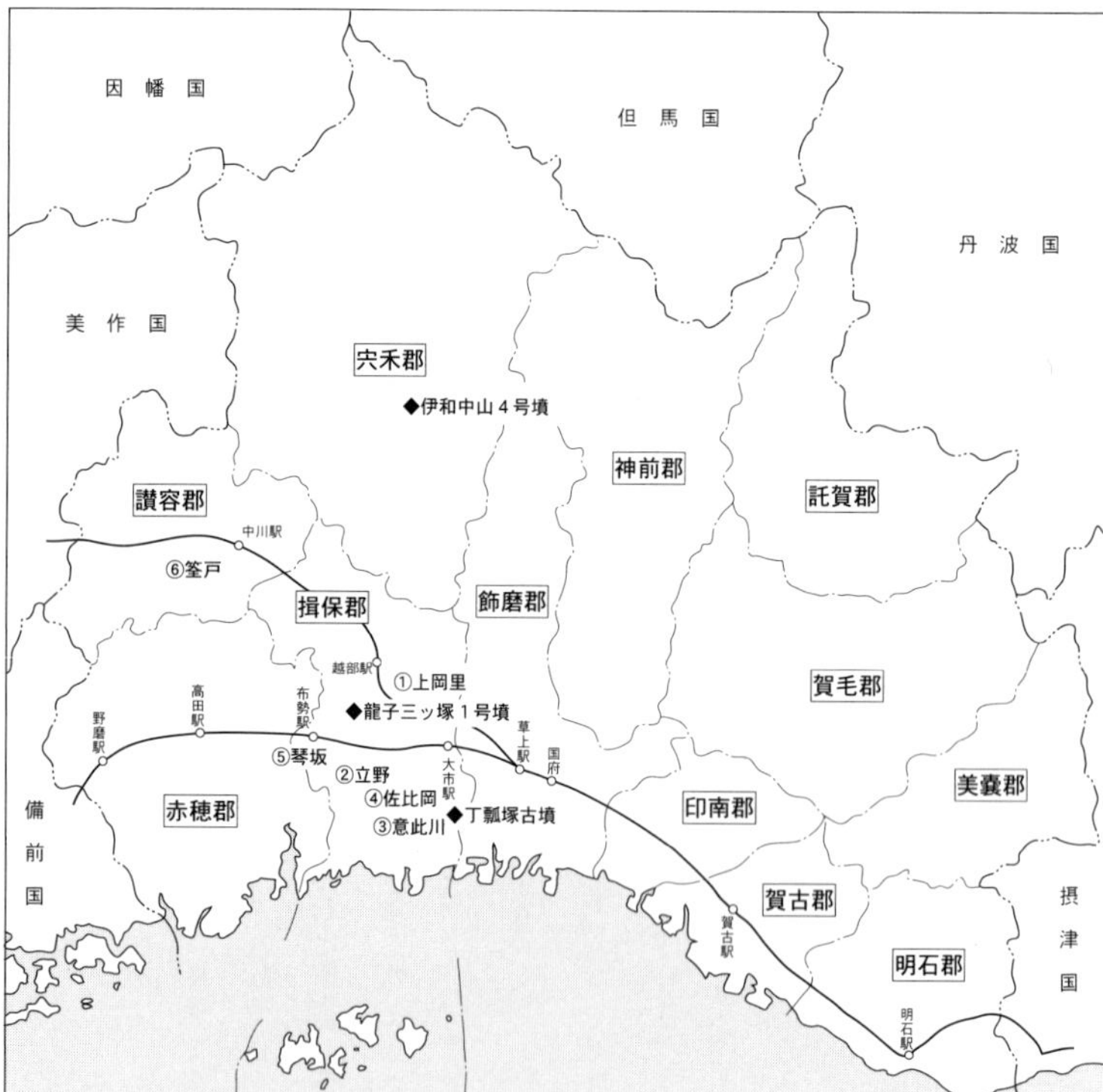

関係地図（原図は、『日本古代道路事典』による）

楽記』に「我はこれ播磨国賀古郡賀古駅家の北の辺に居住せる沙弥教信なり」（『後拾遺極楽記』は、これを貞観八年丙戌八月十五日夜半のこととしるす）とあり、現在の加古川市野口町野口に現存する教信寺の南側にあったと推定され、同寺の南に位置する「駅ヶ池」に南接する古大内遺蹟（野口町古大内字中畑）に比定する説が有力である。

ちなみに、この古大内遺蹟からは多数の軒瓦類が出土しているが、数種類のおなじ文様の瓦が出土する遺蹟が播磨国内の旧山陽道沿いに、ある間隔をもって分布している。今里幾次氏が、「播磨国府系瓦」と名づけたものである（「山陽道播磨国の瓦葺駅家」今里氏『播磨考古学研究』〈今里幾次論文集刊行会、昭和五十五年三月〉所収、三〇八頁）。これに関聯して注目されるのは、『日本後紀』大同元年（八〇六）五月十四日条に、

勅。備後。安藝。周防。長門等国駅館。本備二蕃客一。瓦葺粉壁。頃年百姓疲弊。修造難レ堪。（後略）

とある記事である。この記述から、山陽道の駅家は「瓦葺粉壁」であったことが知られる。今里氏は、古代山陽道が走っていた播磨国南部を対象に、「播磨国府系瓦」の系統の瓦の分布状況を調査し、その分布地が、文献をもとに復原できる播磨国山陽道の九駅家とほぼ一致することを確認した。すなわち、東から、明石市魚住町長坂寺遺蹟・前述の古大内遺蹟・姫路市別所町北宿遺蹟・姫路市太市中向山遺蹟・たつの市揖西町小犬丸遺蹟・赤穂郡上郡町神明寺遺蹟・赤穂郡上郡町落池遺蹟が、それぞれ邑美駅家・賀古駅家・佐突駅家・大市駅家・布勢駅家・高田駅家・野磨駅家に比定できるという。かくして多少の問題点を残しつつも、播磨国の古代山陽道は賀古駅家を含む九つの瓦葺駅家が連立していたことが推定できるのである。

その後、木下良・吉本昌弘両氏によって、こうした駅家跡とみられる遺蹟のあいだに路線を引く作業によって駅路を推定する作業も進んでいるが、こうした歴史地理学的な研究の動向は、古代交通研究会編『日本古代道路事典』（八木書店、平成十六年五月）の「播磨国」（吉本氏執筆）に詳しいので、そちらに譲る。

ところで、以上の幹線道路とはべつに、播磨国府附近の草上駅家（当初の草上駅家は、国府域の西北端の本町遺跡にあてることができ、のちに今宿丁田遺跡〈姫路市今宿字丁田〉に置かれたと考えられている）で山陽道から分岐し、美作国府に向かう支路が存在した。この支路については、揖保郡内に越部駅家、讃容郡内に中川駅家という二駅が存在したが、この二つの駅家については、前者をたつの市新宮町大字馬立附近、後者を佐用郡佐用町三日月町大字末広附近に比定することでほぼ落ち着いている。そして、この二駅を経たのち、播磨・美作の国境に達し、杉坂峠を経由して英多・勝田郡抜けて苫東郡の美作国府に至るというのが、この支路のルートである。

いわゆる出雲街道は、美作までは、播磨から通じるこの駅路とほぼ重なっている。むろん、駅路は律令制とともに整備されたものであるが、こうしたルート自体ははやくから拓けていたものと推測される。しかも、駅路は美作国府までであるが、出雲街道と呼ばれる交通路は、さらに伯耆国内を抜けて、その名のとおり出雲まで達していた。現在の道路でいえば、兵庫県姫路市から岡山県の津山市に至る国道一七九号、そして、岡山県津山市津山口から米子に抜ける国道一八一号がそれにあたる。

さて、このようにみていくと、播磨国内の出雲街道沿いの揖保・讃容二郡に、出雲からの移住を伝えた地名の起源説話が分布することは、けっして偶然ではないことが判明する。おそらく、これらの伝承は、実際にあった出雲と播磨地方の交流、人の往来の事実を反映したものである可能性が考えられるのである。

三、いわゆる「山陰系特殊土器」について

揖保・讃容郡と出雲の交流がまったくの作り話でないことは、考古学的な資料からもある程度裏づけることができで

きる。それは、西播磨地方からみつかっている山陰系特殊土器である。

揖保川流域では、竹管文などの山陰に由来する文様を加飾した、山陰系特殊土器（伯耆系特殊土器）を出土する前期古墳がある。具体的には、伊和中山四号墳（兵庫県宍粟市一宮町伊和）・丁瓢塚古墳（兵庫県姫路市）・龍子三ツ塚一号墳（兵庫県たつの市揖西町龍子字堂ノ奥・揖保川町二塚字水谷）などである。とくに、龍子三ツ塚一号墳については、近年大手前大学史学研究所龍子三ツ塚古墳調査団による発掘調査が進み、大部な報告書（大手前大学史学研究所龍子三ツ塚古墳調査団『龍子三ツ塚古墳の研究』本文編・図版編二冊〈大手前大学史学研究所龍子三ツ塚古墳調査団、平成二十二年三月〉）が刊行されたばかりである。筆者も、近時、同研究所より一本の寄贈をうけたが、大手前大学と仲介の労をとられた中司照世先生にはあつくお礼申し上げる次第である。

これによれば、丁瓢塚古墳で採集された山陰系特殊土器と、鳥取県の徳楽古墳出土のもとのあいだには直接的ともいえる強い関係性をうかがうことができるという。また、伊和中山四号墳出土の山陰系特殊土器は、胴部に突起をもち、竹管文で装飾するなどの点で、かろうじて丁瓢塚古墳や徳楽古墳のものと共通性を認めうるものの、丁瓢塚古墳例と徳楽古墳例のような直接的なものでなく、間接的なものであったことが想定されている（奥山貴「円筒形器台と古墳時代前期の地域関係」大手前大学史学研究所龍子三ツ塚古墳調査団『龍子三ツ塚古墳の研究』本文編〈前掲〉所収）。

また、今回調査された龍子三ツ塚一号墳から出土した円筒形器台も、複合口縁ではないものの、口縁端部に面をつくりだす点や口縁部の内外面をヨコナデした痕跡を顕著にとどめるなど、製作技術にかかわる特徴は、山陰地方の複合口縁甕と共通する。さらに、器壁が薄いことも山陰の甕形土器のつくりと共通しており、円筒形器台からみた場合、龍子三ツ塚一号墳と山陰地方の関係性は直接的であり、奥山氏によれば、「製品が移動したのではなく、人が移動して揖保川流域において製作したような内容であったと想定される」という（前掲論文、三九三頁）。

　このように、揖保川流域の前期古墳から出土する山陰系特殊土器が、山陰地方からの直接の人の移動をともなうような関係性にあることは、前節でみた『播磨国風土記』の揖保・讃容二郡の伝承を参照するときに、はなはだ興味深いものがある。山陰系特殊土器が確認されているのが旧揖保郡域であることも、風土記の出雲にかかわる伝承が揖保・讃容二郡に限定されることと符合しておもしろい。伊和中山四号墳は旧揖保郡からははずれているが（宍禾郡域にあたる）、奥山氏によれば、ここから出土した山陰系特殊土器が丁瓢塚古墳のそれのように、直接的な影響を受けていないという。これは、むしろ、宍禾郡では出雲との直接的な交流がなかったことを裏づけているようで、風土記の記載とも矛盾しない。

　如何せん、まだまだ事例は少ないのであって、伝承の裏づけに考古学的な資料を利用するためには、いましばらく情報を蒐集する必要があろうが、龍子三ツ塚一号墳の発掘成果が、『播磨国風土記』の出雲関聯の伝承の解釈に一つの示唆を与えくれることはたしかである。

むすびにかえて　―『播磨国風土記』にみえる「大神」―

　ところで、これまでみた『播磨国風土記』の出雲関聯の伝承には、「出雲国阿菩大神」・「出雲御蔭大神」・「出雲之大神」といった「大神」のことがみえたのだが、じつは、このほかにも、「伊和大神」・「住吉大神」・「宗形大神」といった「大神」が登場し、さらには讃容・宍禾・賀毛の諸郡には、たんに「大神」としるされるものもかなりの数確認できる。

　むろん、このなかには、前後の文脈から、具体的にどの大神をいうのか瞭然としているケースも多い。さきに引用した⑥の「大神」が出雲の大神であろうことはさきにもふれたとおりだが、ほかにも具体名の判明する例がある。

たとえば、宍禾郡、比治里条に、

比良美村。大神之褶、落二於此村一。故曰二褶村一。今人云二比良美村一。

（中略）

庭音村。〈本名、庭酒。〉大神御粮、沾而生梅。即令レ醸レ酒、以献二庭酒一、而宴之。故曰二庭酒村一。今人云二庭音村一。

（中略）

稲舂岑。大神、令レ舂二於此岑一。故曰二稲舂前一。〈生二味栗一。〉其粳飛到之処、即号二粳前一。

とあり、おなじく安師里条に、

安師里。〈本名、酒加里。〉土中上。大神、湌二於此処一。故曰二須加一。後所三以号二山守里一者、然、山部三馬、任為二里長一。故曰二山守一。今改レ名為二安師一者、因二安師川一為レ名。其川者、因二安師比売神一為レ名。伊和大神、将二娶誂一之。尓時、此神固辞不レ聴。於是、大神大瞋、以レ石塞二川源一、流二下於三形之方一。故此川少レ水。此村之山、生二栴・枌・黒葛等一。住二狼・羆一。

とあり、おなじく石作里条に、

伊加麻川。大神、占レ国之時、烏賊在二於此川一。故曰二烏賊間川一。

（中略）

波加村。占レ国之時、天日槍命、先到処。伊和大神、後到。於レ是、大神、大恠之云、「非レ度先到之乎」。故曰二

波加村。到二此処一者、不レ洗二手足一必雨。〈其山、生二柂・杉・檀・黒葛・山薑等一。住二狼・熊一。〉

とあり、さらに、御方里条に、

御方里。〈土中下。〉所三以号二御形一者、葦原志許乎命、与二天日槍命一、到二於黒土志尓嵩一、各以二黒葛三条一、着レ足投之。尓時、葦原志許乎命之黒（葛）、一条落二但馬気多郡一、一条落二夜夫郡一、一条（落）二此村一。故曰二三条一。天日槍命之黒葛、皆落二於但馬国一。故占二但馬伊都志地一而在之。一云、大神、為二形見一、植二御杖於此村一。故曰二御形一。

（中略）

伊和村。〈本名、神酒。〉大神、醸二酒此村一。故曰二神酒村一。又云二於和村一。大神、国作訖以後云、「於和。等二於我美岐一」。

とある。いずれも宍禾郡の例であるが、これらは「伊和大神」を指すと考えてよいであろう（植垣節也校注・訳『新編日本古典文学全集5　風土記』〈前掲〉八四頁の頭注）。当郡は伊和大神の本拠地であり、そこには伊和大神にまつわるいろいろな伝承が記載されていることは、よく知られている。したがって、この郡で「大神」といえば、当然「伊和大神」のこととみてよいであろう。

ただ、これが他の郡にもあてはまるかどうかは、慎重に吟味する必要がある。というのは、さきにもあげたように、『播磨国風土記』の「大神」には「伊和大神」以外のものもあるので、宍禾郡以外の地域では「大神」という表記がべつな「大神」を指していた可能性もじゅうぶん考えられるのである。

具体的な例にいうと、讃容郡の冒頭には、

讃容郡。所三以云二讃（容）者一、大神妹陪二柱、各競占レ国之時、妹玉津日女命、捕二臥生鹿一、割二其腹一而、種二稲其血一。仍、一夜之間、生レ苗。即令二取殖一。尓、大神勅云、「汝妹者、五月夜殖哉」。即去二他処一。（故）号二五月夜郡一、神名二賛用都比売命一。今有二讃容町田一也。即鹿放山、号二鹿庭山一。々四面有二十二谷一。皆有レ生レ鉄也。難波豊前於二朝庭一始進也。見顕人別部犬、其孫等初発奉之。

とあり、おなじく讃容里条には、

吉川。〈本名、玉落川。〉大神之玉、落二於此川一。故曰二玉落一。今云二吉川一者、稲狭部大吉川、居二於此村一。故曰二吉川一。〈其山生二黄蓮一。〉塵見。佐用都比売命、於二此山一得二金桉一。故曰二山名金肆、川名桉見一。

とあり、さらに、

雲濃里。〈土上中。〉大神之子、玉日子・玉足比売命生子、大石命、此子、称二於父心一。故曰二有怒一。

と三カ所にわたって、たんに「大神」としるす例がある。最初の「大神」については、井上通泰氏『播磨国風土記新考』（大岡山書店、昭和六年五月、のち昭和四十八年七月臨川書店より覆刻）が「大神は伊和大神なり」（三一一頁）とのべ、秋本吉郎氏校注『日本古典文学大系2　風土記』（前掲）の頭注でも伊和大神のこととして、「讃容郡では神名をいわず、大神とのみいう」（三〇九頁）と注記しているが、ことはそう単純ではない。植垣氏も「井上〈通泰〉・秋本説は伊和の大神とするが、当郡の原資料では或る大神を想定したと思われる」（植垣節也校注・訳『新編日本古典文学全集5　風土記』〈前掲〉七四頁）として、むしろ出雲国との関係を想定しておられる。

たしかに、前掲⑥の柏原里、筌戸条に「大神、従二出雲国一来時」云々とあるところから判断すれば、他の「大神」についても出雲系のそれである可能性を考慮すべきであって（植垣節也「『播磨国風土記注稿（一〇）讃容郡」『風土記研究』一三、平成三年十二月、六四頁）、『播磨国風土記』ではとくに伊和大神の活躍が目覚ましいといって、そこに記載された「大神」をことごとく「伊和大神」に結びつけることは慎まねばならない。とくに、揖保・讃容二郡に出雲国人の移動の伝承が集中し、しかも、それがある程度史実を反映しているのであれば、この二郡で「大神」と記載されるものについては、たとえ具体名を冠していなくとも、それを出雲系大神（出雲国阿菩大神なのか出雲御蔭大神なのか、はたまた他の大神なのかは不明であるが）である可能性は大きいと思う。その意味で、筆者は、基本的に植垣氏の考えを支持するものである。

第五章　播磨と讃岐

―『播磨国風土記』からみた両国の交流―

はじめに

かつて別稿でも指摘したことだが（「播磨と出雲―『播磨国風土記』にみえる出雲国人の往来をめぐって―」『皇學館大学史料編纂所史料』二二九、平成二十三年三月、本書所収）、『播磨国風土記』には、周辺地域との人的交流を語った伝承が数多くみられる。一二例をあげると、『播磨国風土記』揖保郡、枚方里条に、

枚方里。〈土中上。〉所三以名二枚方一者。河内国茨田郡枚方里漢人来到。始居二此村一。故曰二枚方里一。
佐比岡。所三以名二佐比一者。出雲之大神。在二於神尾山一。此神。出雲国人経二過此処一者。十人之中留二五人一。五人之中留二三人一。故出雲国人等。作二佐比一祭二於此岡一。遂不二和受一。所二以然一者。比古神先来。比売神後来。此男神不レ能レ鎮而行去之。所以。女神怨怒也。然後。河内国茨田郡枚方里漢人来至。居二此山辺一而敬祭之。僅得二和鎮一。因二此神在一。名曰二神尾山一。又作二佐比一祭処。即号二佐比岡一。

とあり（引用は、植垣節也校注・訳『新編日本古典文学全集5　風土記』〈小学館、平成九年十月〉による。ただし、原文の割注は〈　〉に括って小字で示した）、おなじく大田里条に、

大田里。〈土中上。〉所三以称二大田一者。昔。呉勝。従二韓国一度来。始到二於紀伊国名草郡大田村一。其後分来。移

には、

到二於摂津国三嶋賀美郡大田村一。其又。遷来二於揖保郡大田村一。是。本紀伊国大田以為レ名也。

などとみえているのが、それである。これらは、いずれも地名の由来を説明するなかで、それが移住してきた人々の故地に因んだものであることを説いたものである。ただし、移住者は、人とは限らない。託賀郡、黒田里条には、

云二袁布山一者。昔。宗形大神。奥津嶋比売命。任二伊和大神之子一。到二来此山一云。「我可レ産之時訖」。故曰二袁布山一。云二支閇岡一者。宗形大神云。「我可レ産之月。尽」。故曰二支閇岡一。

とあり、ここでは、神のこととして語られている（移住の主体が神である説話は、後述のように、おそらくその神を奉斎していた氏族集団の移住を語る伝承と理解してよいであろう）。

こうした移住は、長山泰孝氏によれば、播磨国の土地が肥沃で、交通の要衝であったことから、入植して当地に定着するものが多かったのだという（『加古川市史』第一巻本編Ⅰ〈加古川市、平成元年三月〉第三章第一節「古代国家の成立と加古川」〈長山氏執筆〉三五六頁）。いずれにしても、近隣の丹波や但馬との交流は不思議でないにしても、遠く近江・河内・出雲・讃岐・筑紫からも神や人が播磨に移住してきたという伝承は驚嘆に値する。

もちろん、他の地域でも、おなじような移住がおこなわれていた可能性はじゅうぶんに考えられるが、『常陸国風土記』・『出雲国風土記』・『豊後国風土記』・『肥前国風土記』には、そうした人の往来に関する記述が乏しい。それゆえ、『播磨国風土記』の伝承はいっそうわれわれの関心を惹くのである。

筆者は、以前にこの問題を取り上げ、おもに出雲地方との交流を中心に論じたことがあるが、今回は、やはり、『播磨国風土記』の移住に関する記事のなかから、讃岐とのかかわりをしるした伝承を取り上げる。これは、『播磨国風土記』では、出雲地方とともに、讃岐とも盛んな交流があったことがしるされていることによるが、瀬戸内

海を利用した海上交通を考えるヒントになると判断したことも、大きな要因である。以下、考古学の成果なども交えつつ、この問題を論じてみたい。

一、『播磨国風土記』にみえる讃岐との交流

さきに、『播磨国風土記』のなかから、讃岐地方との交流を伝えた史料を拾ってみたいが、あきらかに讃岐から播磨への移住を示したものとしては、つぎの二点がある。

①漢部里。〈土中上。〉右。称二漢部一者。讃藝国漢人等。到来居二於此処一。故号二漢部一。（餝磨郡、漢部里条）

②美濃里。〈継潮。〉土下中。右。号二美濃一者。讃伎国弥濃郡人。到来居之。故号二美濃一。（餝磨郡、美濃里条）

漢部里は現在の姫路市余部・上余部・下余部区にあたり、美濃里は現在の姫路市四郷町見野にあたる。いずれの伝承も讃岐からの移住についてしるすが、とりわけ②は「讃伎国弥濃郡」と具体的な郡名までしるす。弥濃郡は、現在の香川県三豊郡北部にあたる地域で、『和名抄』に「三野〈美乃〉」とあり、『続日本紀』宝亀二年（七七一）三月四日条にも「讃岐国三野郡人丸部臣豊捄」とみえている。もっとも、三野郡附近に漢人氏がいた形跡は認められないので、『播磨国風土記』の記述を讃岐側の史料から裏づけることはできない。ただ、近年に至り、長岡京趾から、

（八六一）良田郷戸主漢部大野白米伍斗

としるした木簡が一点出土した（向日市埋蔵文化財センター・向日市教育委員会編『長岡京木簡二　解説』〈同センター・同教育委員会、平成五年三月〉一一二頁）。「良田郷」は、讃岐国多度郡のほか、信濃国筑摩郡・長門国厚狭郡にもあるが、この遺溝

からはほかにも讃岐国の郡郷名をしるした木簡が多数出土しているので、「良田郷」も讃岐のそれとみてよいであろう。だとすれば、これは、讃岐に漢部が居住していたことを示す、ほとんど唯一の史料であり、ここから、『播磨国風土記』の伝承のたしかさをある程度類推することができるのである。

ちなみに、隣国の阿波には、長郡大野郷に「漢人根麻呂」（『大日本古文書』二五―一四八頁、天平勝宝二年四月四日附「仕丁送文」）・「漢人大麻呂」（同上、一五一―二七頁、天平宝字五年二月二十五日附「奉写一切経所解案」）・「漢人万呂」（同上、一五一―二七頁）など、漢人氏の居住を示す史料がある。阿讃両国はいろいろな点で交渉が多いので（たとえば、後述の積石塚も四国では阿波・讃岐に集中している。漢部との関聯は不明だが、阿讃地方の共通点としてあげられる）、讃岐の漢人自体が阿波からの移住である可能性も捨て切れない。『坂上系図』所引の『新撰姓氏録』第二十三巻の逸文には、

姓氏録第廿三巻曰。阿智王。誉田天皇〈諡応神〉御世。避本国乱。率母並（并）妻子。母弟迂（迂）興徳。七姓漢人等帰化。（中略）天皇矜其来志。號阿智王為使主。仍賜大和国檜隈郡郷居之焉。于時阿智使主奏言。臣入朝之時、本郷人民往離散。今聞偏在高麗。百済。新羅等国。望請遣使喚来。天皇即遣使喚之。大鷦鷯天皇〈諡仁徳〉御世。挙落随来。今高向村主。西波多村主。平方村主。石村村主。飽波村主。危寸村主。長野村主。俾加村主。茅沼山村主。高宮村主。大石村主。飛鳥村主。西大友村主。長田村主。錦部村主。田村村主。忍海村主。佐味村主。桑原村主。白鳥村主。額田村主、牟佐村主。甲賀村主。鞍作村主。播磨村主。漢人村主。今来村主。石寸村主。金作村主。尾張次角村主等是其後也。爾時阿智王奏。建今来郡。後改号高市郡。而人衆巨多。居地隘狭。更分置諸国。摂津。参河。近江。播磨。阿波等国漢人村主是也。

とあって、漢人が各地に分散・居住していたことが判明するが、各地の漢人がさらに別な居住地をもとめて移動するようなことがあったかも知れない。そうなると、播磨地方の漢人は、讃岐からのそれに限定できない。冒頭に

あげた揖保郡、枚方里条の記事を参考にすれば、河内の漢人の移住もあったことは瞭然である。右の『新撰姓氏録』逸文によれば、漢人には村主のカバネをもつ同族がたくさんいたというから、おそらくは、畿内とその周辺に漢人ネットワークともいうべきものが存在し、彼らがたがいに交流していたのであろう。

さて、『播磨国風土記』に話を戻すと、漢人の移住については、ほかに、おなじく飾磨郡、漢部里条に、

③漢部里。〈多志野・阿比野・手沼川。〉里名。詳二於上一。

という記載がある。こちらの漢部里は現在の姫路市相野附近にあたる地域だが、ここにいう「上に詳らかなり」というのが、①の記述をうけたものであることは明白である。

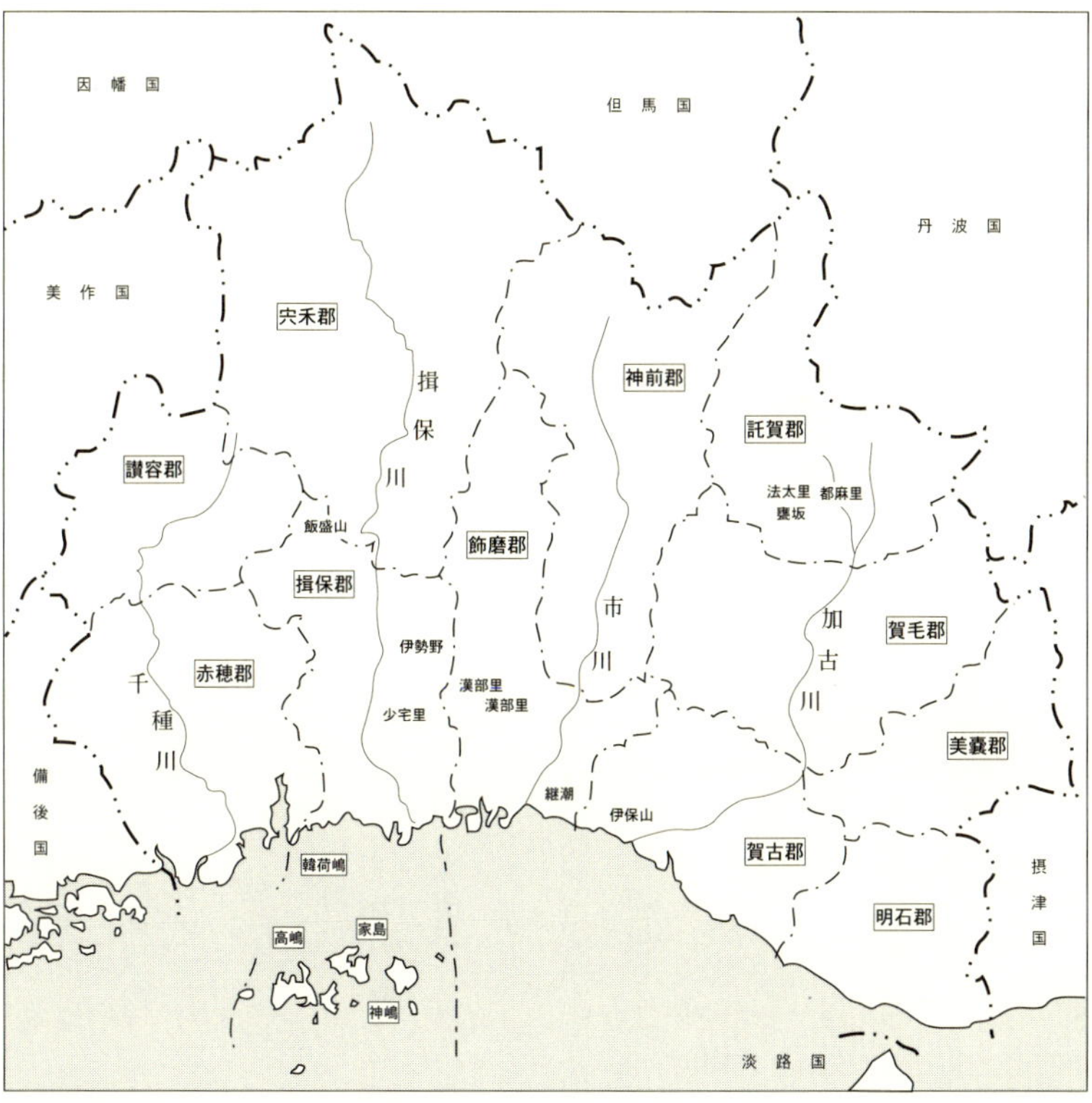

また、揖保郡、林田里条には、

④（伊勢野。）所三以名二伊勢野一者。此野毎レ在二人家一不レ得二静安一。於レ是。衣縫猪手・漢人刀良等祖。将レ居二此処一立二社山本一。敬下祭在二山岑一神。伊和大神子。伊勢都（比）古命・伊勢都比売命上矣。自レ此以後。家々静安。遂得レ成レ里。即号二伊勢一。

という記事があり（伊勢野は、現在の姫路市林田町上伊勢野・下伊勢野・大堤にあたる）、「漢人刀良らの祖」がみえている。あるいは、これも讃岐から移住した漢人かも知れない。同様に、揖保郡、少宅里条には、

⑤少宅里。〈本名。漢部里。〉土下中。所三以号二漢部一者。漢人居二之此村一。故以為レ名。所三以後改曰二少宅一者。川原若狭祖父。娶二少宅秦公之女一。即号二其家少宅一。後。若狭之孫智麻呂。任為二里長一。由レ此。庚寅年。為二少宅里一。

とある。ここにいう少宅里（現在のたつの市龍野町小宅北〈林田川と浦上井の間の旧小宅村〉にあたる）の旧名漢部里も、①同様、讃岐の漢人に因む可能性が考えられるが、前述のように、他の地域の漢人の可能性も残るので、断言は控える。

以上のほかにも、揖保郡、阿豆村条には、

⑥飯盛山。讃伎国宇達郡飯神之妾。名曰二飯盛大刀自一。此神度来。占二此山一而居之。故名二飯盛山一。

という記事がみえている。飯盛山（現在のたつの市新宮町宮内天神山にあたる）の地名起源説話に讃岐のことがみえるのだが、ここでは飯神の妾の飯盛大刀自という神のこととして語られることが、他の史料とはいささか異なる。しかも、讃伎国宇達郡と郡名までしるされている点は、①より具体的である。宇達郡は鵜足郡（鵜垂郡・宇足郡・宇多郡とも。現在の白治体では、丸亀市土器町・土居町・飯野町・川西町・飯山町・綾歌町、宇多津町全域、坂出市川津町、まんのう町長尾・炭所東・炭所西・造田・中通・勝浦の各地域がおおむね鵜足郡に該当）のことで、飯神とは、延喜神名式に、

讃岐国廿四座〈大三座小廿一座〉

（中略）

鵜足郡二座〈並小〉

飯神社　宇閉神社

とみえる神社がそれにあたる。

このほかにも、讃岐の神とのかかわりを示唆する記載が、風土記には散見する。

たとえば、託賀郡の箇所には、都麻里条には、

⑦云二都多支一者。昔。讃伎日子神。誂二氷上刀売一。尓時。氷上刀売。答曰レ「否」。日子神。猶強而誂之。於レ是。氷上刀売。怒云。「何故吾」。即雇二建石命一。以レ兵相闘。於レ是。讃伎日子。負而還去云。「我其怯哉」。故曰二都多岐一。

とあり、さらに、法太里条には、

⑧法太里。〈甕坂・花波山。〉土下上。所三以号二法太一者。讃伎日子与二建石命一相闘之時。讃伎日子。負而逃去。以レ手匐去。故曰二匐田一。

とあり、これにつづけて、

⑨甕坂者。讃伎日子。逃去之時。建石命。逐二此坂一云。「自レ今以後。更不レ得レ入二此界一」。即御冠置二此坂一。一家云。昔。丹波与二播磨一。堺レ国之時。大甕掘二埋於此土一。以為二国境一。故曰二甕坂一。

という記事が存する。法太里は現在の西脇市板波町にあたり、甕坂は現在の加西市河内町二ヵ坂にあたる。これらは、いずれも讃伎日子という神について語る伝承だが、「讃伎日子」という神名から推して、この神も本来、讃

岐地方のそれだったのではないかという推測が成り立つ。讃岐の名を冠する神にまつわる説話が『播磨国風土記』のなかにみえるということは、こうした説話の背後には、その神を奉斎していた氏族集団の移住という事実が存在したことをうかがわせる。

なお、このほかにも、賀古郡、大国里条には伊保山（現在の高砂市中筋五丁目・同竜山二丁目の山にあたる）の名称の由来について、つぎのような記事がある。

⑩此里有レ山。名曰二伊保山一。帯中日子命乎坐二於神一而。息（長）帯日女命。率二石作連（大）来一而。求二讃岐国羽若石一也。自レ彼度賜。未レ定二御廬一之時。大来見顕。（故）曰二美保山一。

これは、神功皇后が仲哀天皇の陵墓造営のために、播磨からわざわざ讃岐国羽若（現在の香川県綾歌郡国分寺町石船鷲ノ山）の石をもとめたというもので、やはり、播磨と讃岐の往来をうかがわせる史料である。また、揖保郡、広山里条には、

⑪麻打山。昔。但馬国人。伊頭志君麻良比。家二居此山一。二女。夜打レ麻。即麻置二於己胸一死。故号二麻打山一。于レ今居二此辺一者。至レ夜不レ打レ麻矣。俗人。云二讃伎国一。

とあって、麻打山（現在の揖保郡太子町阿曽にあたる）の地名起源説話に讃岐の名がみえている。末尾の「俗人云讃伎国」の六字については、敷田年治『標注播磨風土記』（明治二十年八月、玄同舎、同書については、拙稿「敷田年治『標注播磨風土記』について―解題及び風土記本文と頭注の飜刻―」『皇學館大学文学部紀要』三九、平成十二年十二月、のち荊木『風土記逸文の文献学的研究』〈学校法人皇學館出版部、平成十四年三月〉所収）はこれを衍文とし、井上通泰『播磨國風土記新考』（大岡山書店、昭和六年五月、のち昭和四十八年七月に臨川書店より復刻）は、以下に脱文ありとする。しかし、栗田寛『標注古風土記』（大日本図書株式会社、明治三十二年十二月）が「俗人ハ讃伎ノ國（クニビト）ナリトモイヘリ」（一三頁）と訓読したように、本文では「但馬国人」

のこととして語られる伝承が、異伝では「讃伎国（人）」のこととして語られていたという意味と解することができると思う（栗田氏は頭注で「俗人已下六字、蓋注文、誤混本文」とのべ、この部分がもとは割注だったとするが、断言できないと思う）。

二、讃岐伝承の分布

以上、断片的なものもふくめて、『播磨国風土記』から讃岐地方とのかかわりを示唆する十の記事を掲げたが、これによって、風土記には、讃岐から播磨への人の移動や、両国間での交流を伝えた豊富な伝承が存することが確認できた。

筆者は、前掲別稿において、播磨と出雲との交流について取り上げたが、これによれば、播磨国内の出雲街道沿いの揖保・讃容二郡に、出雲からの移住を伝えた地名の起源説話が分布することは、けっして偶然ではない。山陰系特殊土器という考古学的な資料を参考にすると、かかる伝承は、おそらく、実際にあった出雲と播磨地方の交流、人の往来の事実を反映したものであろう。そして、こうした出雲の事例を念頭におけば、播磨と讃岐にまつわるいくつかの伝承も、実際に存した讃岐地方との交流を背景にしたものであり、背後には史実が存在した可能性が考えられる。

とくに、讃岐地方からの移住を伝えた説話が、賀古郡（⑩）・飾磨郡（①・②・③）・揖保郡（⑥）といった播磨中央の沿岸部の郡に集中していることは、興味を引く。なぜなら、讃岐からの移動・交流は、海上の往来によるものであろうから、播磨に移住した人々がまず同地方の沿岸部に定着し、それが移住伝承として伝わったと考えられるからである。揖保郡については、冒頭にもあげた、河内国茨田郡枚方里から枚方里への漢人の移住伝承をはじめ、狭野村に別君玉手らの祖が川内（河内）国泉郡から移住してきたという伝承など、複数の地域からの移住に関する記事がみえるが、讃岐からの移住については、当然のことながら、瀬戸内海航路を利用した、海路によるものだったと考えられる。

なお、内陸部の託賀郡に「讃伎日子」の伝承（⑦～⑨）がみえることは一見不審だが、しかし、これもまた、船を利用して播磨に来た讃岐人が市川・加古川の水運によって、託賀郡まで辿りついた事実を反映したものとみれば、怪しむに足りない。讃岐との交流が、播磨国内でも、部分的に限定されるのは、出雲との交流が出雲街道沿いの揖保・讃容二郡に集中しているのとおなじで、交流のルートが限定されており、そのルートに沿った地域に移住が集中したことによるものであろう。

ちなみに、一点ではあるが、飾磨郡、英保里（現在の姫路市阿保にあたる）条には、

英保里。〈土中上。〉右、称二英保一者。伊予国英保村人。到来居二於此処一。故号二英保村一。

とあって、讃岐と同様、四国の伊豫国からの移住をしるす伝承が存する。ここから判断すると、讃岐以外にも、四国地方との往来が頻繁におこなわれていたことが想像される。揖保郡条には、家島・神嶋・韓荷嶋・高嶋といった瀬戸内海に浮かぶ島嶼に関する記載があり、なかでも、神嶋・韓荷嶋条には、

神嶋。伊刀嶋東。所三以称二神嶋一者。此嶋西辺。在二石神一。形似二仏像一。故因為レ名。此神顔有二五色之玉一。又。胸有二流涙一。是亦五色。所二以泣一者。品太天皇之世。新羅之客来朝。仍見二此神之奇偉一。以為二非常之珍玉一。屠二其面色一。掘二其一瞳一。神由泣。於レ是。大怒即起二暴風一。打二破客船一。漂二没於高嶋之南浜一。人悉死亡。乃埋二其浜一。故号曰二韓浜一。于レ今。過二其処一者。慎レ心固戒。不レ言二韓人一。不レ拘二盲事一。
韓荷嶋。韓人破船。所レ漂之物。漂二就於此嶋一。故号二韓荷嶋一。

などと、難破船や漂着者のことがしるされている。おそらく、こうした島嶼沿いに航行ルートがあり、いわば島伝いに船が往来したことは想像にかたくない。

これに関聯して注目したいのは、『播磨国風土記』には、こうした海上交通に利用されたであろう港津のことがいくつもしるされている点である。さきにあげた史料②（餝磨郡、美濃里条）につづいて、

(a)所三以称二継潮一者。昔。此国有二一死女一。尓時。筑紫国火君等祖〈不レ知レ名。〉到来。復生。仍取之。故号二継潮一。

とみえる「継潮」（現在の姫路市継附近）をはじめとして、以下のような港津に関する記事がある。

(b)遂到二赤石郡廝御井一。供二進御食一。故曰二廝御井一。尓時。印南別嬢。聞而驚畏之。即遁二度於南毘都麻嶋一。（中略）乃天皇。知レ在二於此少嶋一。即欲レ度。到二阿閇津一。供二進御食一。故号二阿閇村一。又。捕二江魚一。為二御坏物一。故号二御坏江一。又。乗レ舟之処。以レ楉作（レ榭。故号二）榭津一。遂度相遇。勅云。「此嶋隠二愛妻一」。仍号二南毘都麻一。（賀古郡、総記）

(c)鴨波里。（中略）此里有二舟引原一。昔。神前村有二荒神一。毎半二留行人之舟一。於レ是。往来之舟。悉留二印南之大津江一。上二於川頭一。自二賀意理多之谷一引出而。通二出於赤石郡林潮一。故曰二舟引原一。又。事与二上解一同。（賀古郡、鴨波里条）

(d)宇須伎津。右所三以名二宇須伎一者。大帯日売命。将レ平二韓国一度行之時。御船宿二於宇頭川之泊一。自二此泊一度二行於伊都一之時。忽遭二逆風一。不レ得二進行一。而従二船越一々二御船一。御船猶亦不レ得レ進。乃追二発百姓一令レ引二御船一。於レ是。有二一女人一。為三資二上己之真子一而堕二於江一。故号二宇須伎一。〈新辞伊波須久。〉（揖保郡、宇須伎津条）

宇頭川。所三以称二宇頭川一者。宇須伎津西方。有二絞水之淵一。故号二宇頭川一。即是。大帯日売命。宿二御船一之泊。

(e)室原泊。所二以号レ室者。此泊。防レ風如レ室。故因為レ名。（揖保郡、室原泊条）

ここにみえる(b)「阿閇」（現在の加古郡播磨町本荘港にあたる。『住吉大社神代記』に「皇后奉饗大神以酒塩入於魚奉賜。時号阿閇浜。奉寄定賜〈支〉」とある）・「榭津」（所在不明）、(c)「印南之大津江」（現在の加古川市米田町船頭、同加古川町本町、同西河原にあたる。加古川〈風土記の印南川〉河口附近の港をいうか）・「赤石郡林潮」（明石市林、明石川の河口附近）、(d)「宇須伎津」（現在の姫路市網干区津市場にあたる）・(e)「室原泊」（現在のたつの市御津町室津にあたる）などは、いずれも瀬戸内海に面した播磨国の港津である。

なかでも、(c)「印南之大津江」は、『日本書紀』応神天皇十三年九月条・『続日本紀』延暦八年十二月八日条にそれぞれみえる「播磨鹿子水門」・「水児船瀬」とみえるものとおなじ場所を指すと思われる。また、『続日本紀』天応元年（七八一）正月二十日条に、

授播磨國人大初位下佐伯直諸成外従五位下。以レ進二稲於造船瀬所一也。

とある「造船瀬所」は、『播磨国風土記』にみえる阿閇津・榭津・印南之大津江・赤石林潮（以上、賀古郡）や宇須伎津・御津・室原泊（以上、揖保郡）を管掌した機関ではないかとも考えられている。詳細は不明だが、これらの港津が瀬戸内海航路において重要な役割を果たしていたことはまちがいあるまい。

三、古墳にみえる播磨と讃岐の親縁性

以上、『播磨国風土記』を手がかりに、播磨と讃岐の交流についてのべてきた。これらの伝承（多くは地名の起源説話）の背景に、讃岐との交流の事実があったであろうことは、前稿で検討した出雲の事例を参考にすればある程度

想像がつくが、播磨と讃岐の交流を裏づける徴証はそれにとどまらない。

たとえば、揖保川流域の丁瓢塚古墳（姫路市勝原区）・養久山1号墳（揖保郡揖保川町、現たつの市）といった前期の前方後円墳は、前方部は細く長く延びて前端部で撥形に広がる独特の墳形をもつ。これは、讃岐地方の爺ヵ松古墳や鶴尾神社4号墳（高松市の石清尾山古墳群でもっともはやくに築造されたとみられる前方後円墳）・野田院（のたのいん）古墳（善通寺市善通寺町野田）など讃岐特有の墳形と共通する。とくに、丁瓢塚古墳は、埋葬施設の頭位が東西優位である点も、讃岐地方の古墳の特色と共通するし、西播磨地域の長越遺跡や丁・柳ヶ瀬遺跡などをはじめ各地で発見されている讃岐系土器の一群も、讃岐と播磨の結びつきを示唆している（岸本直文「丁瓢塚古墳測量調査報告」『史林』七一―六、昭和六十三年十一月、一六四～一七二頁）。

こうした讃岐との関聯性を示唆する古墳は、ほかにもある。山戸四号墳（姫路市勝原区）には讃岐産の大型複合縁壺を壺棺として埋置してあったし、岩見北山四号墳（揖保郡御津町、現たつの市）からも讃岐産の大型複合縁壺の破片が採掘されている。同墳は全長約二十三メートルの前方後円形墳丘積石墓だが、いうまでもなく、積石塚は讃岐地方の古墳の特長であり、讃岐との関係を思わせる。また、檀特山一号墳（姫路市勝原区）からは、やはり、讃岐産の大型複合縁壺棺が出土しているのである（「播磨の前方後円墳研究序説」『播磨学紀要』六、平成十二年九月、一四一～一四二頁）。

これらは、いずれも広い意味での揖保川流域に集中するが、この附近の、古墳時代前期前半から半ばにかけての古墳が讃岐のそれと共通点をもつことは、両地域が密接に結びついていたことを如実に物語っている。とくに、讃岐地方の前方後円墳の平面形態の特性は、前出の鶴尾神社4号墳を起点に発展したとみられており（北條芳隆「『讃岐型前方後円墳』の提唱」大阪大学考古学研究室編『国家形成期の考古学』〈大阪大学考古学研究室、平成十一年四月〉所収、二一〇頁）、これがやがて瀬戸内海対岸の播磨地方、とりわけ揖保川流域の古墳にも影響を及ぼしたとみられることは、『播磨国風土記』の移住伝承ともよく合致している。

こうした、讃岐と播磨の両地域における共通点を示す事例は年を追って増えているが、平成十七年に兵庫県揖保郡御津町教育委員会が調査した同町黒崎の綾部山三九号墳は、奈良県桜井市のホケノ山古墳とほぼおなじ「石囲い三重構造」の埋葬施設をもっが、同様の事例は過去に阿波（徳島県鳴門市）・讃岐（香川県綾歌郡）でも確認されている。これもまた、示唆に富む新出の資料である。

なお、古墳に用いられる石材についていえば、綾歌郡国分寺町にある鷲ノ山は、角閃安山岩を出す古くからの採石場として、つとに有名である。鷲ノ山産の石は、香川県下、とくに善通寺市から高松市にかけて分布する古墳の石棺に利用されているだけでなく、近畿地方にまで運び出され、大阪府柏原市安福寺境内にある割竹形石棺蓋やおなじく柏原市の松岳山古墳の組み合わせ形石棺の側壁材に用いられた（廣瀬常雄『日本の古代遺跡8　香川』〈保育社、昭和五十八年三月〉一五三～一五四頁、香川県編『香川県史』第一巻〈香川県、昭和六十三年三月〉四六二～四六五頁）。前掲史料⑩には、神功皇后が仲哀天皇の陵墓に用いる石を讃岐の羽若に石をもとめた伝承がみえていた。風土記にいう「羽若」はこの鷲ノ山をふくむ羽床盆地附近を指すのではないかと思われるが、この伝承も、鷲ノ山の石材の伝播のありかたをみれば、たんなる説話とは考えがたいのである。

おわりに

以上、三節にわたって、

（一）『播磨国風土記』には讃岐地方からの入植や移住についての伝承が、沿岸部を中心にみられること、

(二) 播磨地方の古墳には讃岐のそれの影響がみられること、などの点についてのべてきた。おそらく、瀬戸内海航路を利用した播磨と讃岐の交流ははやくからおこなわれ、それが風土記の移住伝承にも投影しているのであって、かかる伝承は、ある程度古代播磨の実態を反映しているとみるべきであろう。

ただ、「讃岐型前方後円墳」の影響がはたして讃岐勢力の播磨進出を背景としたものか、あるいは両地方に存した政治集団の同盟関係によるものなのかは、さらに多くの物証を得たのちに、あらためて判断するしかない。また、その際、播磨・讃岐だけでなく、讃岐の対岸の吉備も視野に入れて考える必要があろう。今後の課題は多いが、小論では、前稿で指摘した播磨と出雲同様、『播磨国風土記』の交流伝承に、ある程度史実性を認めうることを指摘し、ひとまず擱筆したい。

第六章　九州風土記の成立をめぐって

九州地方の風土記が二種存在し（以下、慣例にしたがって、これらを「甲類」・「乙類」と称する）[1]、それぞれにおいて共通の形式があること、そのうちの甲類が『日本書紀』を参照して記事をつくっていること、などは、多くの研究者によって考察が進められ、現在ではすでに定説となっているといってよい。しかしながら、甲類・乙類の先後関係、乙類と『日本書紀』の関係、などについては、いまだに不明な点が多い。

そこで、以下は、まず、九州地方の風土記の成立に関する諸説を紹介し、研究の現状を把握しつつ、あわせて、若干の卑見をのべることにしたい。

○

はじめに、九州地方の風土記に関する主要な研究を紹介しておきたい。

九州地方の風土記の研究のうえで、劃期的な業績をあげたのは、井上通泰氏である。

井上氏は、まず、「肥前風土記に就いて」（『歴史地理』五八―三、昭和六年九月）において、(一)『肥前国風土記』など、九州地方の風土記は、諸国諸島から提出された稿本を基として大宰府で一括して撰定されたこと、また、(二)『釈日本紀』や『萬葉集註釈』に引かれた逸文は、その稿本であること、などをあきらかにした。

さらにその後、『肥前風土記新考』（巧人社、昭和九年十一月、のち昭和四十九年二月に臨川書店より復刊、さらに『井上通泰上代関係著作集』12〈前掲〉所収）・『豊後風土記新考』（巧人社、昭和十年一月、のち昭和四十九年二月に臨川書店より復刊、さらに『井上通泰上代関係著作集』12〈前掲〉所収）・『西海道風土記逸文新考』（前掲）という三冊の大著をつぎつぎと刊行し、九州地方の風土記について、くわしい考察を進めたが、なかでも、特筆すべき点は、九州地方の風土記には、甲類・乙類・甲乙以外という、少なくとも三種の風土記が存在したことを指摘した点にある（ただし、「甲乙以外」とされたものが別種の古風土記であるかどうかは、こんにちでは疑問視されている）。氏は、これら三種の風土記の特徴を分析したうえで、その成立年代について、つぎのようにのべている。

> 次に甲乙二種の撰述の時代を考へんに甲類本は往々日本紀に引用せられて居る。されば郡の下の里を郷と改められた霊亀元年（一三七五年）より後に、日本紀の出来た養老四年（一三八〇年）より前に豊後肥前の両風土記と共に成つたのである。次に乙類本は日本紀の影響を受けて居る。又つとめて文辞を漢めかさうとして居るに拘はらず漢風諡を用ひて居らぬ。されば日本紀奏上以後（一三八〇年）漢風諡制定以前に出来たのである。漢風諡制定は何年か分らぬが凡孝謙天皇の御代と思はれる。次に甲乙以外の三節の中で二節には漢風諡が用ひてある。他の一節即藤原宇合の節には平安朝時代に入つてからの撰なる明證がある。されば撰述の時代は甲類第一、乙類第二、甲乙以外第三である。（後略）（「緒言」一二頁。なお、最後の傍点は、読者の理解を助けるために、荊木が附したもので、以下の引用に文献についても、同様である）

井上氏は、『肥前風土記新考』（前掲）の「緒言」六頁・『豊後風土記新考』（前掲）の「緒言」七頁でも、ほぼおなじ趣旨のことをのべているが、要するに、氏は、風土記と『日本書紀』について、

甲類――日本書紀――乙類……甲乙以外

という成立順を想定しているのである（実線は、直接の関係があることを示す）。

こうした井上氏の劃期的な研究を契機として、九州地方の風土記に対する関心が高まり、諸氏の研究がつづく。

たとえば、佐佐木信綱氏は、『上代文学史』上巻（東京堂出版、昭和十年十月、のち昭和二十三年二月に新訂版刊、さらに平成六年六月に復刻）のなかで、この問題を取り上げている。

氏は、まず、甲乙二種について、「現存のものの方が原本で、筑紫風土記は、後にそれを参照して補訂整理し、別に新しく漢文式に書き改めたものと考へられるが、いづれも、奈良時代に撰定せられた古風土記であることは、確かであると思ふ」（二九一頁）とのべ、甲類が乙類に先行することを指摘する。そして、甲類と『日本書紀』の関係については、両者が「文章の類似せる箇所の多く見出される点が、注意せられる」（二八一頁）と指摘し、『日本書紀』が甲類を参照しているという考えに傾きつつも、最終的には、「九州のそれぞれの土地の説話、史伝を記載した地方の史官の記録が既に存してゐて、書紀もこれを材料とし、風土記も亦これを材料としたもので、更にその編纂者の考により多少それぞれの書の記者の意見も加へられたがために、若干の相違も生じた」（二八四頁）という解釈に落ち着いている。

また、倉野憲司氏は、①「西海道の風土記について」（『文學』九－一、昭和十六年一月）・②『日本文学史　第三巻　大和時代（下）』（三省堂、昭和十八年二月）において、この問題をかなりくわしく論じている。このうち、②によれば、倉野氏は、『日本書紀』と現存本『豊後国風土記』・『肥前国風土記』のあいだで、天皇をはじめとする人名表記が一致していることに着目し、「現存する肥前・豊後の両風土記は、書紀の奏上された養老四年以後の制作に係るものと言はなければならない」（二三〇頁）ことを指摘するが、甲類と乙類の関係については「不明といふより他はない」（二三九頁）としている。

なお、こうした倉野氏の考えにきわめて近いのが、戦後まもなくでた小島憲之「風土記の述作」（『國語・國文』一六―四、昭和二十二年七月）である。小島氏は、固有名詞の表現法や割注が一致していること、文辞が一致していること、などから、まず、㈠甲類は、『日本書紀』にもとづいていることを指摘する。そして、さらに、㈡甲乙二種の前後関係は断定できないが、いずれかが他を参照したこと、㈢乙類も、甲類と同様、「容貌端正」・「孤為国色」のように景行天皇紀の文辞を借用しているから、『日本書紀』以後の撰進であると思われること、などをのべている。(2)

ちなみに、小島氏のこの論文は、のちに、氏の『上代日本文學と中國文學』上（塙書房、昭和三十七年九月）に収録されたが、その際、かなり大幅な加筆・修正がおこなわれている。

なかでも、注目されるのは、乙類が甲類を基として完成した、という考えを打ち出した点である。すなわち、氏は、『萬葉集註釈』に引かれた「奈羅の朝庭の天平四年、歳壬申に次るに当たり」云々の『筑前国風土記』逸文に照らして、撰者を宇合に擬し、かれが、甲類を趣味的にあるいは文藻豊かに改訂し、乙類をつくった、とみているのである。

参考までに、小島氏の論文のなかに掲げられた図によって、風土記の成立過程を図示しておくと、つぎのとおりである。

解文→（補訂）→原甲類→（補訂）→［甲類］→［乙類］

こうした小島氏の説の特色は、甲類成立以前に解文のかたちで上申された原風土記の存在を想定したところにあるといえようが、これは、さきの佐佐木氏の説と共通するところがある。

ところで、こうした国文学者の研究に対して、歴史学の分野から、九州地方の風土記の成立に関して、積極的かつ実証的な発言をしたのが、坂本太郎氏であった。

坂本氏は、井上通泰氏とほぼおなじころ、九州地方の風土記に二種類あること、おのおのにおいて共通の形式があることを発見していたのであって、その一端は、のち刊行された①『大化改新の研究』（至文堂、昭和十三年六月、のち『坂本太郎著作集』第六巻〈吉川弘文館、昭和六十三年十月〉所収）[3]の第一篇第三章五の「風土記」および附載三の「九州地方風土記補考」にみえている。

これによれば、坂本氏は、まず、乙類風土記（坂本氏は、第一類・第二類と称されるが、ここでは、甲乙に統一して表記）が採用する「県」・「比古」・「比売」といった特殊な表記を「古い時代相のあらはれ」（五九頁）とみて、乙類は甲類よりもはやく成立したと考え、その成立時期については、「風土記撰修の時代として考へ得べき最も早き時代に係くるも大なる誤謬はあるまい」（五九頁）と考えている。そして、甲乙二種と『日本書紀』の関係については、「（前略）その第一回撰述の分〔乙類〕は恐らく和銅に近き頃奏上せられ、それが直接に景行天皇紀の基となつたものであり、書紀と現存の風土記とは母子関係でなく、兄弟関係に立つものであることを信ずるのである」（四三頁、〔　〕内は荊木）とのべている。

なお、坂本氏は、甲類風土記の撰録年代については、『萬葉集註釈』巻第一所引の『筑前国風土記』逸文（前掲）を甲類のそれとみたうえで、そこに「天平四年」とあることを根拠に、その上限を天平四年（七三二）とする。また、下限については、『豊後国風土記』および『肥前国風土記』に「日下部君」という表記がみることに着目し、姓としての「君」は、天平宝字三年（七五九）十月に「公」にあらためられたから、甲類はそれ以前に書かれたとみるのである。

ところで、坂本氏は、その後、風土記にかかわる論文を何篇か発表しているが、そのなかで、旧説をみずから修正した部分がある。

その一つが、昭和十七年発表の②「風土記と日本書紀」（『史蹟名勝天然紀念物』一七―五　昭和十七年五月、のち坂本氏『日本古代史の基礎的研究』上文献篇〈東京大学出版会、昭和三十九年五月〉所収、さらに『坂本太郎著作集』第四巻〈吉川弘文館、昭和六十三年十月〉所収）である。

坂本氏は、この論文において、甲類・乙類の特色をつぎのように整理している。

①国の下の行政区劃の名およびその行政官庁の名を、甲類は「郡」といい、乙類は「県」という。

②説明されるものの位置をしるすのに、甲類は被説明物の名の下に分註として「在郡北」・「在郡東」というように郡家からの方位を示すのに対し、乙類は本文のはじめに「県南二里」・「県東三十里」というように大書し、同時に里数をしるす。

③天皇の称号の表記は、甲類が『日本書紀』と合致するのに対して、乙類は『日本書紀』とことなる。

④その他の人名・地名も、甲類があるいは『日本書紀』にあい、あるいは定制と合致するのに対して、乙類は独特の文字をもちいる。

⑤文章において、乙類は甲類にくらべ漢風の修飾がいちじるしく目立つ。わざとむずかしい文字をもちい、分註をもってその国音を録したり、釈語をのせることが多い。

⑥甲類は、それぞれの国名を冠して、『筑前風土記』・『筑後風土記』というように呼ばれたが、乙類は総称して

『筑紫風土記』と呼ばれるのが原則であったらしい。

そして、これらの点を踏まえながら、甲乙二種と『日本書紀』の関係について、

(a)撰修の時期については、乙類は『日本書紀』以前の撰であり、甲類はその後のものである。

(b)『日本書紀』は、甲類が参照した材料の一つである。

(c)乙類と甲類には直接の関係はもとめられないが、なんらかのつながりはあったかも知れない。

(d)『日本書紀』の編者は、材料の一つとして乙類を参照したのではないか。

などの点を指摘している。

このうち、旧説をもっとも改めたのは、(b)である。すなわち、旧稿では、甲類と『日本書紀』を兄弟関係としていたのに対し、ここでは、両者を母子関係としている。

参考までに、坂本氏の想定する『日本書紀』と風土記の関係を、論文中の図によって示せば、つぎのとおりである。

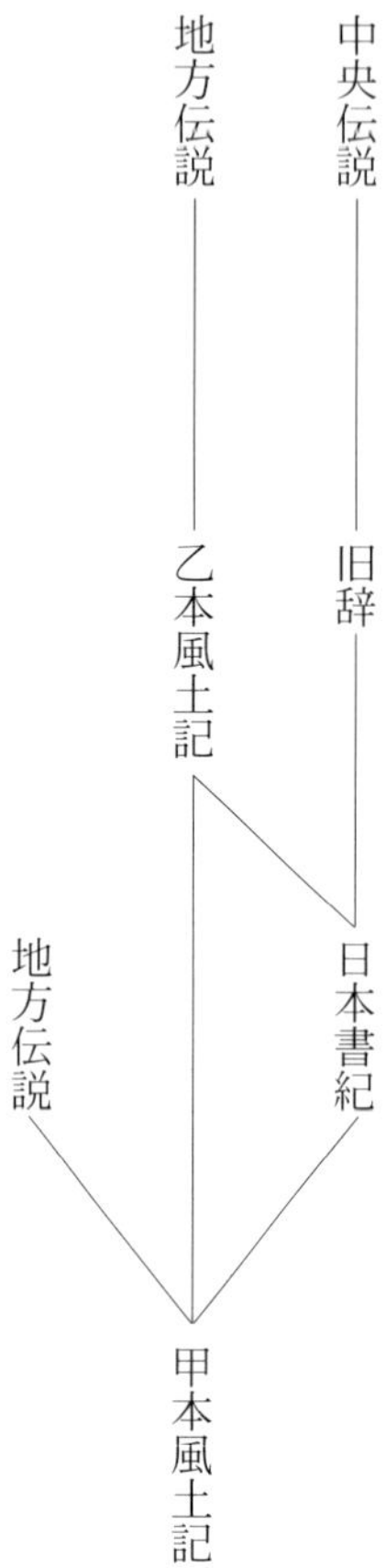

なお、坂本氏の修正は、これにとどまるものではなく、のちに、③「日本書紀と九州地方の風土記」（『國學院雑誌』七一－一一、昭和四十五年十一月、のち坂本氏『古典と歴史』〈吉川弘文館、昭和四十七年六月〉所収、さらに『坂本太郎著作集』第四巻〈前掲〉所収）という論文のなかで、三度この問題を取り上げ、つぎのようにのべている。

甲類は最後に出て、書紀と乙類とを共に参考にしている。乙類は甲類より先に成立した。書紀との関係は、時期的にはおくれるかもしれないが、書紀を見てはいない。その点で、内容的には書紀と乙類とは兄弟関係である。甲類も乙類も、成立の絶対年時は簡単にはきめらない。（中略）いまの所、精密な年時を決定する証拠はないと思う。（一一六頁）

これによれば、坂本氏は、さきに、『日本書紀』の編者は乙類を参照したのではないか、と推測した点をあらため、一転して、『日本書紀』と乙類の直接の関係を否定しているのがわかる。

そして、さらに、乙類の材料にふれて、「乙類の前身には、文章は素朴ながら詳しい事実を記した地誌があった」（一一五頁）と推測するとともに、『日本書紀』の材料についても、「乙類も材料とした諸国からの報告書の類によったのではなかろうか。その報告書は直接には和銅六年の風土記撰進下命の詔によって提出されたのであろうが、その以前にもそうしたものが大宰府に集められ、中央にも進達されていたのであろうと考える」（一一七頁）とのべ、はやくから存在した地誌や諸国からの報告書のたぐいを想定している。

風土記編纂以前から地方の記録が存在したことを想定する説は、さきにみた佐佐木・小島両氏の論著のなかにもみえていたし、のちには、高藤昇「九州諸国風土記と記紀」（『國學院雑誌』七三－六、昭和四十七年六月）もこの問題を論じているが、坂本氏が、右のように推測したのは、『日本書紀』と風土記とにみえる肥前松浦郡の地名起源説話や鎮懐石の物語とおなじ趣旨の話が、和銅五年（七一二）に献上された『古事記』にすでにみえることが、一つの根拠になっている。

○

さて、つぎに、坂本氏とおなじく、歴史学の方面から風土記の成立について考察を進めた田中卓氏の研究を紹介しよう。

田中氏の風土記に対する取り組みは、自身ものちに述懐しているように（『田中卓著作集』第六巻〈国書刊行会、昭和六十三年五月〉の「自序」）、歴史学者としては比較的はやいものであって、戦後、ただちに九州地方の風土記の成立に関して、二篇の論文をおおやけにしている。すなわち、①「九州風土記の成立―特にいはゆる乙類風土記について―」（『日本歴史』三一　昭和二十五年十一月、のち田中氏『日本古典の研究』〈皇學館大學出版部、昭和四十八年五月〉所収、さらに『田中卓著作集』第十巻〈国書刊行会、平成五年八月〉所収）・②「肥前風土記の成立―九州風土記（甲類）撰述の一考察―」（『校本肥前風土記とその研究』〈佐賀県史編纂委員会・佐賀県郷土研究会、昭和二十六年二月〉所収、のち田中氏『日本古典の研究』〈前掲〉所収、さらに『田中卓著作集』第十巻〈前掲〉所収）が、それである。

これらは、坂本氏の②「風土記と日本書紀」（前掲）をのぞく戦前の諸氏の研究を踏まえつつ、九州地方の風土記の成立に対する説をのべたもので、前人未発の注目すべき見解が開陳されている。

順に、①「九州風土記の成立」の内容から紹介しておこう。

田中氏は、まず、宣化天皇朝に任那に派遣されたという大伴狭手彦の伝承をしるした、乙類（『萬葉集註釈』巻第四所引『肥前国風土記』逸文）・甲類（現存本『肥前国風土記』）・『日本書紀』（宣化天皇紀）の比較から、「甲類は、日本紀より天皇の御謚号、狭手彦の用字、「兼救二百済国一」の句などを採用し、それ以外は悉く乙類によつて文を成したと思はれる。かやうに乙類・甲類の母子関係が認められる」（一二〇頁）とのべる。そして、乙類と『日本書紀』の関係については、坂本氏が、①『大化改新の研究』（前掲）において、「その第一回撰述の分は恐らく和銅に近き頃奏上せられ、それが直接に景行天皇紀の基となつた」（四三頁）とのべたことを批判し、「日本紀が乙類によつて書かれた事実を示す箇所は一も存しない」（一二三頁）と、その関係を否定している。

また、氏は、乙類の成立年代にもふれ、「乙類は天平四年（七三二）以後、それを去ること遠からざる時代、恐らくは天平宝字年間（七五七〜七六四）の撰ではないか」（一二六頁）とのべている。

氏が、成立の上限を天平四年（七三二）にもとめたのは、

①「乙類が天平初年に大宰府において披見されなかつたと思はれる」（一二六頁）。

②『筑前国風土記』逸文に「奈羅の朝庭の天平四年、歳壬申に次るとしに当たり」云々とある記事は乙類のそれとみてよいと考えられる。

などの点による。また、下限を天平宝字年間（七五七〜七六四）にもとめたのは、

①乙類に『日本書紀』を参照したあとがみえないことから、その撰進は、『日本書紀』の撰進後、「あまり時をへだてた頃の撰ではあるまいと思はれる」（一二九頁）。

②乙類は、漢風好みにもかかわらず、漢風謚号をもちいていないので、漢風謚号のいっせい撰進がおこなわれたとみられる天平宝字七八年（七六三〜七六四）を、乙類撰進の下限とすることができる。

③乙類にみえる郡名の特殊な用字（閼宗・逸都など）は、「名称が公式に一定した後には猥りに之を使用することが出来ないであらうから、その制定を天平乃至天平宝字年とみて、その頃以前の撰と考へる」（一二九頁）。

などの論拠にもとづいている。

つぎに、いま一つの②「肥前風土記の成立」についてみておこう。こちらも周到な論文であって、その論旨は多岐にわたるが、もっとも重要な点は、

①いくつかの事例によって、「甲類は一部に直接日本紀を抄出引用してゐる」（二四五頁）ことをあきらかにした。

②甲類を延長年間（九二三～九三〇）再撰本であると考えた。

という二点につきる。とくに、②に関していうと、田中氏は、『釈日本紀』所引の『筑前国風土記』の逸文にみえる「高麗国」を王氏建国の高麗（九一八〈延喜十八年〉に建国）を指すとみて、これを甲類成立の上限とし、さらに、「公望私記」所引の逸文が、甲類の初見であることを手がかりとして、同書成立の下限である天慶六年（九四三）を、そのまま甲類の下限としている。そして、これらの期間に風土記が作られたとすれば、それは、延長三年（九二五）の官符によって撰進されたものにちがいないとみているのである。

ところで、こうした田中氏の一聯の研究とのかかわりで、逸することができないのが、平田俊春氏の「九州風土記の成立と日本書紀」である。これは、昭和二十四年に書かれたもので、ながらく未発表のままおかれ、その後、昭和三十四年に至って、平田氏の『日本古典の成立の研究』（日本書院、昭和三十四年十月）に収録された。

平田氏は、この論文おいて、さきにもふれた大伴狭手彦に関する甲類・乙類・『日本書紀』の三種の記事の検討を通じ、「風土記（甲）は風土記（乙）を基にするとともに、日本書紀をも材料にしている」（二五五頁）ことを、田中氏に先んじて、論証している。

いま、氏の考えを、論文中に掲げられた図によって示すと、つぎのとおりである。

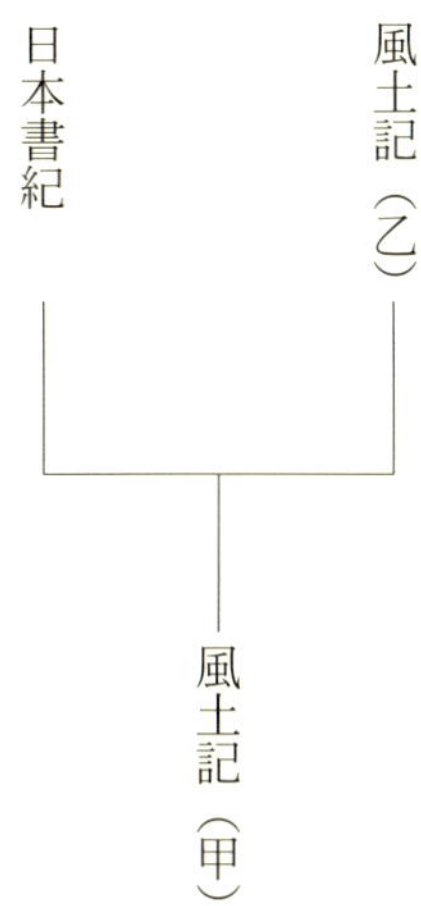

ただし、田中氏は、はじめ、甲類全部が延長年間（九二三〜九三〇）の再撰本であると主張していたが、やがて、『出雲国風土記』の研究を進めるにしたがって、現存本『豊後国風土記』や『肥前国風土記』は、天平五年（七三三）ごろの撰であるという考えにあらためているのであって、[4]その意味では、平田説とは袂をわかっている。

ところで、こうした田中氏の修正説や、村尾次郎「出雲国風土記の勘造と節度使」（平泉澄監修『出雲国風土記の研究』〈前掲〉所収）をうけて、両者のかかわりを積極的に論じた研究者に秋本吉郎氏がいる。

秋本氏の所説は、「常陸及び九州風土記の編述と藤原宇合」（『国語と国文学』三七三、昭和三十年五月、のち改稿して、秋本氏『風土記の研究』〈大阪経済大学後援会、昭和三十八年十月、のち平成十年十月にミネルヴァ書房より復刊〉所収）や同氏が校注を担当した日本古典文学大系2『風土記』（岩波書店、昭和三十三年四月）の「解説」にみえているのが、いま、これらによって氏の説の要点を示せば、つぎのとおりである。

①『豊後国風土記』・『肥前国風土記』をはじめとする甲類は、『日本書紀』そのものを所拠として筆録された。

②(a)郷里制（天平十一年〈七三九〉ごろまで実施）にもとづく地名表記がみとめられる、(b)城・烽という軍防上の記載があることから、天平四年（七三二）の西海道節度使藤原宇合の派遣後、かれの指令によって各地の国庁で編

述されたと考えられる、などの点から、甲類は、天平四年（七三二）から同十一年（七三九）ごろまでのあいだに編纂された。

③いっぽう、乙類は、(a)用辞・文章に漢文修飾による文人趣味が目立つ、(b)地名説明よりは古老の伝承をしるすことを主とし、里程記載がおおまかで一郡一地名ごとに記事をまとめようとしていない、などの点で、『常陸国風土記』と共通するところがあり、これらは、大宰府で、しかも宇合の手元で編述がおこなわれたと考えられる。

なお、秋本氏は、甲類・乙類の先後関係については、あまりふれておられないが、ともに西海道節度使宇合の関与を想定するところから、いずれも天平四年（七三二）八月以降の編纂であると考えていることだけは確実である。(5)

○

さて、以上、九州地方の風土記の成立に関する諸説を紹介してきた。これをみてもわかるように、諸説一致をみない点が多い。

九州地方の風土記について、いまのところ定説といってよいのは、冒頭でもふれたように、甲類が『日本書紀』よりあとにでて、『日本書紀』を材料の一つとしているという点だけである。そのほか、①甲類と乙類の先後関係、およびそれぞれの成立時期、②乙類と『日本書紀』の関係、という二点に関しては、いろいろな見解が対立している。

まず、①について考えておくと、坂本氏が、乙類は甲類よりさきに成立したと考えているのに対し、小島氏や田中氏らは、『豊後国風土記』・『肥前国風土記』は、乙類に先行するとみているのであって、両者は真っ向から対立している。

　では、いずれの説が正しいのであろうか。

　現状では、両説の当否を判断することはむつかしいが、いまそれぞれの根拠とするところを検討するに、乙類をさきとみる坂本氏の説のほうが妥当と思われる節がある。

　氏の説については、さきにもすこし紹介したが、氏は、甲類と乙類でおなじことをのべた文章を比較することによって、乙類が甲類に先行することを主張している。

　氏が取り上げた記事は二つあるが、その一つは、つぎに紹介する褶振峯についての記事である。

〈乙類〉（『萬葉集註釈』巻第四所引『肥前国風土記』逸文）

肥前国風土記云。松浦県。々東六里。有二帔搖岑一。〈帔搖。比礼府離。〉最頂有レ沼。計可二半町一。俗伝云。昔者。桧前天皇之世。遣二大伴紗手比古一。鎮二任那国一。于レ時。奉レ命経二過此墟一。於レ是。篠原村〈篠。資濃也。〉有二娘子一。名曰二乙等比売一。容貌端正。孤為二国色一。紗手比古。便娉成レ婚。離別之日。乙等比売。登二望此峯一。挙レ帔搖招。因以為レ名。（五一六頁）[6]

〈甲類〉（現存本『肥前国風土記』松浦郡「鏡の渡」・「褶振の峯」）

鏡渡〈在二郡北一。〉昔者。檜隈盧入野宮御宇武少広国押楯天皇之世。遣二大伴狭手彦連一鎮二任那之国一。兼救二百済之国一。奉レ命到来。至二於此村一。即娉二篠原村〈篠謂二志努一。〉弟日姫子一成レ婚。〈日下部君等祖也。〉容貌美麗。特絶二人間一。分別之日。取レ鏡与レ婦。々含二悲渧一。渡二栗川一。所レ与之鏡。緒絶沈レ川。因名二鏡渡一。

褶振峯〈在二郡東一。烽処。名曰二褶振烽一。〉大伴狭手彦連。発船渡二任那一之時。弟日姫子登レ此。用レ褶振招。因名二褶振峯一。然弟日姫子。与二狭手彦連一相分。経二五日一之後。有レ人毎レ夜来。与レ婦共寝。至レ暁早帰。容止形貌。似二狭手彦一。婦抱二其恠一。不レ得二忍黙一。竊用二続麻一。繋二其人襴一。随レ麻尋往。到二此峯頭之沼辺一。有二寝蛇一。身人而沈二沼底一。頭蛇而臥二沼脣一。忽化二為人一。即語云。

志怒波羅能　意登比売能古素　佐比登由母　為禰弖牟志太夜　伊幣爾久太佐牟也

于レ時。弟日姫子之従女。走告二親族一。々々発レ衆。昇而看之。蛇并弟日姫子。并亡不レ存。於レ茲。見二其沼底一。但有二人屍一。各謂二弟日女子之骨一。即就二此峯南一。造レ墓治置。其墓見在。（三九四頁）

坂本氏は、こうした摺振峯についての二種の記事を比較し、甲類に「即ち、篠原の村〈篠は志努と謂ふ。〉の弟日姫子を娉ひて婚を成しき」、「此の峯の頭の沼の辺に到りて、寝たる蛇あり。身は人にして沼の底に沈み、頭は蛇にして沼の脣に臥せりき」などと唐突な文章がみえるのは、「甲類が乙類のような文章を見ているために、独り合点で唐突な文章を書いたと考えるのが自然である」（一一一頁）と判断した。

このような文脈の解釈には、どうしても主観的な判断がはいりがちだが、筆者は、この記事については、甲類の文章が、それほど不自然であるとは感じられず、それゆえ、この一条から、乙類が甲類に先んじていたと判断することはむつかしいのではないかと思う。

そこで、つぎに、いま一つの筑前国児饗郡に関する記事について考えてみよう。

〈乙類〉（『釈日本紀』巻十一所引『筑紫風土記』逸文）

芋綱野

筑紫国風土記曰。逸都県。子饗原。有二石両顆一。一者。片長一尺二寸。周一尺八寸。一者。長一尺一寸。周一尺八寸。色白而鞕。円如二磨成一。俗伝云。息長足比売命。欲レ伐二新羅一。閲レ軍之際。懐娠漸動。時取二両石一。

挿二著裙腰一。遂襲二新羅一。凱旋之日。至二芋湄野一。太子誕生。有二此因縁一。曰二芋湄野一。〈謂レ産為二芋湄一者風俗言詞耳。〉俗間婦人。忽然娠動。裙腰挿レ石。厭令レ延レ時。蓋由レ此乎。（五〇〇頁）

〈甲類〉（『釈日本紀』巻十一所引『筑前国風土記』逸文）

筑前国風土記曰。怡土郡。児饗野〈在二郡西一。〉此野之西。有二白石二顆一。〈一顆。長一尺二寸。大一尺。重卅一斤。一顆。長一尺一寸。大一尺。重卅九斤。〉曩者。気長足姫尊。欲レ征二伐新羅一。到二於此村一。御身有レ娠。忽当二誕生一。登時。取二此二顆石一。挿二於御腰一。祈曰。朕欲レ定二西堺一。来二著此野一。所レ娠皇子。若此神者。凱旋之後。誕生其可。遂定二西堺一。還来即産也。所レ謂誉田天皇是也。時人号二其石一曰皇子産石一。今訛謂二児饗石一。（五〇四頁）

坂本氏は、まず、石の大きさをくらべて（傍線部分参照）、「その重量を加えている方が後出だと考えるのは常識であろう」（一一一頁）という。そして、甲類が、「時の人、其の石を号けて皇子産の石と曰ひき。今、訛りて児饗石と謂ふ」と石の名の由来をしるしているのに対して、乙類にはなんの記載もないことを指摘し、「この両者を比較すると、もし甲類が先に知られていたならば、乙類は当然石の名に触れたであろう」として、これが「甲類があとから出たことを示す一つの証になる」（一一二頁）とのべている。

比較すべき対象が限定されているため、明確な判断はくだしがたいが、この鎮懐石に関する記事にかぎっていえば、筆者は、坂本説には説得力がある。

こうした記事のちがいについては、北條秀樹氏のように、「筆者の違い、あるいは拠ってたつ伝承の差に帰着するのではないか」（「『肥前国風土記』の成立」小田富士雄編『風土記の考古学⑤『肥前国風土記』の巻』〈同成社、平成七年十月〉所収、のち北條氏『日本古代国家の地方支配』〈吉川弘文館、平成十二年八月〉所収、二八七頁）というみかたもあるが、そうした意見を考慮したとしても、筆者は、坂本氏のいうように、乙類が甲類をみていないことはたしかではないかと思う。

○

　さて、そのように考えると、『豊後国風土記』・『肥前国風土記』の成立年代を天平五年（七三三）前後、乙類のそれを天平宝字年間（七五七〜七六四）、とする田中氏の説があらためて問題になる。

　まず、甲類についていうと、田中氏は、『出雲国風土記』との関係から、この年代を想定したのだが、坂本氏は両者の関係を否定している（「出雲国風土記についての二、三の問題」〈神道学会編『出雲神道の研究』〈神道学会、昭和四十三年九月〉所収、のち、坂本氏『古典と歴史』〈前掲〉所収、さらに『坂本太郎著作集』第四巻〈前掲〉所収）。筆者も、田中氏がいうほど、『肥前国風土記』・『豊後国風土記』が『出雲国風土記』と似ているとは思わない。『出雲国風土記』との共通点をいうのであれば、むしろ、郷里制にもとづく地名表記がおこなわれていることに注意すべきであって、その点からすれば、甲類は、東野氏のいうように（東野治之「ありねよし　対馬の渡り」〈続日本紀研究会編『続日本紀の時代』〈塙書房、平成六年十二月〉所収〉、「奈良時代前半の成立」、つまり郷里制の実施期間である霊亀元年（七一五、霊亀三年〈七一七〉とする説もある）から天平十一・二年（七三九〜七四〇）ごろまでのあいだということになるであろう。

　なお、田中氏は、はじめ、甲類を延長年間（九二三〜九三〇）の再撰と考え、のちに、「出雲国風土記の成立」（前掲）において、「それ故、九州風土記（甲類）全体が延長の際に整理上進せられたとしても、その中には新撰もあり増補もあらうが、古風土記（欠文をも含めて）もあつた筈で、同類（甲類）なる理由で一を以て他を推すことは適切でない」（三八三頁）として、『豊後国風土記』・『肥前国風土記』を『筑前国風土記』とはべつに扱うべきだと主張している。

しかしながら、『筑後国風土記』や『肥後国風土記』の逸文（五〇九・五一七頁）の文体・用字を、『豊後国風土記』や『肥前国風土記』のそれと比較してみればあきらかなように、甲類には、一定の方針のもとに（おそらくは大宰府において）一括して編纂されたとみるべき共通点が認められるので、(7) これらは、やはり、同時に編まれたとみるべきであろう。

ちなみにいうと、田中氏が、甲類——田中氏の立場に立てば、そのなかの『筑前国風土記』——の成立年代をおさえる根拠とした『筑前国風土記』逸文の「高麗国意呂山」については、徳永春夫「九州風土記（甲類）の平安中期撰述への一批判」（『熊本史學』一一、昭和三十二年四月）という批判がある。これによれば、「筑前国風土記逸文の意呂山は蔚山でなく、高麗国も王氏高麗でな」く、「かの風土記逸文を唯一の証拠として、九州風土記甲類撰述を平安中期の延喜十八年以降に引き下げられた田中卓氏の説は、明らかに成立しない」（二七～二八頁）という。(8)

さて、以上はもっぱら甲類についてだが、いっぽうの乙類についても、田中氏の提説には検討の餘地がある。たとえば、氏が、乙類成立の上限とした『筑前国風土記』の逸文であるが、はたして原文に忠実な引用であるかどうかは、はなはだ疑問が残る（坂本氏③「日本書紀と九州地方の風土記」〈前掲〉一一四頁参照）。

また、このほかにも、上限を知る目安として、田中氏は、天平初年に大宰府において、大宰帥の大伴旅人や筑前国司の山上憶良が乙類風土記を披見していなかったと思われることをあげている。しかし、たとえば、坂本氏などは、乙類と『萬葉集』巻五に引かれた鎮懐石に関する伝承との比較から、乙類は天平元年（七二九）の末頃にはすでに成立しており、『萬葉集』の歌の作者は、それをみていたのではないかと推測しているのであって（③「日本書紀と九州地方の風土記」〈前掲〉一一二～一一三頁）、これが事実とすると、憶良や旅人が乙類をみていなかったとは断言できなくなる。

なにより、こうした田中氏の説は、「当時もし乙類が撰述せられてゐたならば、大宰帥或いは筑前守たる官人として、歌〔『萬葉集』巻五の八一三・八一四〕の作者は当然乙類の文章を引用したであらう」（①「九州風土記の成立」〈前掲〉二二六頁、〔　〕内は荊木）という不確実な前提に立っての話なので、それほど説得力があるとは思えないのである（なお、この点については、森田悌「書評　田中卓著『古典籍と史料』」『古代文化』四七―二〈平成七年二月〉五六頁にも、同様のコメントがみえている）。

つぎに、下限のほうだが、こちらも問題がある。さきにもみたように、田中氏は、乙類成立の下限を天平宝字年間（七五七～七六四）とみる理由として、

①乙類に『日本書紀』を参照したあとがみえない。

②乙類は、漢風諡号をもちいていないので、漢風諡号のいっせいに撰進がおこなわれたとみられる天平宝字七八年（七六三～七六四）を下限とすることができる。

③乙類にみえる郡名の特殊な用字は、名称が公式に一定したあとではみだりに使用することはできないであろうから、その制定を天平ないし天平宝字年間（七五七～七六四）とすると、乙類の撰進はそれ以前のことと考えられる。

という三点をあげているが、いずれも、年代を決定する有効な指標とはなりえないと思う。③はやや有効かとも思われるが、それでも、漠然と天平宝字年間（七五七～七六四）以前の時期をおさえるにとどまる。

乙類については、前述のように、西海道節度使藤原宇合の関与を想定する秋本氏の説があるが、これにしたがえば、その成立年代を宇合の着任した天平四年（七三二）八月以降とおさえることが可能である。秋本氏のほかにも、井上辰雄「『常陸国風土記』編纂と藤原氏」（同氏編『古代中世の政治と地域社会』〈雄山閣出版、昭和六十一年九月〉所収）な

ど、『常陸国風土記』と『肥前国風土記』が、宇合の関与のもとにまとめられた」（四七頁）ことを積極的に立証しようとした研究もある。

しかしながら、わずかな逸文との比較から、そこまで断定できるかどうかはいささか疑問である。『常陸国風土記』と『肥前国風土記』は似ていると思われる点もある。しかし、たとえば、『常陸国風土記』が方位を東西南北とするのに対し、『肥前国風土記』は乾坤巽艮とするなど、ことなる点も多々存在するのである。

この点については、はやく倉野憲司氏が、「兎も角撰者についての確證はないから、宇合にしても虫麿にしても推測の域を脱しないのである」（『日本文学史』第三巻〈前掲〉二一六頁）と指摘している。また、松本清張『私説古風土記』（平凡社、昭和五十二年十二月、のち『松本清張全集』第五十五巻〈文藝春秋社、昭和五十九年四月〉所収）も、『常陸国風土記』や『肥前国風土記』の編纂に藤原宇合なり高橋虫麻呂が関与したとする説が、「たんなる想像説であって根拠はない」（三一九頁）と主張している。

なお、すでに紹介したように、田中氏は、①「九州風土記の成立」（前掲）において、『肥前国風土記』の逸文（乙類）・『肥前国風土記』（甲類）・『日本書紀』（宣化天皇紀）の比較から、「甲類は、日本紀より天皇の御謚号、狭手彦の用字、「兼（加）救（ナシ）百済国」の句などを採用し、それ以外は悉く乙類によつて文を成した」（二二〇頁）とする。こうした結論は、甲類の成立年代を乙類のそれよりもさきにおく、氏の修正説とは矛盾するものであるが、氏は、こうした点についても、旧説を撤回するつもりなのであろうか。筆者としては、甲類が乙類を材料としているとする考えにはなお捨てがたいものがあると思うので、この点について、田中氏のくわしい考えを拝聴したいところである。

さて、このようにみていくと、九州地方の風土記の正確な成立年代を知ることは、やはりそうとうむつかしいのであって、いまのところ、わずかに、

①甲類は『日本書紀』を参照している。

②したがって、甲類の成立は、『日本書紀』の完成した養老四年（七二〇）以降のことである。

③郷里制にもとづく地名表記に重きをおくならば、天平十二年（七四〇）ごろを下限としている。

という点を指摘するにとどまる。

乙類と『日本書紀』が直接の関係をもたないことは、いちおう現存の逸文から確認できるが、これも、知られる逸文がかぎられているため、確実ではない。

また、乙類の成立年代についても決め手を欠くが、乙類が甲類に先行するという推定が正鵠を射たものだとすれば、甲類の成立時期とのかかわりから、乙類は、撰進の通達が出てからあまり時をおかずに撰進されていたのではないかとの推測が成り立つ。

このことを傍証するものに、乙類のもつ「筑紫風土記」という呼称がある。坂本氏は、③「風土記と日本書紀」（前掲）のなかで、「九州を総称した筑紫が他の諸国に対して一国に准ずるものと観念せられたことは古い慣行である」ことを実例をあげて示しつつ、「筑紫風土記の名を負った風土記が各国別々の名を負った風土記よりも古い」（二四頁）ことを指摘している。

これは、ひじょうに注目すべき見解であって、最近、関和彦氏なども、この坂本氏の説を受け、『筑紫風土記』の撰進の明確な年代は判定できないが、和銅六（七一三）年の『風土記』撰進の命から近い時期であろう」（「九州『風

土記』と『日本書紀』」古橋信孝・三浦佑之・森朝男編集『古代文学講座10　古事記　日本書紀　風土記』〈勉誠社、平成七年四月〉所収、二五三頁）とのべている。[9] 乙類の撰進時期については、じつは筆者も、これらの諸氏とだいたいおなじような見解をもっている。

　かつて、村尾次郎氏は、「出雲国風土記の勘造と節度使」（前掲）のなかで、「律令行政がもっとも活動力を示した奈良初期の状態に於いて、いやしくも太政官制が発布されながら、下級機関がその実行をずるずると引き延ばし、諸国の風土記が長年月にわたつて閑散に提出されたといふことも、納得のゆかない」（五〇六頁）とのべた。なるほど、いわれてみれば、『常陸国風土記』や『播磨国風土記』のように、風土記撰進の命令から、それほどときを隔てずして提出されたとみられる風土記も存在しているわけだから、乙類も、そうした、はやい時期に撰進された風土記の一つとみることは不可能ではないと思う。

　もっとも、乙類先行説については、近年国語・国文研究者から異論が提出されている。たとえば、神野富一氏は、三者の表記・用語などの比較から、(一)甲類がさきに出来、それをもとに乙類が書かれ、(二)甲類は『日本書紀』に学び、乙類は直接『日本書紀』をみていない、とし（「帔搖岑」上代文献を読む会編『風土記逸文注釈』〈翰林書房、平成十三年二月〉所収、七〇九～七一二頁）、また、瀬間正之氏も、文字表現の点から甲類→乙類を推測する（「『豊後国風土記』・『肥前国風土記』の文字表現」『上智大学国文学科紀要』二二、平成十五年三月・「西海道乙類風土記の文字表現」『上智大学国文学科紀要』二四、平成十九年一月）。それでは、国語・国文関係者が揃って甲類先行を唱えているのかというと、かならずしもそうではない。廣岡義隆氏のように、その文体から乙類先行を妥当とし、和銅六年（七一三）の編纂の命令を受け、ほどなく提出されたものとみる研究者もいるのであって（「乙類風土記から甲類風土記へ―九州風土記逸文寸考―」菅野雅雄博士喜寿記念論集刊行会編『菅野雅雄博士喜寿記念　記紀・風土記論究』〈おうふう、平成二十一年三月〉所収、なお、この論文は廣岡氏のご厚意により、発表前に拝読した）、少ない史料を駆使しての考察だけに容易に決着をみないのが、現状である。

このように、甲類・乙類の先後関係については依然として不明な点が残されたままだが、九州地方において風土記が二度編纂されたことは、動かしがたい事実である。ならば、どうして、二度も風土記が撰進されたのであろうか。最後に、この問題について、ふれておく必要があろう。

坂本氏は、九州地方の風土記が二度にわたって編纂されたことについて、つぎのようにのべている。

九州の諸国では一おう各国から国内の産物や土地の名前の所由などを記した報告書が大宰府に提出せられたのではあるまいか。大宰府はそれにもとづいて、諸国の風土記を作製したのであるが、その体裁や文章についていろいろの意見があり、何度も稿をかえたのではあるまいか。乙類はその早い頃の一稿本であり、甲類はかなりのちの稿本であったのではあるまいか。甲乙二類は中央に申達せられたのでのちに残ったが、その外にも大宰府にとめおかれた稿本があったのではあるまいか。（③「日本書紀と九州地方の風土記」〔前掲〕一一五頁）

さきにものべたように、坂本氏は、乙類が甲類に先行するとみているから、この点について異論を唱える研究者からすれば、右のような推測は承服しがたいかも知れない。

しかし、どちらが先行するにしても、はじめに編纂されたほうの風土記になんらかの不備や不満が存したからこそ、ふたたび編纂が企てられたのではないだろうか。『出雲国風土記』なども、現存本を再撰本とみる説が有力だから、二度編まれたのは、なにも西海道だけではないかも知れない。しかし、西海道の風土記は、はじめに提出したものに補訂を加えて再提出したというようなものではなく、いわば全面的な改訂だから、『出雲国風土記』の場合とはいささか事情がことなる。

これを九州地方の特殊性ということばで片付けるのはかんたんだが、そこには、やはり、なんらかの理由がなければならない。さきに紹介した、風土記の編纂を西海道節度使の派遣と結びつけて理解しようとする説も、その是非はともかく、二度にわたる風土記の編纂を、当時の社会情勢とのかかわりでとらえようとする着眼は高く評価できる。

この点については、筆者にも妙案はないが、近年、中国の隋・唐代の地誌（図経・図副）を研究する過程で、唐では三年とか五年に一度の割合で、定期的に図経の提出を地方の役所に義務づけていることを知った。すなわち、『唐六典』尚書兵部巻第五、職方郎中条には、

凡地図委州府。三年一造。与板籍偕上省。

とあり、地方の図経は「三年一造」が義務化されていたことがわかる。あるいは、開元七年（七一九）・同二十五年（七三七）の公式令には、右の『唐六典』の記載に相当する条文が存在したのかも知れない。

この「三年一造」の制は、『唐会要』巻五十九、尚書兵部職方員外郎条に、

建中元年十一月二十九日。請〔諸〕州図毎三年一送職方。今改五年一造送。如州縣有創造及山河改移。即不在五年之限。後復故。

とあることから、建中元年（七八〇）に「五年一造」に改められ、のちに旧に復したことが知られる。『新唐書』巻四十六、志三十六、百官一、兵部職方郎中員外郎条が、さきに引用した記事につづけて、

凡図経。非州県増廃。五年乃修。歳与版籍偕上。

としるすのは、改正後の制度をしるしたものである。

たしかに、地理的情報などは刻一刻とかわっていくので、何年か経てば新しい地誌が需められるはずで、隋や唐の時代の中央政府が定期的に地方志の提出を命じたことも頷ける。それゆえ、日本でも、和銅六年（七一三）の通

達以後、ふたたび風土記の提出がもとめられたとしても、けっして不思議ではない。げんに、延長三年（九二五）に風土記の再提出の要請があったことは、よく知られている（このときの風土記提出は、『延喜式』編纂の資料とするのが、大きな目的だったようである）。

奈良時代の基本史料である『続日本紀』の前半二十巻は、もともと三十巻だったものを圧縮したものだが、そうした圧搾の結果、重要な法令が洩れているところも少なくない。したがって、ことによると、西海道に対する風土記再提出の要請をしるした記事が、『続日本紀』には缺落しているかも知れない。そのように考えていくと、九州地方の風土記については、いろいろな推測が成り立つのであって、今後もいろいろな可能性を想定しつつ、この課題に取り組むべきではないかと思う。

風土記の研究は、その研究史が示すように、史学・文学・国語学などの領域にまたがるものである。近年、各方面の研究者による情報交換や討論が盛んになっているのを眼のあたりにして心強く感じるが、その傾向がさらに進んで、従来難問とされてきた問題が解決する日の近いことを祈念しつつ、拙い筆を擱く。

〔補註〕

（1）本文中でも、すこしふれているように、乙類については、『釈日本紀』に三箇所、「筑紫風土記曰」として引用される逸文が存在することから、あるいは「筑紫風土記」という総称をもって呼ばれたのかも知れない。

（2）ただし、小島氏が、景行天皇紀によったとみる「端正」・「国色」といった熟字について、坂本氏は、本文中に紹介した「日本書紀と九州地方の風土記」（前掲）において、「漢文に達した乙類記者としては書紀によらなくても、十分に使いこなせたのではないかと私は考える」（一一五頁）とのべるが、筆者もそう思う。

(3) ここでは、検索の便宜を考え、著作集・論文集などに再録された論文については、そちらの頁数をしるしている。

(4) この点については、田中卓「出雲国風土記の成立」（平泉澄監修『出雲国風土記の研究』〈出雲大社御遷宮奉賛会、昭和二十八年七月〉、のち『田中卓著作集』第八巻〈国書刊行会、昭和六十三年〉所収）三八三～三八四頁参照。なお、田中氏は、その後、近刊の『神道大系　古典編七　風土記』（神道大系編纂会、平成六年三月）の「解題」でも、繰り返し、『肥前国風土記』・『豊後国風土記』の成立年代を「天平五年前後」、乙類を「天平宝字年間」としている（「解題」八頁）。

(5) 秋本氏の所説については、べつに、拙稿「九州風土記の編述について」『史料』一三三、平成六年十月、のち「九州地方の風土記について（二）」と改題して拙著『古代史研究と古典籍』〈皇學館大学出版部、平成八年九月〉所収、において紹介しているので、参照されたい。

(6) 以下に風土記の記事を引用する場合、読者の閲覧の便宜を考え、秋本吉郎校注『風土記』（岩波書店、昭和三十三年四月）により、引用文の末尾に日本古典文学大系本の頁数をしるすことにする。

(7) 書式の統一としては、「豊後国は、本、豊前国と合はせて一国たりき」などといった冒頭の記載や、「在郡西」などの割註、天皇の和風諡号の用字、などがあげられる。

なお、『釈日本紀』所引の『肥後国風土記』総説の逸文が、基本的に他の九州地方の甲類風土記と一致するにもかかわらず、細部でことなる点（たとえば、天皇名に漢風諡号をもちいている点）をふくむことについては、井上通泰氏がいうように、「後人が肥前風土記の総説を改竄して各説に附加したる」（『西海道風土記逸文新考』〈前掲〉一四八頁）ものかも知れないが、おそらく『釈日本紀』の利用したテキストが、すでにもとの表現や用字をあらためていたのであろう。

(8) 田中氏は、甲類全体を延長の再撰とする説を撤回したので、このうえ、旧説を取り上げて批判すべきではないが、この旧説に関聯して、上代仮名遣いの立場からひとことつけくわえておくと、『肥前国風土記』では万葉假名で書きあらわす際、甲類の「と」と乙類の「と」などをちがう漢字で書き分けているので、基本的に奈良時代の文献とみてよい〈安本美典『吉野ヶ里『楼観」からの報告』〈毎日新聞社、平成元年十一月〉四一頁〉。なお、この点については、白藤禮幸『奈良時代の国語』〈東京堂出版、昭和六十二年五月〉にも、「風土記歌謡については、丹後・肥前・伊勢の逸文を含めて、大概正しい」〈一一〇頁〉とのべられている。

（9）西海道における令制国の成立については、早川庄八「律令制の形成」〈『岩波講座日本歴史』第二巻古代2〈岩波書店、昭和五十年十月〉所収、のち早川氏『天皇と古代国家』〈講談社、平成十二年二月〉所収、〉九〇～九二頁を参照。

〔附記〕

小論は、平成二十年九月六日に別府大学において開催された風土記研究会のシンポジウム「九州風土記を考える」における基調報告の原稿をもとに組稿したものである。シンポジウムでは、司会の橋本雅之先生、パネリストの多田一臣・荻原千鶴両先生、事務局の飯泉健司先生をはじめとする参加者のかたがたから有意義な指摘を数多く受けたが、小論ではじゅうぶん活かすことができなかった。諸先生には、当日のご助言のお礼を申し上げるとともに、この点をお詫びしたい。

第七章　百園花園文庫の風土記関係史料について

―敷田年治の風土記研究・追考―

はじめに

筆者は、過去に国学者敷田年治翁の風土記研究について、①「敷田年治『標注播磨風土記』について―解題及び風土記本文と頭注の翻刻―」（『皇學館大学文学部紀要』三九、平成十二年十二月、のち荊木『風土記逸文の文献学的研究』〈学校法人皇學館出版部、平成十四年三月〉所収）・②「敷田年治の風土記研究」（『神道史研究』四九―四、神道史学会発行、平成十三年十月、のち荊木『風土記研究の諸問題』〈国書刊行会、平成二十一年三月〉所収）・③「敷田年治著『風土記考』について―全文の翻刻と解題―」（『皇學館大学史料編纂所報　史料』一八二、皇學館大学史料編纂所発行、平成十四年十二月、前掲書所収）などの論考を公けにしたことがある。

筆者が、敷田年治に興味を抱くようになったのは、平成十四年一月二十三日に勤務先の皇學館大学史料編纂所が主催して「敷田年治百年祭」を挙行したことによる（この式典については、拙稿「資料紹介　敷田年治翁三十年祭について」〈『皇學館大学史料編纂所報　史料』一八六、平成十五年八月〉でふれたので、詳しくはそちらを参照していただきたい）。式典の前後、敷田年治ゆかりの品々を皇學館大学史料編纂所の整理室（いまの筆者の研究室）で展示したが、その展示解説の執筆のため、神宮文庫に所蔵される翁の自筆原稿を調査していて、『風土記考』などを発見した。これが、翁の風土記研究に興味をもつ契機であった。

神宮文庫には、昭和三十五年（一九六〇）に敷田年治のご遺族から寄贈された旧蔵書や自筆稿本等が所蔵され、翁の号に因んで百園文庫と称されていることは関係者のあいだでは知られていたが、調査・整理が進まず、近年まで未公開のままであった。その結果、当然のことながら、神宮文庫から刊行されている同文庫の目録の類にも、書目が掲載されることはなかった。

筆者も、平成十三四年ごろの調査では、角正方編輯『桃垣葉』下巻（敷田年継、昭和七年一月）に掲載された角氏編纂にかかる「敷田年治先生著書目録」（これには、翁の著作は百七十二冊（自筆原稿本・索引百九冊、刊行本五十三冊）と補遺三冊が載せられている）や『標注播磨風土記』下巻巻末の「百園敷田年治先生著述書目」をたより、必要に応じて、閲覧したい書物を文庫の職員のかたに出していただくだけで、文庫の全貌は把握できなかった。

ところが、最近になってようやく調査・整理が完了し、平成十八年五月には、部内資料ながらも、目録が完成し（敷田家寄贈の百園文庫と角家寄贈の花園文庫はほぼ一体となっていることから、資料は百園花園文庫として整理され、目録も『百園花園文庫目録』となっている）[1]、それをもとに窓口での請求・閲覧も可能になった。この目録によって、神宮文庫に現存する翁関係の資料の全容が知られるようになったのはまことにありがたいことで、旧稿も、この目録にもとづく再調査によって補訂すべき点が多々ある。

最近、②・③の旧稿を、拙著『風土記研究の諸問題』（前掲）に再録する機会に恵まれたので、これを奇貨として旧稿の補訂も考えたが、部分的な加筆は、論旨の破綻を招く恐れもあるので、これらはほぼ旧稿のまま拙著に収録した。しかしながら、すでに目録が公開された現今、それにもとづく調査結果を報告することは、かつて翁の風土記研究について一文を草した筆者の責務でもあるので、ここにかんたんながら、最近の再調査の成果を紹介し、あわせて旧稿の不備を補うことにしたい。

一、敷田年治翁の略伝

はじめに、敷田年治翁の生涯についてかんたんに紹介しておく。

敷田年治翁は、文化十四年（一八一七）七月二十日、豊前国宇佐郡敷田村の八竜宮の社家に宮本包継主の子として生まれた。宮本家は八竜宮（二葉山神社）の社家をつとめる家柄であった。

翁は、幼少のころより国学の志があり、十五歳のとき家を出て、前後五年、諸国を流浪した。天保十年（一八三九）、二十二歳のとき、宇佐郡四日市町蛭児神社の神職吉松能登守の養子となり、仲治と改名。その後、年治と改名し、帆足萬里の塾に入門したが、萬里は嘉永五年（一八五二）に歿しているので、彼の教えをうけた期間はそれほど長くはなかったと思われる。

嘉永六年（一八五三）、三十七歳のおりに江戸に遊学し、大次郎と改名、旗本の家来となり、勤務のかたわら、著述に精励したといい、鈴木重胤・黒川春村らとも交遊をもった。文久三年（一八六三）には幕命により、和学講談所の教官となり、国文を講じた。

やがて、慶応四年（一八六八）には大阪に転じ、大阪国学教習所の講師に迎えられるが、翁が江戸を離れて大阪に来たのは、和学講談所の教官という立場にありながら、勤王の志士と交わり、幕士の怒りを買ったためだという。明治二年（一八六九）、佐土原藩主島津忠寛の招きに応じて藩の教授となり、道修町の藩校において皇典を教授したが、同五年（一八七二）、河内国門真村に隠棲して著述に励んだ。

その後、同十四年（一八八一）に至り、神宮祭主久邇宮朝彦親王の招きに応じ、伊勢の神宮教院本教館に奉職、同館閉鎖後の翌十五年（一八八二）、皇學館の創立にあたって教頭として活躍したが、同十六年（一八八三）病を得て河内国に戻った。そして、同二十一年（一八八八）には大阪北堀江の地に百園塾を開き、国典を講じ、同三十五年（一九〇二）一月三十日に八十六歳で歿するまでのあいだ教育と著述に励み、多数の著作を残した。

角正方氏は、百園花園文庫所蔵の『百園塾入学姓名録』(2)（整理番号三五二）(3)に「同（明治）十八年十二月　角正方」（一一ウ）とあるように、翁が伊勢から河内に戻ってのちの門人である。氏は、のちに豊国神社に奉仕し、みずからも『府社豊国神社社記』（豊国神社社務所、昭和十四年七月）などを著している。翁の歿後、おもにその蔵書や著作を整理にあたったのは、この人であり、敷田年治の遺稿集ともいうべき『桃垣葉』上下（前掲）の編輯・刊行は角氏の尽力に負うところが大きい。

なお、翁の墓は、大阪市阿倍野区の阿倍野墓地にあり、百園塾のあった上本町五丁目には百園塾跡の記念碑が建てられている。(4)

二、百園花園文庫について

つぎに、神宮文庫所蔵の百園花園文庫の概要を紹介しておく。

『百園花園文庫目録』の「凡例」によれば、和書が資料点数一千百十二件（五千九百二十五点）で、洋書（洋装本）が三百件（九百九点）に及ぶ。目録は、和書・洋書にわけて分類・整理されている。神宮文庫所蔵の資料には図書番号が附されているが、百園花園文庫の図書番号は、一括して十一門四四七九号であり、個々の書目にはべつに整理番号が、和書と洋書にわけて附されている。

和書は、敷田年治とその門人角氏の蔵書をあわせたものだが、洋書のほうは、おおむね角氏の蔵書、すなわち花園文庫の所蔵にかかるものとみてよいであろう。洋書には、敷田年治生前の刊行年月をもつものもわずかながら存在するが、他はいずれも翁の歿後に刊行されたもので、角氏が蒐めたものであることはあきらかである。なお、洋書は、大正・昭和のものが多く、昭和十七年三月刊行のものがもっとも新しく、その後の書籍は見出せない。

つぎに、百園花園文庫が神宮文庫に寄贈された経緯であるが、寄贈後半世紀も経過しており、関係者で当時のことを知る人は皆無である。しかしながら、さいわいなことに、神宮司庁で発行する『瑞垣』五三号（神宮司庁、昭和三十六年五月）五二頁に、

百園文庫・花園文庫蔵書七千余冊

角善敏氏より神宮へ献納

という見出しのもとに、受け入れのことをのべた記事（無記名）が掲げられている。短文なので、その全文を転載しておく。

今般、大阪府三島郡三島町の豊国神社宮司角善敏氏より、同氏所蔵の百園文庫・花園文庫蔵書等七千三百五十余冊を、神宮に献納せられ、神宮文庫にて、整理のうえ保存することになった。本文庫に、一段と光彩をそえることとなり、喜ばしいことである。山積みされた献納図書の整理に忙殺せられ、嬉しい悲鳴をあげている。

この百園文庫と称せられる蔵書は、もとは、幕末から明治にかけての国学者、敷田年治翁（一八一七―一九〇二）のかかれた風俗記・辞書などで、年治翁の号、百園によって、斯文庫の名が出たわけである。当時の言

語、風俗を学ぶ上に、貴重な資料である。

　敷田年治翁は、和漢の学に精通し、幕末期に、江戸の和学講談所や大阪の国学教習所の教師などをつとめ、晩年は、大阪で私塾を開いて、国学の振興をはかった（ママ）。また明治十四年、神宮祭主久邇宮朝彦親王のお招きをうけて、神宮教院の学頭となり、また神宮皇学館の創設につくした。仮名沿革音韻（ママ）啓蒙、風土記考、諸国国造考など数多くの言語・風俗に関する著書を残しているが、年治翁の学を継ぐ愛弟子角正方氏（善敏氏尊父）に、翁が譲られたものである。角正方氏は、自分の著書、蔵書、花園文庫とともに、大切に保管しておられたが、保管の万全を期し、また国学界にも広く貢献する目的で、翁のゆかりの地である神宮に献納されることになったものである。

　五月二十八日、内宮神楽殿にて、角善敏氏はじめ一族の方々の参列を得て、おごそかに献納奉告式が執り行われた。（五二頁）

　この記述によって、㈠百園花園文庫は、角正方氏の令息善敏氏の手で献納されたもので、㈡百園文庫は、正方氏が、敷田年治の生前に直接翁から譲渡されたものである、といったことが判明する。『百園花園文庫目録』「凡例」の「敷田家寄贈の百園文庫、角家寄贈の花園文庫」云々という記述からは、両家が別々に寄贈したようにも受け取れるのだが、『瑞垣』の記事によるかぎり、直接には角正方氏の遺族から寄贈されたとみるべきであろう。

　なお、同誌巻末の「神宮文庫日誌」五九～六〇頁にも、受け入れにかかわる記載がある。右の記事ともかかわるので、以下に抜萃しておく。

二月九日　百園・花園文庫蔵書一括、神宮文庫に献納、トラック便にて着荷

二月十四日　献納の百園・花園文庫蔵書を視察のため田中少宮司来庫

三月九日　百園・花園文庫図書整理のため献納者、角善敏氏来庫
五月二十八日　大阪豊国神社宮司角善敏氏同家族参列のもと、内宮神楽殿にて、百園・花園文庫蔵書献納奉告式を挙行

右の「日誌」の日附はいずれも、昭和三十五年のものである。

三、風土記関係の著作

ここで、旧稿②で紹介した、敷田年治の風土記関係の著作について、かんたんに繰り返しておく。角正方編輯『桃垣葉』下巻（前掲）には、角氏が編纂した「敷田年治先生著書目録」が転載されており、これには、翁の著作は百七十二冊（自筆原稿本・索引百九冊、刊行本五十三冊）と補遺三冊が載せられている。[5] 筆者が調査したところでは、この目録にみえる翁の著作、またはその原稿の多くは、百園花園文庫に収められているが、このなかには、風土記に関する研究、風土記を駆使した著作が少なからずふくまれている。

いま、翁の風土記関係の著作としては、以下の四点をあげることができる。

①『風土記考』（整理番号九九八）

全一巻。諸国風土記の編纂の経緯や成立時期について考証したもので、短篇ながら、明快な見解が開陳されているが、未定稿である。本書は、現在の学界の研究水準からすれば、不備な点も少なくないが、風土記の撰進に関する二度の通達の関係を的確におさえ、それをもとに五風土記（ただし、『常陸国風土記』についてはコメントがないが、翁が同書

を披瀝していたことはまちがいない）だけでなく、風土記逸文についても、その成立時期を推定した考証は、本書以前に例がない。なお、本書の全文は、拙稿③で飜刻したので参照されたい。

②『佚史』（整理番号六八一）

全四巻。風土記・『新撰姓氏録』などの古典から適宜記事を抜萃し、神代、さらには歴代天皇順に排列したもので、書名のとおり、『日本書紀』・『続日本紀』の闕を補う。第一巻冒頭に掲げた「引證書目」に、山城・大和・伊賀・伊勢・尾張・駿河・伊豆・上総・常陸・越後・丹後・丹波・因幡・伯耆・出雲・石見・播磨・備前・備中・備後・美作・阿波・伊豫・土佐・筑前・筑後・豊前・豊後・肥前・肥後・日向・大隅・筑紫の風土記と、因幡記・肥後志があげられていることからもわかるように、風土記および風土記逸文からの引用が多数を占める。とくに、風土記逸文を数多く収載している点で、一種の風土記逸文集成と評価できる。

③『諸国雑纂』（整理番号九六一）

全六巻。古典にみえる諸国の地名や地名に関連する人名を国別に類聚し、出典を注記した索引。もともと順不同で書き抜きしておいた紙を、のちに一項目づつ切断し、さらに五十音に排列して綴り合わせ、適当な長さで一丁として袋綴じにしたもの。本書では、第二巻に『常陸国風土記』にみえる地名が、第四巻には『出雲国風土記』にみえる地名が、第五巻には『播磨国風土記』にみえる地名が、第六巻には『豊後国風土記』・『肥前国風土記』にみえる地名が、それぞれ多数採られているほか、風土記逸文にみえる地名も収録されており、さながら風土記地名索引の様相を呈している。

④『標注播磨風土記』（整理番号九九五）

『標注播磨風土記』は、翁の風土記関係の著作で唯一公刊されたもので、その全文は、旧稿①に翻刻した。本書は上下二巻からなり、上巻は賀古郡の途中から揖保郡の終わりまでの風土記本文とその注釈を、下巻は佐用郡から美嚢郡に至る風土記本文とその注釈を、それぞれ収録し、下巻の巻末には、『釈日本紀』所載の『播磨国風土記』逸文二条の原文・注釈と、注釈の追補を附す。戦前、『播磨国風土記』の注釈書として世に出たものは、本書と井上通泰氏『播磨国風土記新考』（大岡山書店、昭和六年五月、のち昭和四十八年七月に臨川書店から復刻）を数えるに過ぎないが、ともに『播磨国風土記』の研究において後学を裨益した、有益な注釈書であった。

四、『標注播磨風土記』の自筆草稿

さきにのべたとおり、筆者は、あらかじめ、著作目録などで当たりをつけた風土記関係の著作を神宮文庫職員のかたに依頼して捜索していただくかたちをとったので、その時点では、百園花園文庫の全貌はわからなかった。しかし、近年公開された『百園花園文庫目録』を通覧すると、ほかにも翁の風土記研究について考察するうえで、重要と思われる資料がいくつか存在することに気がついた。

そこで、以下、目録にもとづく再調査の結果を略述したいが、『百園花園文庫目録』でもっとも筆者の興味をひいたのは、『標注播磨風土記』の自筆草稿の存在である。

『百園花園文庫目録』によれば、「標注播磨風土記上巻（断簡）」（整理番号九九六）・「標注播磨風土記草稿本」（整理

番号九九七）という二つの『標注播磨風土記』草稿が存在するが、概要は、以下のとおりである。

(a)「標注播磨風土記上巻（断簡）」

整理番号九九六。一冊。縦二五・七㌢×横一八・〇㌢。遊紙一丁、本文十六丁。風土記本文と標注をしるす枠と版心を刷った用紙を利用。風土記本文を十六字×八行で写し、当該箇所の標注をその上の枠内に書き込む体裁は、刊行された『標注播磨風土記』とおなじである。一丁オの冒頭にはもと、

播磨風土記　　　　敷田年治著

とあった上に貼り紙して、

標注播磨風土記　　　　敷田年治著
　　　　　　　　　　　　　註

と訂正している。

標注は、細字で書いた別紙に書いたものを貼附しており、その内容・体裁は刊本におなじである。ところどころ青筆で加筆・訂正を施した部分があり、そのなかには組版に際しての原稿指定もふくまれており、刊本と照合するに、おそらくは刊本のもとになった原稿かと思われる。

ただし、本書は、賀古郡から揖保郡までの記述であって、刊本の上巻部分の原稿にあたる。『百園花園文庫目録』が「断簡」と称しているのも、そのためであろう。

(b)「標注播磨風土記草稿本」

整理番号九九七。一冊。縦二七・〇㌢×横一八・二㌢。内題一丁、遊紙一丁、本文五十二丁、遊丁一丁。表紙に

は、「標注播磨風土記草稿本　全」とあり、内題には「標注播磨風土記　全」とある。版心と枠をあらかじめ刷った用紙をもちいていることは、さきの「標注播磨風土記上巻（断簡）」と同様である（ただし、用紙の体裁はおなじだが、「標注播磨風土記上巻（断簡）」に使用したものとは微妙にことなる）。風土記本文を十六字×八行で書写し、当該箇所の標注をその上の枠内に書き込む体裁は「標注播磨風土記上巻（断簡）」とおなじだが、こちらは本文のみで、標注部分はほとんど空欄のままである。そのかわり、標注の枠の上欄に細字の書き入れが夥しく存在する。そのなかには、朱墨で抹消したものも少なくない。

標注部分に別紙を貼附してしるした注釈のなかには、そのまま(a)「標注播磨風土記上巻（断簡）」（整理番号九九六）に採用されているものもあるが、分量的にはきわめて少なく、全体として(a)「標注播磨風土記上巻（断簡）」（整理番号九九六）の下書きとの印象が強い。

以上、二種の草稿によって、『標注播磨風土記』の執筆・刊行のプロセスがわかるのは、きわめて興味深いことである。餘談だが、百園文庫には、ほかに、翁の代表的著作である『日本紀標注』の稿本も存在している。それは、『百園花園文庫目録』に「日本記（ママ）標注草稿本」（整理番号七五四）二十六冊とあるもので、『標注播磨風土記』の草稿とともに、翁の著作活動をうかがう貴重な資料である。

五、風土記関係の蔵書をめぐって

ところで、『百園花園文庫目録』でいま一つ筆者が期待したのは、所蔵書目の調査によって、翁がいかなる風土記を所持していたかを解明できるかも知れないという点であった。

いま、目録をもとに、筆者が調査した結果を示すと、諸国風土記はつぎのとおりである。

①整理番号三一三　　山城国風土記（写本）　　一冊※

目録に「山城国風土記馬見嶺神社旧記（全）」とみえるもの。ただし、中身は、『山城国風土記』十三丁・『馬見嶺神社旧記』二十二丁・『河内国西琳寺金銅弥陀仏光銘』一丁からなる。『山城国風土記』は、『釈日本紀』その他に引かれる「賀茂の社」と呼ばれる有名な逸文の校訂本と注釈。巻頭に、「逸文　校異　重胤輯」とあり、鈴木重胤がまとめたもの。鈴木重胤の風土記研究においても貴重な資料である。

②整理番号九三六　　和泉国風土記（写本）　　一冊※

一丁オに「兼葭堂蔵書印」があり、木村兼葭堂の旧蔵書であったことが知られる。冒頭に「日本惣国風土記第四和泉国」とある。大鳥・和泉の二郡の記載がある。

③整理番号九三七　　訂正出雲風土記（刊本）　上下二冊※

江戸時代に流布した刊本。

④整理番号九三八　　伊勢国風土記（写本）　　一冊※

題箋に「伊勢」の右傍に朱筆で「延長」としるす。中身は、員弁・安濃二郡の記載であり、いわゆる総国風土記のたぐいである。

⑤整理番号九五五　　佐渡風土記（写本）　　乾坤二冊※

文中に「享保六年」などの記載もあり、あきらかな近世の地誌。

⑥整理番号九七四　　丹後土記（写本）　　一冊※

「風」の字を逸するが、一般に『丹後国風土記残缺』として知られる偽書。
⑦整理番号九九一　播磨国風土記（刊本）　一冊
大正十一年七月に藤本政治氏の発行した活字本。非売品。かんたんな注釈を附す。
⑧整理番号九九二　仝
⑦とおなじもの。
⑨整理番号九九三　肥前風土記（刊本）　一冊※
荒木田久老校訂の刊本。
⑩整理番号九九九　豊後風土記（刊本）　一冊※
荒木田久老校訂の刊本。
⑪整理番号一〇〇三　山城風土記（刊本）　一冊※
目録には「山城風土記」とのみあるが、実際の表紙には「山城風土記」という題箋の左傍に朱筆で「伊勢、豊後」と小さく書入れがあるように、『伊勢国風土記』と『豊後国風土記』を併載。山城は、久世郡の残缺、伊勢は、桑名郡・員弁郡の分であり、いずれも後世のもので、『豊後国風土記』のみが古風土記。

これらのなかには、②・⑤・⑥のように、「風土記」の名を冠する後世の地誌や古風土記にみせかけた偽書もふくまれているが、その点についてはしばらく措くとして、百園花園文庫にこれだけの風土記があることが判明するのは重宝である。

ただ、これらをことごとく敷田年治の蔵書とみるのは、早計であろう。なぜなら、前述のように、現在、敷田年治関係資料として神宮文庫に所蔵されている書籍は、門人の角氏の花園文庫のそれと混在しているからである。

百園文庫・花園文庫が神宮文庫の所蔵に帰した経緯については、すでに詳しくのべたように、角氏は、敷田年治の草稿や蔵書を譲り受けてみずからの所蔵としていたので、百園文庫と花園文庫は、神宮文庫へ寄贈するまえから両者一体となっていた。したがって、「百園文庫印」がないものについては、敷田年治の蔵書かどうか判別しがたく、「花園文庫印」のみが押された書籍については、角氏が蒐集したものである可能性も考えられる。

右に紹介した①～⑪のうち、※を附したものは「花園文庫印」しかなく、こうした風土記関係の書籍で「百園文庫印」の存するものは皆無である。[6] むろん、「百園文庫印」がないからといって、敷田年治の蔵書でないという保証はなく、「花園文庫印」のみの書籍についても、角氏が敷田年治から譲り受けた可能性も考慮しておく必要がある。

ただ、筆者の調査では、これらの蔵書に敷田年治の筆にかかる書き入れ等は皆無なので、あるいは角氏が蒐めたものではないかとの印象を受ける。敷田年治の蔵書が角氏に譲渡されたことは事実にしても、百園文庫を一括して引き取ったわけではないと思うので、百園花園文庫の現状から、翁の風土記関係の蔵書の全貌をうかがうことはむつかしい。

ちなみにいうと、百園花園文庫には、「花園蔵書目録」（整理番号一〇五三）一冊がある。これは、その筆蹟からして、角氏が自身でまとめた蔵書目録であると考えられるが、その地理の部には、常陸風土記・壱岐風土記・伊勢風土記・駿河風土記（鼇頭に「已上群書類従」の注記あり）のほか、順に「伊勢風土記一冊」・「肥前風土記一冊」・「和泉風土記一冊」・「出雲風土記二冊」や「前橋風土記」・「端郡風土記」・「磐城風土記」といった風土記関係の書目がみえている。これらのなかには、さきにみた風土記関係の書籍と一致するものもあるが、百園花園文庫にはみえない書目も多く、花園文庫についても、神宮文庫所蔵の分が、そのすべてではないことが知られる。ただ、この目録の存在によって、角氏の蔵書の全貌をうかがうことができるのは貴重である。

おわりに

以上、旧稿の補訂を兼ねて、最近、神宮文庫の百園花園文庫を調査・点検した結果を報告してきた。これによってあきらかになったのは、㈠百園花園文庫には『標注播磨風土記』の二種の自筆原稿が保管されている、㈡文庫の現状からは敷田年治の風土記関係の蔵書の全貌をうかがうのは困難である、などの点である。

風土記関係資料については以上に尽きるが、蛇足を承知でのべておくと、百園花園文庫は、そのほかにも、敷田年治の著作活動などをうかがう貴重な資料が多数存在することは、注目してよい。

『日本紀標注』の自筆稿本二十六冊のことはさきにも少し言及したが、敷田年治には、ほかに『日本書紀新釈』と題する『日本書紀』の注釈が存する。同書の名は、翁の著作目録にもみえていたが、その原稿の一部が百園花園文庫に所蔵されており（整理番号七六八）[7]、こうした資料をたんねんに調査していけば、翁の古典研究がさらに深く理解できるのではないかと思う。今後、国学研究者がこれらの資料に注目して研究を進めてくださることを期待しつつ、蕪雑な小論を擱筆したい[8]。

〔補註〕

（1）本文中にものべたように、この目録は部内資料であって、近年刊行された神宮司廳編『神宮文庫所蔵 和書総目録』（戎光祥出版、平成十七年三月）にも、百園文庫所蔵の図書は掲載されていない。

（2）門真町史編纂委員会編『門真町史』（門真町役場、昭和三十七年三月）にも、この門人帳の全文が紹介されている。この門人帳は、管宗次『敷田年治研究』（和泉書院、平成十四年一月）でも取り上げられているが、管氏は、原本をみたのではなく、『門真町史』によっている。

（3）本文で後述するように、百園花園文庫の図書は、一括して十一門四四七九号という図書番号が与えられており、そのなかで書目ごとに整理番号がついているので、以下、文庫所蔵の図書についてはこれを注記する。

（4）以上の記述は、おもに高梨光司『敷田年治翁傳』（播仁文庫、大正十五年四月）によりつつ、『国学者伝記集成』続編（大日本図書株式会社、昭和九年六月、のち大川茂雄・南茂樹共編『国学者伝記集成』〈大日本図書株式会社、明治三十七年九月〉とあわせて三分冊で昭和五十三年九月に名著刊行会より復刊）三三三～三三四頁の「敷田年治」の項や日本古典文学大辞典編集委員会編『日本古典文学大辞典』第三巻（昭和五十九年四月）一六〇頁の「敷田年治」（肥田晧三氏執筆）など参照。ちなみに、敷田年治の研究として、足立信次『敷田年治―その学問と実践運動―』（足立博史、昭和六十三年七月）・管宗次『敷田年治研究』（前掲）があるほか、門真町史編纂委員会編『門真町史』（前掲）第十章「忘れえぬ人々」にも、敷田年治に関する詳細な記述があり、有益である。

（5）ただし、『標注播磨風土記』下巻の巻末には、「百園敷田年治先生著述書目」があり、敷田年治翁の五十五種の著作を掲げており、その欄外には「右の外に猶次ニ著し給へる草稿等の数多あなれど、其は訂正を加へ、清書成りて後に書き加ふべくなむ。明治二十年五月　門人等謹記」としるされている。

（6）念のためいうと、このうち、⑦・⑧の『播磨国風土記』は、大正十一年刊行のものなので、角氏がもとめたものであることは明白である。

（7）『百園花園文庫目録』に「敷田年治著日本書紀新釈」とあるもので、内題に「日本書紀新釈　一」とある。本文二十六丁の断簡で、「舎人親王之伝」にはじまり、神代巻上国生みの段の第一の一書の途中で終わっている。
（8）なお、これも蛇足ながら、百園花園文庫には、①「敷田年治先生卅年祭記念刊行　桃垣葉　原稿」上下（整理番号四九一）や②「敷田年治五十年祭芳名録」（整理番号一〇四一）・③「敷田年治先生五十年祭遺著展観目録」（整理番号一〇四二）・④「敷田年治先生卅年祭遺著遺墨展観目録」（整理番号一〇四三）・⑤「敷田年治先生年祭付記念刊行桃垣葉贈呈者姓名」（整理番号一〇四六）などの資料がある。このうち、③については、管氏も『敷田年治研究』（前掲）七八～八〇頁で全文をあげて紹介しているが、他はあまり知られていない。いずれも、敷田年治研究の貴重な材料である。

〔附記〕
百園花園文庫の調査にあたっては、神宮文庫嘱託職員（当時）の窪寺恭秀氏から種々ご教示を得た。末尾ながら、しるして謝意を表する次第である。

Ⅱ 古代史料とその研究

第一章　帝王系図と年代記

「系図一巻」への取り組み

筆者は、現在の勤務校に着任した平成四年ごろから、皇統譜や氏族系譜に関心を抱き、とりわけ、『日本書紀』の「系図一巻」については、その体裁・内容・散逸の理由などを取り上げた、複数の論文を公にしてきた。具体的には、①「古代天皇系図の世界」（拙著『古代天皇系図　神武天皇～桓武天皇』〈燃焼社、平成六年九月〉の附録）・②「『日本書紀』における皇統譜の缺落について」（『皇學館論叢』二七―二、平成六年四月）・③「『日本書紀』「系図一巻」の散逸について」（『日本歴史』五五七、平成六年十月、のち改稿して、拙著『古代史研究と古典籍』〈皇學館大学出版部、平成八年九月〉所収）・④「散逸した『日本書紀』「系図一巻」の謎」（『歴史読本』四三―九〈通巻六九七号〉、平成十年九月）・⑤「『日本書紀』「系図一巻」再論」（『金沢工業大学日本研究所　日本学研究』五、平成十四年六月、のち補訂を加えて、拙著『記紀と古代史料の研究』〈国書刊行会、平成二十年二月〉所収）、などがそれである。

起稿の時期としては、③がもっとも早かったように記憶しているが、溯れば、「系図一巻」について、はじめてその成果を公表したのは、平成五年六月六日に皇學館大学で開催された第三十九回神道史学会における研究発表で（題目は、「『日本書紀』「系図一巻」の散逸について」）、そのときの発表をもとに③を書いた。爾来、かなりの時間が経過したが、お恥ずかしいことに、皇統譜の研究は遅々として捗らない。ただ、それでも、すこしは進捗があり、それにともない、旧説をあらためた点のあったことも事実である。折々の変説は、自身の研究の未熟さを露呈しているようなもので、内心忸怩たるものがあるが、なにぶんにも史料の限られた問題だけに、假説を立ててはそれを史料で裏づけるということを繰り返してきた感がある。

小論では、これまでの「系図一巻」に関する筆者の考えを時系列に沿って示しつつ、最近まで考えたところを提示して識者のご批判を仰ぐ次第である。旧稿との重複もあるが、叙述の都合上やむを得ないところもあるので、あらかじめ、ご寛恕を乞う次第である。

「系図一巻」とはなにか

『日本書紀』は、『古事記』におくれること八年、養老四年（七二〇）五月、舎人親王が勅を奉じて撰進した歴史書であり、撰上のことは、『続日本紀』同年五月二十一日条に、

先レ是。一品舎人親王奉レ勅。修二日本紀一。至レ是成レ功奏上。紀卅巻。系図一巻。

とみえている。ここで注目されるのは、『日本書紀』には、書写や翻刻を経てほぼ全文が伝えられている三十巻の本文に加えて（ちなみに、この本文のことを「紀卅巻」と称しているのは、『日本書紀』本文が紀伝体でいう「本紀」にあたるものだったことを示す史料として注目すべきである）、べつに「系図一巻」が存在したことである。こんにち、『日本書紀』をみるひとの多くが、それを完本と信じているが、じつは、「系図一巻」を缺いたものである。

右の『日本書紀』撰上に関しては、弘仁十年（八一九）の年紀をもつ『弘仁私記』の序に、

清足姫天皇負扆之時。親王及安麻呂等。更撰二此日本書紀三十巻并帝王系図一巻一。今見在二図書寮及民間一。

という記事がみえている。これが、さきの『続日本紀』養老四年（七二〇）五月条に対応するものであることは疑いないが、ここで「系図一巻」が「帝王系図一巻」と言い換えられているのは注意すべきである。岩橋小彌太氏

は、二つの記事の比較から、「謂ゆる系図一巻は書紀中に見える所の諸家の系図まで網羅したものでなく、唯皇室のみの系図であるといふ事を示してゐるやうでもある」（「日本書紀」〈『増補上代史籍の研究』上巻〈吉川弘文館、初版は昭和三十一年、二版増補は昭和四十八年発行〉所収、一五〇頁）と判断された。また、坂本太郎氏も、『弘仁私記』序の記述にふれ、「続紀がたんに系図と称しているものは、実は「帝王系図」であって、弘仁の頃図書寮及び民間にあったというのである。ただ、系図といえば、諸氏の系図も含まれてよいはずだが、書紀に附属した系図で、しかも一巻となると、まず皇室の系図だけと考えるのが穏当である」として、『弘仁私記』序が「系図一巻」を「帝王系図一巻」としるしているのは正しい、とのべておられる（『六国史』〈吉川弘文館、昭和四十五年十一月〉、のち『坂本太郎著作集』第三巻〈吉川弘文館、昭和六十四年一月〉所収、八七頁）。

薗田香融氏の研究

そもそも、ここにいう「系図」とは、いかなるものを指すのであろうか。

「系」は血筋のつづき、「図」はえがくの意だといわれるが（田中卓「姓氏と系図」『日本姓氏大事典』〈新人物往来社、昭和五十三年十一月〉、のち『田中卓著作集』第二巻〈国書刊行会、昭和六十一年十月〉所収、四九四頁）、「系図」という漢語は中国にもあまり例がない。漢和辞典の代表格である諸橋轍次著『大漢和辞典』で「系図」の出典としてあげられているのは、右の『続日本紀』の記事だけである（『大漢和辞典　修訂版』巻八〈大修館書店、平成六年五月〉九三三頁）。中国の古典に用例が乏しいということは、彼の地において一般的な用語ではなかったことを示唆しているが（中国では、祖先から代々受け継いだ系統や血筋をあらわす語としては、むしろ「世系」が一般的である。『新唐書』にも「宗室世系」・「宰相世系」の例がある）、ぎゃくにいえば、それは日本において一般化した熟語であると考えられる。ちょうど、中国では地誌に「図経」や「――志」

という名称が多いのに対し、日本では、なぜか「風土記」がよく利用されたのとよく似ている。

「系図」の用例が中国にないとなると（用例に乏しいのは日本も同様である）、系図そのものがもともといかなるものを指すのか、なかなか定義がむつかしい。原義によって、「譜第」・「譜図」・「系譜」などとおなじく、氏族・家族の血縁関係を代々しるした記録と考えるにしても、ここで問題としている「系図一巻」にどのような情報が盛り込まれていたかは判然としない。

「系図一巻」の形式や内容をめぐっては、過去にいろいろな議論があったが、実際になにが書かれていたのかは、よくわからなかった。さきに紹介した岩橋・坂本両氏の研究にしても、「系図一巻」の具体的な記述にまで踏み込んだものではなかったが、それを一歩進めて劃期的な成果をあげられたのが、薗田香融氏である（①「日本書紀の系図について」末永先生古稀記念会編『末永先生古稀記念古代学論叢』〈末永先生古稀記念会、昭和四十二年十月〉所収、のち薗田氏『日本古代財政史の研究』〈塙書房、昭和五十六年六月〉所収、②「消えた系図一巻」〈上田正昭ほか『「古事記」と「日本書紀」の謎』〈学生社、平成四年九月〉所収）。

薗田氏によれば、『日本書紀』は、初出の人物には、某の子、某の祖、などの説明を加えることによって、その出自をあきらかにしているが、ときにこうした説明のない例があるという。具体的にいうと、①武渟川別・②狭穂姫・③蘆髪蒲見別王・④葛城高額媛、の四人がそれである。ところが、これらの人物の出自は、『古事記』のほうには明記されているのであって、薗田氏は、『日本書紀』がこれを省いているのは、その説明を「系図一巻」に譲ったからと推測された。

また、氏によれば、記紀を比較すると、『古事記』にみえる大きな系譜群が、『日本書紀』では脱落している例があるという。具体的には、(a)建内宿禰系譜（孝元天皇記）をはじめとする、(b)日子坐王系譜（開化天皇記）、(c)倭建命系譜（景行天皇記）、(d)天之日矛系譜（応神天皇記）、(e)若野毛二俣王系譜（応神天皇記）、という五つの系譜群である。これらは、たとえば、(b)をみればあきらかなように、いずれも歴代天皇の系譜的記載にほぼ匹敵するほどの分量と独自性をそなえたもので、さきの①〜④の出自の欠落も、結局は、これらの系譜群を抄略した結果であるらしい。

こうした、『日本書紀』が逸し、いっぽうで『古事記』が採録している系譜群の分析から、薗田氏は、「系図一巻」は、たんなる皇室系図ではなく、必要に応じて四世、五世の孫にまでおよぶものであり、そこには皇別氏族の始祖分注も存したのではないかと推定された（薗田氏①論文〈前掲〉四四〇頁）。

「系図一巻」の逸文

こうした薗田氏の「系図一巻」の復元案は、説得力に富む推論であって、筆者も、旧稿では、こうした薗田氏の復元案に立脚して論を進めた。ただ、ややあとになって、「系図一巻」の内容は、薗田氏が推測されたような、系譜的記載にとどまるものではなかったと考えるに至った。

筆者が「系図一巻」の記載内容について、考えをあらためるきっかけとなったのは、『八幡宇佐宮御託宣集』第一巻の「御因位部」に引かれた、つぎの一文である。

・類聚国史巻廿一云、誉田天皇、（応神天皇、）足仲彦天皇第四子也、母曰二気長足姫尊一、天皇以下皇后討二新羅一之年、歳次庚辰冬十二月上、生二於筑紫之蚊田一、幼而聡達、玄鑑深遠、動容進止、聖表有レ異焉、皇大后（マヽ）摂政之三年立為二皇太子一、（時年三、）初天皇在レ孕而、天神地祇授二三韓一、既産之完生二腓上一其形如レ鞆、是肯（胄）下皇太后為二雄装一之負上レ鞆、肯、此云二何（阿）叡一、故称二其名一謂二誉田一、上古恪（俗）号レ鞆謂二褒武多一焉、摂政六十九年夏四月皇太后崩、元年春正月丁亥朔、皇太子即位、是年也太歳庚寅、四十一年春二月甲午朔戊申、天皇崩二于明宮一、（時年一百一十歳、一云、崩二于大隅宮一、今案二帝王系図一云、）

軽嶋明宮、大和国高市郡、（中野幡能校注『神道大系　神社編四十七　宇佐』〈神道大系編纂会、平成元年三月〉二〇〜二一頁による）

これは、冒頭に「類聚国史巻廿一云」とあることからもわかるように、『類聚国史』からの引用であって、同書の巻廿一が現存しないこんにちでは、『類聚国史』の逸文として貴重である。二宮正彦氏は、末尾近くの「時年一百一十歳。一云、崩二于大隅宮一。」までを『類聚国史』の逸文とみておられるが（二宮正彦「類聚国史の逸文」『日本上古史研究』七―一一、昭和三十八年十一月、二四〇〜二四一頁）、筆者は、直後の「今案二帝王系図一云、軽嶋明宮、大和国高市郡」の部分も、『類聚国史』からの引用とすべきではないか思う。

周知のように、『類聚国史』は、寛平四年（八九二）に菅原道真が撰上したもので、本文二百巻・目録二巻とともに「帝王系図三巻」が附されていたというから（『菅家御伝記』寛平四年五月十日条）、右の『八幡宇佐宮御託宣集』が引く「帝王系図」とは、そのうちの一巻を指すと考えてよいと思う。

この『類聚国史』附録の「帝王系図三巻」については、『日本書紀』に附されていた「系図一巻」と、その後新たに書き加えられた系図二巻とをあわせて三巻としたものだとする、伴信友の説がある（『比古婆衣』六の巻「類聚国史」『伴信友全集』巻四〈国書刊行会、明治四十年四月、のち昭和五十二年八月にぺりかん社から覆刻〉所収）一三一〜一三二頁）。『類聚国史』が、六国史の記事を分類・排列したものである以上、『日本書紀』の「系図一巻」もなんらかのかたちで同書に組み入れられるべきであるから、この伴信友の推論は魅力的である。してみると、さきの『類聚国史』「帝王系図」とみられる逸文も、溯れば『日本書紀』「系図一巻」のそれである可能性が大きいのである。

「系図一巻」の記載事項

もし、こうした推測が的を射たものであれば、『日本書紀』の「系図一巻」の内容を考えるうえで、一つの手がかりとすることができる。すなわち、右の『類聚国史』の「帝王系図」の逸文から、「系図一巻」には、薗田氏の指摘されたような系譜的記載のほかに、歴代天皇の宮都の所在地などの情報もしるされていたことが判明するのである。

むろん、これはあくまで推論なのだが、ただ、まったく根拠のないことではない。というのは、後世に作られた『帝王系図』や『帝皇系図』には、こうした情報も記載されていたからである。たとえば、顕昭（生歿年未詳。一一三〇頃～一二〇九以後）が、『萬葉集』成立の時代を考証した『萬葉時代難事』の引く「帝皇系図」には、

又帝皇系図云。

高野姫天皇。宝亀元年八月四日崩。年五十三。同七日葬二大和国高野山陵一。

光仁天皇。延暦元年葬二広山岡陵一。同五年改二葬大和国田原陵一。又施基皇子。追二号田原天皇一云云。（久曾神昇編『日本歌学大系』別巻四〈風間書房、昭和五十五年四月〉所収、五〇頁）

とあって、崩年や山陵のことがしるされている。さらに、室町時代初期に成立した源氏物語の注釈書『河海抄』巻二・九所引の「帝王系図」には、

帝王系図云。欽明天皇御宇。参河国狐成二人妻一云々。（玉上琢彌編『紫明抄　河海抄』〈角川書店、昭和四十三年六月〉所収、二四二頁）

とか、

聖武天皇神亀五年始進士試。帝王在系図。（同右、三八〇頁）

とあり、また、文治年間（一一八五～一一九〇）頃完成した顕昭の歌学書『袖中抄』所引の「帝王系図（帝皇系図）」にも、

帝王系図云。白鳳九年十一月。依二皇后病一造二薬師寺一云々。（久曾神昇編『日本歌学大系』別巻二〈風間書房、昭和三十三年十一月〉所収、五二頁）

とか、

私考二帝皇系図一云。欽明天皇廿三年壬午八月。遣下伐二新羅一大使大伴狭手彦連上。領二数十万兵一。十一月新羅調レ貢。（同右、一二九頁）

などとある。こうした「帝王系図（帝皇系図）」の逸文をみるかぎりでは（こうした逸文については、和田英松纂輯・森克己校訂『國書逸文』〈森克己、昭和十五年四月〉および、これを増補した国書逸文研究会編『新訂増補國書逸文』〈国書刊行会、平成七年二月〉の増補の部にかなり網羅されている。ただ、『袖中抄』所引の「帝皇系図」逸文については、原本はもとより「新補」の部にも、巻第八に引かれた「帝皇系図には欽明御宇遣新羅」〈『日本歌学大系』別巻二、一二九頁〉という一条が洩れている）、そこには、天皇の后妃・王子王女だけでなく、天皇の崩年・宝算・山陵の所在地などのほか、治世のおもな出来事についても記載が存在したようである。もちろん、後世の『帝王系図』と『日本書紀』の「系図一巻」を単純に同一視することはできないが、『本朝皇胤紹運録』（『帝王御系図』・『帝皇系譜』とも呼ばれる）をはじめとして、各地の図書館や文庫に現存する帝王系図のたぐいにも尻付のかたちで、ある人物に関するさまざまな情報がしるされていることを思うと、こうした推測もあながち暴論とは思えない。

「系図一巻」と帝紀

ところで、「系図一巻」の内容を右のようにとらえると、どうしても帝紀の内容との関聯に思いを致す必要がある。

周知のように、帝紀は記紀の原資料となった重要な文献である。そこに記載された内容については、研究者によって多少とらえかたがことなるが、歴代天皇の諡号または称号、都の所在地、后妃の出自、王子王女、崩年、山陵の所在地をはじめ、治世における重要事項や皇位継承などにかかわる、かなり具体的な物語がしるされていたと考えてよいであろう（この点については、粕谷興紀「大草香皇子事件の虚と実」『皇學館論叢』一一―四〈昭和四十三年八月〉・塚口義信「帝紀・旧辞とは何か」白石太一郎・吉村武彦編『新視点　日本の歴史』第二巻古代編Ⅰ〈新人物往来社、平成五年三月〉所収）など参照）。

こうした帝紀の記載事項は、筆者が推測した「系図一巻」のそれと共通する点がきわめて多い。そこから判断すれば、「系図一巻」も、系図と称してはいるものの、系譜的記載だけでなく、帝紀の内容を適宜ダイジェストした記述をふくんでいたのではなかったかと考えられるのである。

さて、このように、「系図一巻」がさまざまな情報をふくむものであったとすると、その書式についても考えておく必要がある。

そもそも、系図は、その形式によって、①文章系図（親子・兄弟の関係をすべて文章〈漢文〉で記述したもの）・②竪系図（柱系図とも。巻子本の巻首を上にして、上から下へ親子・兄弟の関係を書きつぎ、縦にひいた罫線でそれをむすんだもの）・③横系図（巻子本または折本を横にして利用し、紙幅いっぱいに縦に人名を書きつらね、その行がおわると次の行に書き込み、親子の関係は縦の罫線で、兄弟の関係は横の罫線で示す体裁のもの）の三種にわけることができるが、『日本書紀』の「系図一巻」は、つぎにあげるような理由から、①の文章系図であった可能性が大きい。

①『釈日本紀』所引「上宮記一云」の継体天皇関係系譜や『上宮聖徳法王帝説』の所引の聖徳太子関係系譜など、七世紀以前の古い系図は、例外なく文章系図である。

②現存する竪系図のうち、古いものと考えられる『海部氏系図』や『円珍俗姓系図』も奈良時代に溯るものでは

なく（いずれも九世紀の書写）、横系図の出現に至っては、さらにおくれる。

③右の竪系図には、「之―子」などといった、もとは文章系図であったものを系線で繋ぐ形にあらためた形迹が残るので、竪系図は文章形式の系図から派生したものであると判断される。

したがって、「系図一巻」のおおよその体裁としては、『日本書紀』において旧辞的記載の乏しい部分、具体的には、『日本書紀』巻四の綏靖天皇紀～開化天皇紀の叙述を参考にすることが可能だと思うのだが（『古事記』中巻の綏靖天皇～開化天皇段、下巻の仁賢天皇～推古天皇段もこれに近いが、『古事記』には年紀は附されていないから、ややイメージはことなる）、いかがであろうか。

散逸の原因をめぐって

ところで、この「系図一巻」は、なにゆえに現存しないのであろう。『日本書紀』では、本文三十巻はほぼ完全な形で伝存しているのに、ひとり「系図一巻」のみが伝わらないのは、いかにも不思議であって、そこには、やはり、それなりの理由が存在するはずである。

この点に関する薗田氏の推測は、こうである。氏は、弘仁六年（八一五）に撰進された『新撰姓氏録』の皇別にみえる「日本紀合」という注記は「系図一巻」との一致をしるしたものだとされる。そして、当時、新旧勢力の交替がすすみ、新しい氏族秩序に即応して『新撰姓氏録』が編纂されるころになると、古い氏族秩序にもとづく「系図一巻」の存在はむしろ邪魔になり、ひいてはそれが「系図一巻」の滅びる原因になったという（薗田氏②論文〈前掲〉一二五～一三〇頁）。

ただ、「日本紀合」という注記が「系図一巻」との一致を示したものかどうかは、なかなか判断がむつかしい（たんに「系図一巻」との一致をいうのであれば、おそらく「帝王系図合」とでも書いたはずである。この点については、後述参照）。とくに、かかる注記が『新撰姓氏録』原本の段階からすでに存在したかは、なお検討を要する。しかし、いずれにしても、『新撰姓氏録』が薗田氏のいわれるような目的で撰進されたのであれば、どうして古い氏族秩序にもとづいた『日本書紀』の「系図一巻」との一致をわざわざ注記しているのか、その点がうまく説明できない。しかも、『新撰姓氏録』が完成するころには、神事の日に御膳を供奉する次第の先後をめぐって、高橋・安曇二氏による紛争があり、中臣・忌部二氏も幣帛使をめぐって争論をくりひろげるなど、氏族間の紛糾が続出し、その裁定には『日本書紀』が引き合いに出されている。そのことを思うと、九世紀初頭の段階では、依然として『日本書紀』は権威のある書物だったわけで、『新撰姓氏録』が「系図一巻」を駆逐したというのは、いかにも苦しい解釈である。

「系図一巻」の研究に着手した当初から、この薗田説の矛盾点に気づいていたので、筆者は、「系図一巻」の散逸の時期と理由は、べつなところにもとめる必要があると思っていた。ただ、なかなか妙案は浮かばなかったので、とりあえず、消極的ながら、

①「系図一巻」のもつ情報は、おおむね本文三十巻にもしるされていたので、わざわざ手間暇かけて「系図一巻」を写すことが、次第におこなわれなくなった。

②しかも、どちらかというと、読みづらい文章系図にかわって、一覧に便利な横系図などのかたちに再構成された帝王系図が次第に流行したことも、「系図一巻」が廃れる原因になった。

というような理由を考えてみた。むろん、これらが散逸の要因の一つに数えられることはたしかだと思うが、はたしてそれで「系図一巻」が消えた理由をじゅうぶんに説明しうるのかどうか、現在ではいささか心もとない気がする。そこで、以下は、この点についてあらためて取り上げてみたい。

「系図一巻」の「独立」

「系図一巻」の散逸について考えるうえで、示唆的なのが、『本朝書籍目録』の『日本書紀』に関する記載である。同書は、わが国で撰述された四百九十三部の書物を、神事・帝紀・公事・政要・氏族・地理など、二十の部門に分類して示した図書目録で、その成立は、鎌倉時代後期の十四世紀後半といわれている。『本朝書籍目録』では、まず「帝紀」の部に、

日本書紀　三十巻　舎人親王撰、従神代至持統、凡四十一代

として、『日本書紀』の本文三十巻を掲げ、これとはべつに、「氏族」の部で、

帝王系図一巻　舎人親王撰

と「系図一巻」をあげている。

『本朝書籍目録』が、はたして原本を確認したかどうかは疑わしい点もあるので、右の記載は、当時「系図一巻」が伝存していたことの証拠とはならない。しかし、律令や風土記など、古代の典籍の多くは、応仁の乱（一四六七～一四七七）を経て散逸したものの、それ以前には存在していたという事実を踏まえると、「系図一巻」も、鎌倉時代後期になお存していた可能性は皆無ではないと思う。

実際の存否についてはしばらく措くとして、ここで、『日本書紀』の本文三十巻と「系図一巻」とを別々に記載していることは、注目してよい。本来、不可分の両者が別個の書物のように取り上げられているところをみると、「系図一巻」は、いつのころからか本文と切り離され、独立した書物として取り扱われるようになったのではあるまいか。

こうした分離の時期は明確でないが、『本朝書籍目録』以前からそれぞれが独立したものとして扱われていたことは、さきに引いた『弘仁私記』序からもうかがうことができる。すなわち、『続日本紀』養老四年（七二〇）五月二十一日条には「修二日本紀一。至レ是功レ成奏上。紀卅巻。系図一巻。」とあったが、この部分が、『弘仁私記』序では「更撰二此日本書紀三十巻并帝王系図一巻一。」と表現されているのである。「系図一巻」をあえて「帝王系図一巻」と称し、しかも、それを「此日本書紀三十巻并帝王系図一巻」と「日本書紀三十巻」とならべてしるす同書の筆法は、『弘仁私記』序が書かれた時点（弘仁末年をあまりくだらない時代に、弘仁講書に通じたものが書いたとみられる。この点については、粕谷興紀「日本書紀私記甲本の研究」〈『藝林』一九―二、昭和四十三年〉参照）で、「系図一巻」が独立した書物として扱われていたことをうかがわせる。しかも、『弘仁私記』本文には、『日本書紀』全巻にわたる和訓や説明、約九百項目がしるされているが、「系図一巻」部分を対象とした注解は見当たらない。『日本書紀』の研究会の記録に「系図一巻」のことがみえないのは不審だが、当時すでに「系図一巻」（帝王系図一巻）が本文とは分離し、『日本書紀』の一部とは認識されなくなっていたと考えれば、とくに怪しむに足りないのである（旧稿③では、『弘仁私記』が「系図一巻」を参照していないことについて、『日本書紀』講書が、本文を読むことに力点をおいたからだと解釈したが、ここで訂正したい）。

『日本書紀』の本文には、「系図一巻」の叙述を前提にしなければ理解しがたい箇所があり（この点については、旧稿②・⑤参照）、その意味では、本文とは不可分の関係にあるのだが、その内容が、筆者の推測するように、帝紀的情報を適宜抄出したものだったとすれば、それだけでもじゅうぶん翫読に堪えたはずである。そこから、時間の経過とともに、「系図一巻」を別個の書物として取り扱う風潮が生じたことはじゅうぶん考えられるのであって、じつは、これが「系図一巻」散逸の遠因になったのではないかと思う。

二つの帝王系図

「系図一巻」が分離・独立したことについては、あらためて取り上げるとして、ここで、『帝王系図』という書物について考えておきたい。

後世、『帝王系図』・『帝皇系図』の名をもって呼ばれる典籍には、大きくわけて二つのタイプがある。一つは、図表化された『帝王系図』であり、いま一つは年代記である。

まず、前者についていうと、平安時代以降、竪系図や横系図の形式の『帝王系図』が登場することは、歴然たる事実である。現存するものとしては、十三世紀後半成立の『釈日本紀』巻四に収められた「帝皇系図」・「王枝別系図」や、十五世紀に成立した『本朝皇胤紹連録』が好例であるが、ほかにも、『本朝書籍目録』の「氏族」の部には、「帝王系図一巻　為長撰」・「帝王広系図百巻　基親卿撰」・「帝王系図一巻　兼直宿禰抄」などという書物の名がみえている。これらがはたしてどのような体裁のものであったかは、現在では知るよしもないが（平基親の『帝王広系図』などは、百巻という分量から推せば、各種の系図を類聚したものとも、歴代天皇の事績や出来事を詳細にしるしたものともとることができる）、なかには、竪系図や横系図の形式のものもふくまれていたはずである。系線を用いて図表化した系図は見た目にもわかりやすく、こうした、閲覧に便利な系図が、『日本書紀』の「系図一巻」を駆逐した可能性は否定できないと思う。

いっぽう、これとはべつに、『帝王系図』の名を冠する年代記が存在する。

この種の年代記については、平田俊春氏の研究が有益なので、以下、これによりつつ、かんたんにふれておきたい。

平田氏の大著『私撰国史の批判的研究』（国書刊行会、昭和五十七年四月）の第二篇「扶桑略記の批判」は、『扶桑略記』

がどのような材料をもとに編纂されたのかを詳細に検討された労作である。

平田氏は、まず、『扶桑略記』の記事との対比から、同書の材料となった書物として、国史実録類（『日本書紀』・『続日本紀』など）二十四種、伝記類（『聖徳太子伝暦』・『家伝』など）二十八種、霊験記・往生伝類（『日本霊異記』・『三宝絵詞』など）五種、縁起類（『東大寺仏記』・『招提寺建立縁起』など）二十四種、雑類（『宇治橋碑銘』・『意見封事十二箇条』など）二十三種、都合百四種があり、なかでも、根幹的なものとしては、六国史・『三代御記』・『李部王記』などのほか、とくに『聖徳太子伝暦』・『叡山大師伝』・『慈覚大師伝』・『智証大師伝』が重視されていることをあきらかにされた。そして、『扶桑略記』のうち、六国史がもとになっている光孝天皇以前の部分（これを平田氏は「前篇」と呼んでおられる。ただし、原型を存しているのは巻二〜六・二十・二十一前半のみ）から、右の諸書による引抄の記事を除くと、そこには「歴代天皇についての一貫した体制」がみられるという。具体的には、諡号の下に代数・治世・皇子女を分註の形でしるし、ついで前紀において父母の名・即位年月・生年・都を掲げ、後紀では崩年月・宝算・陵をしるす体裁をとっており、用語も一定し、整然としており、それらの記述が年代記的書をもとにしていることがわかるという（後掲引用文参照）。

さらに、平田氏は、和田英松纂輯・森克己校訂『國書逸文』（前掲）に逸文が掲出されている『帝王系図』の文に、『扶桑略記』前篇の記事と一致するものがあることから、『扶桑略記』が『帝王系図』のごときものをもといにしていると推測されている。そして、『本朝書籍目録』に、『扶桑略記』とならんで、

帝王系図二巻〈神武以降至白河院、記代々君臣事、中原撰〉

とあることから、『扶桑略記』は「恐らくこれに類する年代記を基本としたと考えられる」とみ（『私撰国史の批判的研究』〈前掲〉二八八頁）、さらに、「一云」・「一説云」などの異説を掲げているところから、数種の『帝王系図』を参

考にしたと考えておられるのである。

『扶桑略記』の原資料については、こうした平田氏の研究に尽きると思われる（『扶桑略記』に関する近年の研究については、堀越光信「扶桑略記」皆川完一・山本信吉編『国史大系書目解題』下巻〈吉川弘文館、平成十三年十一月〉所収、参照）。ただ、『扶桑略記』が材料とした『帝王系図』を、はたして年代記と呼んでいいものか、年代記なら、どうして「帝王系図」などと称されているのか、平田氏の研究ではそのあたりが疑問のままである。筆者が同氏の研究を知ったのは、前掲⑥論文の執筆のまえであるが、それを承知であえて積極的に利用しなかったのは、『帝王系図』＝年代記という、平田氏のとらえかたに違和感を覚えたからである。

皇統譜か年代記か

ただ、それでも、平田氏の研究は、年代記の体裁をとる『帝王系図』の面影をうかがううえではなはだ有益である。とくに、『帝王系図』の逸文と『扶桑略記』前篇の記事の一致から、『扶桑略記』が『帝王系図』のたぐいをもとにしていると看破したことは、氏の慧眼である。こうした平田氏の推論が正しいとすれば、対応する『帝王系図』逸文が存在しないため、それとの照合がかなわぬ『扶桑略記』前篇の他の記事も、やはり『帝王系図』からの引用であると考えられる。ゆえに、氏が、前掲『私撰国史の批判的研究』二六九〜二八三頁に抄記された『扶桑略記』の記事は、はからずも『帝王系図』の体裁を伝えた貴重な史料だといえよう。

記事の詳細は、平田氏の著書に譲るとして、一二紹介しておくと、たとえば、巻三の「継体天皇」には、

継体天皇廿八代。治廿五年。王子男九人。女十一人。三人即位。
応神天皇五代孫。……丁亥年二月甲午。生年五十八即位。三年己丑。大連金村薨。

廿五年辛亥二月。天皇春秋八十二崩。同年十二月。葬二于攝津国嶋上郡三嶋藍野陵一。高三丈。方三町。元年丁亥。相二当後魏第七主宣武帝八年一。一云。当二梁王天監六年一。同元年。如来滅後一千四百五十六年。（『私撰国史の批判的研究』〈前掲〉二七三頁）

とある。また、巻四の「舒明天皇」のところには、

舒明天皇卅六代。号二田村天皇一。治十三年。王子男四人。女四人。二人即位。

敏達天皇孫也。彦人大兄皇子二男。母敏達天皇女。糠手姫也。己丑歳正月四日丙午。年卅七即位。都二大和国高市郡岡本宮一。……己丑歳正月四日即位。時人以為。天皇信二受上宮太子遺訓一。自得二仏力一。登二帝位一也。「夏五月。有レ蝉。聚集。其凝累十許丈。浮レ空越二信濃國坂一。其音如レ雷。即東方至二于上野国一。而散。已上」件年。相下当大唐貞観三年仲秋朔旦玄弉三蔵往二天竺一歳上也。

四年壬辰八月七日。相二当大唐国清寺灌頂大師入滅之日一。

十二年庚子春二月。……封二百五十戸。施二入四天王寺一。始定二斗升斤両方一。

十三年辛丑十月九日。〔天皇於二百済宮一崩。〕年四十九。明年十二月。葬二滑谷岡一。皇極天皇三年九月。改二葬大和国城上郡押坂山陵一。一云。河内國石川郡。高四丈。方九町。一説云。譲二位於皇極天皇一。号二太上天皇一。元年己丑。如来滅後一千五百七十年。（『私撰国史の批判的研究』〈前掲〉二七四頁）

などとみえている。

いまこれを通覧すると、天皇の諡号・代数・治世・皇子女・父母の名・即位年月・生年・都、さらには崩年月・宝算・陵墓をしるす体裁をなしており、これは、まさしく歴代天皇の世系を綴った系図である。

もっとも、平田氏は、この種の『帝王系図』が、治世中のおもな出来事や天皇の事績を編年体で掲げるところに重きをおいて、これを年代記と理解されたわけである。系譜的記載と年代記的記載、いずれに重点をおくかという

認識のちがいといえばそれまでだが、これが『帝王系図』の名を冠していること、天皇が代々皇位を継承し世代を重ねていったことを伝えた書物であること、などの点から、筆者は、『帝王系図』の本質はあくまで皇統譜であったと考えたい。

さきに、中原（師安か）撰の『帝王系図』についてふれたが、師安の弟師元の玄孫師光もまた『帝王系図』を編纂したらしく、『続後撰和歌集』雑中に、

　　帝王系図かき侍るとて　　　　中原師光

　神代より今我君につたはれる

　　天つ日嗣の程ぞ久しき

とみえている。これは、『帝王系図』に対する当時の認識を伝えたものとして貴重で、やはり、『帝王系図』の基本が皇統譜であることを裏づけているように思う。

年代記への発展・解消

いずれにしても、『帝王系図』と呼ばれる書物のなかに年代記としての体裁を有するものがあったことは、まぎれもない事実である。そして、このことが「系図一巻」消滅の原因について、あらたなみかたを示唆してくれるように思う。

『日本書紀』の「系図一巻」が、帝紀の内容を適宜ダイジェストしたものであったと考えられることは、繰り返しのべたとおりである。これが的を射た推論だとすると、「系図一巻」には、歴代天皇の治世中の重要事項なども しるされていたはずである。となると、そこから、事件や出来事に比重を置いた年代記が生じた可能性が考えられ

る。べつの機会にもふれたように（「書評と紹介　神野志隆光『変奏される日本書紀』」『日本歴史』七四八、平成二十二年九月）、ことによると、「系図一巻」は、こうした「帝王系図」の名を冠する年代記に発展・解消していったのかも知れないのである。

本文が完全なかたちで残る『日本書紀』にあって、ひとり「系図一巻」だけがいまに伝わらないことは、いかにも不自然である。ところが、さきにものべたように、「系図一巻」は「帝王系図一巻」として、はやい段階から本文三十巻とは分離したと考えられるので、それが年代記に発展・解消していったとみることは、それほど無稽な推測ではあるまい。

平田氏が、『扶桑略記』前篇のもといになったとみた中原撰『帝王系図』二巻は、もとより「系図一巻」そのものではないが（第一、巻数や収録代数があわない）、独立して流布するようになった「系図一巻」をもとに（あるいは模倣し）、その後の歴代天皇の情報を書き継いだり、他の史料によって記事を増補した『帝王系図』が編まれていったであろうことは、想像にかたくない。むろん、竪系図や横系図の流行とともに、図表化された『帝王系図』が出現することも、また事実である。それはそれで『帝王系図』の一つのバリエーションであるが、「系図一巻」についていえば、年代記へと姿を変えたので、原本が残らなかったという推測も可能ではないかと思う。

おわりに

以上、「系図一巻」の散逸に関する、筆者の修正案を展開してきた。不備の多い推論に留まったことは旧稿とおなじで、慚愧に堪えない。ただ、今回、あらたに、①『日本書紀』においては、かなりはやい段階から、本文と「系図一巻」とが分離したと考えられ、そして、それが「系図一巻」散逸の伏線となった、②直接には、年代記への発展・解消によって、原本は失われた、という構想を描いてみた。かつては、散逸の原因として、『日本書紀』本文との情報の重複、図表化されたニュータイプの系図の出現、という二点に重きをおいて考えたが、現時点では、「系図一巻」の独立や年代記との関係をより重視していることを正直に告白しておく。

「系図一巻」については、ごく基本的な問題でまだまだ考えるべきことがほかに残されている。たとえば、六国史のなかで、どうして『日本書紀』にだけ、こうした「系図一巻」が附されているのか、その後の五国史にそれが備わっていないのはなぜか。そもそも史書に「系図一巻」を附すという発想は、どこから生まれたのか。疑問は尽きないのであるが、小論はひとまずここで擱筆し、諸賢のご批正をたまわることにしたい。

〔附記〕

小論は、平成二十二年十月十九日におこなわれた古代研究会十月例会（於ウィングス京都）における口頭発表「帝王系図と年代記―『日本書紀』「系図一巻」の散逸について考える―」をもとにしている。当日、研究会において貴重なご意見・ご教示をたまわった上田正昭先生・井上満郎先生をはじめとする諸先生にはあつくお礼申し上げる次第である。

第二章　孝徳天皇朝の阿倍氏

―阿倍倉梯麻呂を中心に―

はじめに

乙巳の変が、当初の計画どおり実行された直後の皇極天皇四年（六四五）六月十四日、軽皇子が即位する。孝徳天皇即位前紀には、軽皇子は古人大兄皇子に譲ろうとしたが、古人大兄が出家までして辞退したため、それ以上固辞することもできず、やむなく即位したという話が載せられている。孝徳天皇即位前紀には、これにつづけて、

是日。奉㆓号於豊財天皇㆒。曰㆓皇祖母尊㆒。以㆓中大兄㆒。為㆓皇太子㆒。以㆓阿倍内摩呂臣㆒。為㆓左大臣㆒。蘇我倉山田石川麻呂臣為㆓右大臣㆒。以㆓大錦冠㆒。授㆓中臣鎌子連㆒。為㆓内臣㆒。増㆑封若干戸。云云。中臣鎌子連。懐㆓至忠之誠㆒。拠㆓宰臣之勢㆒。処㆓官司之上㆒。故進退廃置。計従事立。云々。以㆓沙門旻法師・高向史玄理㆒。為㆓国博士㆒。

とあり、同じ日、皇極天皇に称号をたてまつり、中大兄皇子を皇太子にするとともに、改新政府の首脳メンバーの顔ぶれが公表されたことがしるされている。これによれば、左大臣に阿倍倉梯麻呂（内麻呂とも）、右大臣に蘇我倉山田石川麻呂、そして、中臣鎌子は内臣となり、僧侶の旻と高向玄理が国博士というポストに任じられたという。

小論では、このとき、閣僚の筆頭にのぼった阿倍倉梯麻呂に焦点をあて、孝徳天皇朝の阿倍氏の動向について考

えてみたい。

○

阿倍倉梯麻呂を輩出した阿倍氏は、大化前代からの古い豪族である[1]。『新撰姓氏録』第二巻、左京皇別上には、

阿倍朝臣　孝元天皇皇子大彦命之後也。

とあって、この氏族が大彦命から出たことをしるす。大彦命から出た氏族、すなわち阿倍氏の同族は多いが、そのなかに、天皇の食膳にかかわる完人朝臣・高橋朝臣（もとの膳氏）や、大嘗祭で阿倍氏が舞う吉志舞をおこなう吉士氏（『新撰姓氏録』摂津国皇別）がみえることは、阿倍氏が内廷にかかわる性格の氏族であったことを物語っている。

大彦命は、記紀によれば、崇神天皇の時代に四道将軍の一人として北陸道に派遣された人物である。戦後は、大彦命を実在の人物とは認めない研究者が多かったが、昭和五十三年九月に、埼玉県行田市の稲荷山古墳から出土した鉄剣（いわゆる「辛亥銘鉄剣」）にしるされた乎獲居臣の上祖として「意富比危」の名が刻まれていたことが確認されてから、にわかにその実在の可能性が高まった。辛亥銘鉄剣では、系譜をしるしたあと、「世々、杖刀人首として奉事来りて今に至る」としるしているから、乎獲居臣は自家に伝わる記録・伝承によってこの系譜をしるしたのであって、ここに登場する人々も、たんなる架空の人物とは考えがたい。

大彦命の北陸道派遣の記事が、ヤマト政権の東国・北陸経営とかかわりのあることは従来から指摘されていた。阿倍氏の管掌する丈部[2]や、あるいは阿倍氏の同族である宍人・高橋氏が、東国・北陸方面に濃厚に分布することは、それを裏付ける証拠である。

ただ、これまでは、大彦命の四道将軍派遣の記事はあくまで伝承で、その後裔氏族である阿倍氏の東国・北陸地方への進出は、実際にはかなりのちのこと、具体的にいえば、阿倍氏が中央政界に進出する六世紀になってからのことであるとするみかたが、有力であった。しかしながら、辛亥銘鉄剣の出現によって、大彦命の実在性が高まり、しかも、大彦命の名が、代々杖刀人首として朝廷に奉仕してきたという乎獲居臣のもとに伝えられた系譜にみえることは、大彦命が、崇神天皇の時代に、軍事をもって朝廷に仕えていた伝承を裏付けるものであって、記紀の四道将軍派遣の記事もあながち虚構の伝承とはいいがたいのである。

その後、阿倍氏は、六世紀になると、着々と中央政界で地歩を固めていく。宣化天皇朝に大夫に任じられた阿倍火麻呂（あるいは大麻呂とも。『日本書紀』宣化天皇元年（五三六）二月壬申朔条）はそのはやい例で、以後、欽明天皇・敏達天皇・崇峻天皇・推古天皇朝に阿倍氏が大夫を輩出していたことは、史料のうえからも確認できる。しかも、阿倍氏から出る大夫は、閣議を構成する閣僚のなかでも、その筆頭にあった可能性が大きい。これをもってしても、六世紀中央政界における阿倍氏の政治的地位の高さがわかるというものである。

なお、六世紀を通じて、阿倍氏は軍事・外交において活躍しており、唐・百済・新羅の接待や交渉にあたる記事が、『日本書紀』にはしばしばみえる。ややのちのことになるが、斉明天皇・天智天皇朝に東北・朝鮮半島への軍事的行動で活躍した阿倍比羅夫も、阿倍氏の出身である。

冒頭、阿倍倉梯麻呂が左大臣に抜擢されたことにふれたが、打倒蘇我氏においてとくに顕著な功績があったわけでもない倉梯麻呂が、左大臣のポストを得たのは、意外である。しかしながら、これは、倉梯麻呂個人の能力というよりは、六世紀における阿倍氏の政治的地位によるものであろう。

さて、新政府発足後の阿倍倉梯麻呂の動向であるが、とくに顕著なものはみあたらない。阿倍倉梯麻呂の名は、すでに推古天皇朝にみえるが（『日本書紀』推古天皇三十二年十月一日条にみえる「阿倍臣摩侶」はおそらく阿倍倉梯麻呂と同一人物であろう(3)）、『日本書紀』大化元年（六四五）七月二日条に、

元妃。阿倍倉梯麻呂大臣女曰小足媛。生有間皇子。

とあり、おなじく大化元年（六四五）七月十二日条に、

天皇詔阿倍倉梯萬侶大臣・蘇我石川萬侶大臣曰。当遵上古聖王之跡。而治天下。復当有信。可治天下。

とあり、さらに、翌日条に、

天皇詔阿倍倉梯麻呂大臣・蘇我石川萬侶大臣曰。可歴問大夫与百伴造等。以悦使民之路。

とその名がみえるくらいで、取り立てて注目すべき活躍はない(4)。

むろん、改新詔をはじめとする改新の諸政策の立案・実施に阿倍倉梯麻呂がかかわっていたであろうことは想像にかたくないが、大化五年（六四九）に亡くなるまでそれほど注目すべき記事はない。ただ、そのなかにあって、大化四年（六四八）四月一日条に、

罷古冠。左右大臣。猶着古冠。

とあるのは注意を惹く。

周知のように、『日本書紀』大化三年（六四七）是歳には、

是歳。制七色一十三階之冠。一曰。織冠。有大小二階。以織為之。以繍裁冠之縁。服色並用深紫。二曰。繍冠。有大小二階。以繍為之。其冠之縁。服色。並同織冠。三曰。紫冠。有大小二階。以紫為之。以織裁冠之縁。服色用浅紫。四曰。錦冠。有大小二階。其大錦冠。以大伯仙錦為之。以織裁冠之縁。其小錦冠。以小伯仙錦為之。以大伯仙錦。裁冠之縁。服色並用真緋。五曰。青冠。以青絹為之。有大小二階。其大青冠。以大伯仙錦。裁冠之縁。其小青冠。以小伯仙錦。裁冠之縁。服色並用紺。六曰。黒冠。有大小二階。其大黒冠。以車形錦。裁冠之縁。其小黒冠。以菱形錦裁冠之縁。服色並用緑。七曰。建武。〈初位。又名立身。〉以黒絹為之。以紺裁冠之縁。別有鐙冠。以黒絹為之。其冠之背。張漆羅以縁与鈿。異其高下。形似於蝉。小錦冠以上之鈿。雑金銀為之。大小青冠之鈿以銀為之。大小黒冠之鈿。以銅為之。建武之冠。無鈿也。此冠者。大会。饗客。四月七月斎時。所着焉。

とあって、七色十三階の新冠位制度が定められているから、ここにいう「古冠」がそれ以前のものであることは明白である。それは、具体的にいえば、推古天皇朝に定められた冠位十二階のことであろうが、この「古冠」に該当するものが十二階のなかに存在するかどうかについては、なお検討を要する。

大化三年の冠位制度の導入以前、大臣の帯びる冠位がどのようなものだったかについては不明な点が多いが、一つ参考になるのが、『日本書紀』皇極天皇二年（六四三）十月六日条に、

蘇我大臣蝦夷。縁病不朝。私授紫冠於子入鹿。擬大臣位。（後略）

とある記事である。

ここにいう「紫冠」は冠位十二階の徳冠にあてる説もあるが、黛弘道氏のいわれるように、「紫冠」が徳冠であるという証拠はない。むしろ、「紫冠」は冠位十二階の序列にふくまれない大臣の冠だったとみるべきではないだ

冠位制の変遷

大宝元年	天武天皇 14 年	天智天皇 3 年	大化 5 年	大化 3 年	推古天皇 11 年
正従一位 正従二位 正従三位	正　大広壱 大広弐 大広参 大広肆	大小織 大小縫 大小紫	大小織 大小縫 大小紫	大小織 大小縫 大小紫	
正四位上下 従四位上下	直　大広壱 大広弐	大錦上中下	大花上下	大錦	大小徳
正五位上下 従五位上下	直　大広参 大広肆	小錦上中下	小花上下	小錦	大小仁
正六位上下 従六位上下	勤　大広壱 大広弐 大広参 大広肆	大山上中下	大山上下	大青	大小礼
正七位上下 従七位上下	務　大広壱 大広弐 大広参 大広肆	小山上中下	小山上下	小青	大小信
正八位上下 従八位上下	追　大広壱 大広弐 大広参 大広肆	大乙上中下	大乙上下	大黒	大小義
大初位上下 少初位上下	進　大広壱 大広弐 大広参 大広肆	小乙上中下	小乙上下	小黒	大小智
		大小建	立身	建武	

この表は、『日本書紀』に、その制定が明記されている各冠位の名称を順に配列したものである。相互の冠位の対応については、諸氏の間で異同があるが、ここでは、黛弘道氏の新案（「冠位十二階の実態と源流」『律令国家成立史の研究』〔吉川弘文館、昭和 57 年 12 月〕所収、365 頁）によった。

ろうか。[5] そして、この「紫冠」こそが、阿倍倉梯麻呂・蘇我倉山田石川麻呂が帯びていた「古冠」だったのではあるまいか。

『日本書紀』大化五年（六四九）四月二十日条には、

於小紫巨勢徳陀古臣。授二大紫一。為二左大臣一。於小紫大伴長徳連。〈字馬飼。〉授二大紫一。為二右大臣一。

とあって、阿倍倉梯麻呂・蘇我倉山田石川麻呂があいついで歿したあと、巨勢徳陀と大伴長徳が、それぞれ左右大臣に任じられたことがみえている。ここで彼らが左右大臣の任命と同時に「大紫」を授けられているところから判断すると（ただし、この場合の「大紫」は大化五年制定の冠位だが、大化三年のものもおなじ）、前任の阿倍倉梯麻呂・蘇我倉山田石川麻呂の二人も、もし大化三制定の冠位を着用していたならば、それは「大紫」だったはずである。しかし、実際には、それ以前の大臣相当の冠位である「紫冠」を用いつづけたというのが、「左右大臣猶着二古冠一。」の真相であろう。[6]

○

それでは、改革を率先する立場にあるはずの左右大臣が、揃って古い冠を着用したことは、いったいなにを意味するのであろうか。

塚口義信氏は、これを阿倍倉梯麻呂・蘇我倉山田石川麻呂が、あたらしい冠位制度の施行に抵抗を示したもので、その背後には、新政府内部での中大兄皇子・鎌足と孝徳天皇・阿倍倉梯麻呂・蘇我倉山田石川麻呂の対立があったとみておられる。[7]

塚口氏がここで注目されたのは、その築造年代から阿倍倉梯麻呂の墓ではないかとみられている文殊院西古墳である。

よく知られているように、大化二年（六四六）三月二十二日には、いわゆる大化の薄葬令が出される。煩瑣になるので、ここではその内容を詳しく紹介することは控えるが、かんたんにいえば、喪葬の簡略化を目的とした墳墓の規制である。塚口氏によれば、これはかなり忠実に実行されたようで、七世紀後半に築造されたとみられる横口式石槨を有する古墳の内部施設は、おおむね薄葬令の規定どおりか、それを下回る規格で作られているという。

ところが、そうしたなか、阿倍倉梯麻呂の墓とみられる文殊院西古墳（奈良県桜井市字阿部）だけが、薄葬令の規格にあわない、巨大な横穴式石室をもつ古墳なのである。

この文殊院西古墳は、国内にある横穴式石室のなかでも、もっとも精巧な切石造の石室をもつ古墳として有名で、国特別史蹟にも指定されている。墳丘こそ原形があきらかでないが（二〇～三〇メートルと推測される）、羨道は、左右各四枚の巨石をならべ、そのうえを三枚の天井石で覆ったもので、長さが七・三メートル、幅二・三メートル、高さ一・八メートルある。羨道につづく玄室は、高さ約六〇センチ、幅七〇センチ前後の良質の花崗岩の切石を五段に積み上げ、そのうえを一枚の天井石で覆っており、長さ五・一メートル、幅二八・五メートル、高さ二・七メートルの規模を誇る。(8)

塚口氏によれば、文殊院西古墳の規格が薄葬令を無視しているのは、七色十三階の新冠位を着用しなかったことと同様、阿倍倉梯麻呂、ひいては阿倍氏の新政府に対する抵抗の姿勢だったという。

これは、はなはだ示唆に富む学説である。薄葬令が遵守されたことは塚口氏の調査のとおりであろうし、文殊院西古墳が薄葬令の規定にあわないことも、塚口氏のご指摘のとおりである。

しかし、それを古冠着用の記事と結びつけて、新政府の分裂にまで話を発展させることができるかどうか、筆者はいささか疑問に思う。

まず、古冠着用の話だが、本来なら、率先して新制度の導入に力を致さねばならない閣僚の首班が、新冠位制度への抵抗の意思表示としてこのような所作に出るというのも、いささか大人げない。かかる新制度は、導入の段階でいろいろと議論されたであろうから、左右大臣が揃って反対すれば、施行そのものが困難だったのではあるまいか。しかも、大化五年（六四九）二月には、かさねて「冠十九階」が制定されている。かりに、大化三年の十三階の冠位に左右大臣が反撥しているとしたら、その問題が片付かないうちに、さらに新しい冠位制度を実施することなどは、とうてい不可能であろう。阿倍倉梯麻呂らの古冠着用には、なにかべつの事情があったように思えるのだが、いかがであろうか。

また、文殊院西古墳の規格の問題にしても、これを薄葬令違反とみ阿倍氏の抵抗と結びつけるのは、いかがなものであろう。文殊院西古墳が横口式石槨を採用しており、それに規格のうえでの違反が認められるというのであれば、法令無視の態度とみることも可能だろうが、石室の根本的な構造がちがうのだから、べつな解釈も可能ではないだろうか。

この場合、まず、阿倍倉梯麻呂生前の築造、すなわち薄葬令施行以前の、いわゆる寿陵であることが考えられる。文殊院西古墳は、これに先行するコロコロ山古墳・谷首古墳・文殊院東古墳[9]とのかかわりでいえば、阿倍氏の伝統的な墳墓である。阿倍倉梯麻呂が死んだとき、孝徳天皇・中大兄皇子らは難波宮の朱雀門まで出御して哀悼の意を表したというから（『日本書紀』大化五年〈六四九〉三月十七日条）、特別措置としてすでに築造されていた文殊院西古墳の使用を孝徳天皇が許可した可能性も考えられよう。あるいは、薄葬令施行の築造だとしても、倉梯麻呂の死後、その遺族が伝統的な墳墓の築造を願い出て許されたとみることも、これまたじゅうぶん成り立つ推測である。

たしかに、寄り合い所帯で発足した改新の新政府には、足並みの揃わない点もあったであろう。とくに、大化元年（六四五）九月十二日に発覚した吉野の古人皇子の謀反や、同三年（六四七）十二月三十日に起きた皇太子の宮の出火、など、あいついで起こる不穏な事件に、中大兄皇子らが神経を尖らせていたことは事実であろう。さればこそ、阿倍倉梯麻呂の死の一週間後に起きた蘇我倉山田石川麻呂の謀反のような、事実無根の悲劇も生じたのである。その後、石川麻呂の自宅から、中大兄皇子の所有としるした重宝が発見されたことをみても、石川麻呂がとくに中大兄皇子と反目していたのではないことがわかる。

そのようにみていくと、古冠着用の件や、文殊院西古墳についても、べつに考える必要があるように思うのであって、筆者は、これらを新政府内部の抗争とのかかわりで解釈する必要はないと思う。

○

とはいうものの、最終的には、白雉四年（六五三）に至って、孝徳天皇派と中大兄皇子派の対立が表面化することは、周知の事実である。したがって、新政府も一枚岩の団結を誇ったわけではないことは、塚口氏の指摘されるとおりである。

しかし、これもよくよく考えれば、軽皇子が、もともとそれほど高く評価されていたのではなかったことに遠因があるのではないだろうか。『家伝』上にも、中臣鎌足が軽皇子と接触した際、皇子の器量がともに大事を謀るに足りないとみて、中大兄皇子に接近したとしるされている。とすれば、軽皇子の即位も、みながこぞってそれを後押したのではなかったことが想像できる。理想を掲げた新政府も、船出の時点から破綻の火種を胚胎していたのである。

〔補註〕

(1) 以下、阿倍氏に関する記述は、大塚徳郎「阿倍氏について」(『続日本紀研究』三―一〇・一一、昭和三十一年十・十一月)・佐伯有清編『日本古代氏族事典』(大和書房、平成六年十一月)の「阿倍」の項目(二八～三〇頁、加藤謙吉氏執筆)上田正昭監修・編集『日本古代史大辞典』(大和書房、平成十八年一月)の「阿倍氏」の項(二四～二五頁、和田萃氏執筆)などに負う。

(2) 丈部の性格については諸説ある。従来、大宝・養老令制の駈使丁の前進で、宮廷において雑用に使役されるものとするみかたが有力であったが、本文でも引用した稲荷山古墳出土の辛亥銘鉄剣にみえる「杖刀人」とのかかわりから、軍事的色彩の強い部民であったとする説も出されている。なお、丈部については、佐伯有清「丈部氏及び丈部の研究」(佐伯氏編『日本古代史論考』〈吉川弘文館、昭和五十五年十一月〉所収)参照。

(3) この点については、関晃「大化の左大臣阿倍内麻呂について」(『歴史』二一、昭和三十六年三月、のち『関晃著作集』第二巻〈吉川弘文館、平成八年十一月〉所収、ここでの引用頁は後者による)九六～九八頁参照。

(4)『大安寺伽藍縁起幷流記資財帳』には、後岡基宮御宇天皇(斉明天皇)が阿倍倉梯麻呂と穂積百足が造大安寺司に任じられたことがみえるが(『寧樂遺文』中―三六六頁)、これは『日本書紀』がしるす歿年にあわない。

(5) 黛弘道「冠位十二階考」(同氏『律令国家成立史の研究』〈吉川弘文館、昭和五十七年十二月〉所収)三三一～三三三頁。

(6) ちなみに、瀧川政次郎氏は、「蘇我倉山田石川麻呂の皇極朝における冠位は知られていないが、おそらく冠位十二階制の最高冠位大徳であったと思う」とのべておられるが（律令研究会編『譯註日本律令』第九巻〈東京堂出版、平成三年十月〉一六七頁）、これも確証はない。

（7）塚口義信「大化の新政府と終末期古墳―いわゆる「大化の薄葬令」と横口式石槨墳―」（『堺女子短期大学紀要』二九、平成六年二月）。この論文は、のち加筆・修正を加えて、「大化の新政府と横口式石槨墳」と題して『古代学研究』一三二（平成七年十一月）に掲載されたので、小論での引用は、後者による。

なお、これに関聯する論文として、塚口氏「いわゆる大化の薄葬令の検討」（『古代史の研究』一一、平成十六年九月）があるので、あわせて参照を乞う。

（8）『奈良県の地名』（平凡社、昭和五十六年六月）四〇〇頁の「文殊院西古墳」の項目などによる。

（9）文殊院西古墳の東方約五〇メートルのところにある古墳。原形は不明だが、花崗岩の自然石を用いた横穴式石室を有し、文殊院西古墳に先行する七世紀前半の築造と考えられている。工法は、文殊院西古墳にくらべて粗雑だが、巨石による内部構造は共通点があり、玄道・玄室の規模も文殊院西古墳のそれに近い。ちなみに、文殊院西古墳を阿倍倉梯麻呂とすれば、文殊院東古墳の被葬者としては、推古天皇朝に活躍した阿倍鳥を想定できようか。

第三章　承和九年の広湍秋麻呂売券をめぐって

―伊藤寿和氏「大和国の条里関連史料についての基礎的研究」にふれて―

はじめに

筆者は、かつて『藝林』五六―二（藝林会、平成十九年十月）に「承和九年十二月十六日附広湍秋麻呂売地券について―大和国広湍郡の条里と氏族―」と題する小論を発表したことがある（のち、若干の修正を加え、拙著『記紀と古代史料の研究』〈国書刊行会、平成二十年二月〉に収録。以下、「旧稿」と称する）。これは、筆者が所蔵する当該売券（旧稿では「売地券」としたが、「買地券」との混乱を避け、ここでは一般的な「売券」に統一）を紹介するとともに、その内容について多少の考察をこころみたものである。

そこにも書いたとおり、本文書は角田文衞博士の旧蔵にかかるもので、博士の手を離れてのち、京都の古書店に売りに出たのを、筆者が購入したものである。この文書については、旧蔵者の角田博士が学界に紹介されたことがあったが（「承和九年十二月十六日付 広廣湍秋麻呂水田立券文写」『古代文化』四五―二、平成五年二月）、博士の考証には若干の過誤もふくまれていた。また、角田博士と筆者とでは見解のことなる点もあったので、弊架に帰した機会に、あらためて詳しい研究を施した次第である。詳細は旧稿を参照していただくとして、結論だけをいえば、筆者は、本文書を、大和国広湍郡の条里と氏族を考えるうえで未知の記載をふくむ、平安時代前期の貴重な史料とみて、その史料的価値を高く評価した。

ところが、最近になって、日本女子大学の伊藤寿和准教授が「大和国の条里関連史料についての基礎的研究」（『日本女子大学紀要　文学部』五八、平成二十一年三月）のなかで、本文書について、さまざまな角度から検証を加え、「両文書（本文書と、「佐山郷長解」の二通＝荊木注）はいずれも後世に作成された偽文書である可能性が高いと判断され」た（以下、伊藤氏の論の引用は、もっぱら本論文による）。

地理学がご専門で、条里制に詳しい伊藤氏が、本文書に注目し、再検討の労をとられたことは嗚謝のほかない。とくに、氏が取り上げられた問題には、旧稿が言及していない点もあり、その意味で氏の論文は貴重だが、その所説にはなお承服しがたい点もある。そこで、ここに本文書について再考を加え、あらためて博雅のご批正を乞う次第である。

なお、氏が、本文書とともに高論で取り上げた「佐山郷長解」・「三善深主墾田売券」の二通についても思うところがあるが、これについてはべつの機会に譲り、本文書にかかわりのある範囲で言及するにとどめたい。

○

伊藤氏の論文の検討にはいるまえに、読者の便宜を考え、当該文書の内容と旧稿の要旨をもういちど確認しておく。

まず、この古文書の写真と全文の飜刻を掲げておく（行頭の番号は便宜的に附した）。

①　廣・端・郡・夜・水里廣端秋麻呂解申常土賣買水田立券文事

②　十三條九里字弓削田壹段
③　右件水田米参斛陸㪷矣充價直限
④　永年沽與同里戸主當麻公吉萬侶
⑤　已了望請准式立券文如件以解
⑥　　承和九年十二月十六日賣人廣湍　秋　麻　呂
⑦　　　　　　　　　　　　　相沽廣湍　吉　名
⑧　　　　　　　　　　　　　　　廣湍　世　身
⑨　　　　　　　　　　　　　領平群公　名　永
⑩　　　　　　　　　　　　　主帳楊古史　比等麻呂
⑪　判
⑫　擬大領正七位下廣湍公　民　人
⑬　副擬少領従八位上廣湍公　乙　山

本文書は、近世にはいってからの写しとみられるが、おそらくは原本を直接書写したものと判断される（ちなみに、角田氏は、「本文書は原本を臨写したものではなく、模本を更に写したもの」とみておられる）。売券としてはありふれた内容だが、大和国広湍郡の条里と氏族を考えるうえで未知の記載をふくんでいる点が注目される。

まず、条里に関していうと、これまでの文献にはみられない①「夜水里」（数字は原文における行数を示す。以下、おなじ）と②「十三條九里」という二つの里名（ただし、同一の里の可能性もある）が記載されている点が特筆される。ただ、後者については、広湍郡の場合、いずれの条においても九里の存在を想定するのは無理があるので（後述参照）、この里数には誤りがあるかも知れない。

つぎに、本文書の、いま一つの史料的価値は、古代の広湍郡における豪族の分布がわかる点にある。広湍郡に複数の氏族が盤踞していたことはやくから判明していたが、本文書の出現によって、広湍公氏をはじめとする、従来あまり知られることのなかった氏族の存在が確認できたのは、貴重である。本文書には、広湍公氏の姓を名乗る四人の人名がみえており、うち二人は広湍郡の擬大領・擬少領であって、平安時代前期に彼らが広湍郡の郡司を独占していたことがわかるし、ほかにも、当麻公・平群公・楊古史(ママ)らの存在が知られるのは、本文書ならではのことである。

○

さて、伊藤氏の論文によれば、当該文書に対する疑問は三点あるという。

第一の疑問は、売買当事者の居住地の表記である。氏は、筆者が旧稿で利用した『平安遺文』一二〇号「近江国大国郷墾田売券（吉田文書）」（一―一〇〇頁）を例に引いて、「売主が居住している郡名と郷名が記されるのが原則であると判断される」として、当時の行政区劃の認識からすれば、①「夜水里」は「夜水郷」と記載されるはずであり、当麻公萬侶についても、「同郷戸主」と記載されるはずのものが④「同里戸主」としるされることを指摘される。そして、つぎのようにのべておられる。

荊木氏は、この「夜水里」に関して、平安前期の行政区画としての「里」ではなく、条里呼称法の固有名詞の里名であると認識され、売り渡される弓削田二反の水田が所在する広瀬郡十三条の九里に該当する可能性もあると想定されている。

『平安遺文』に収録されている平安時代の前期と中期の史料を検討した場合、当時の売券においては、条里制の里名で記載されている例も、また、「郷」名ではなく「里」名で記載された例も、管見の範囲においては見うけられないように思われる。原本を臨写する場合においても、「郷」の文字と「里」の文字を二か所も写し間違うことは無いと判断されよう。

ちなみに、「郷」と「里」の読みが同じく「さと」であるために誤記したとの想定もあるいは可能であろうが、「里」名による売券は『平安遺文』に収録された当時の文書では他に見うけられず、広瀬郡の「夜水（郷）」と言う郷名（里名）も、この文書以外には認められない地名である。

第二に、氏は、②「十三條九里字弓削田」という表記も異例であるとされる。当時の通例からすれば、条と里の記載のつぎに、坪の番号が明記され、そのつぎに地名と面積が記載されるのに、本文書ではそれがない。しかも、坪の番号のかわりに記載されたとおぼしき「字弓削田」なる表記があるが、氏によれば、これも異例であるという。すなわち、「一見ありそうに思える土地所在の表記であるが、大和国とくに奈良盆地平坦部の大規模な条里の地域において「字」名が表記されるようになるのは、平安前期の九世紀ではなく、十一世紀の半ば以後であることが他の関連史料からも確認される」という。

第三の疑問は、本文書にみえる②「十三條九里」が「まったく存在しえない条里」だという点である。氏によれば、「広瀬郡の十三里の内には、一里から三里の存在は確認されるが、その西には馬見丘陵が存在しており、どのように想定しても「十三条九里」は認めがたい」という。そして、「「九里」を「五里」や「七里」の誤写との考えもあろうが、その場合も、広瀬郡の十三条には「五里」や「七里」の存在は認めがたい」としておられるのである。

伊藤氏の指摘のうち、第一と第二の点は、筆者が旧稿において取り上げなかった問題であり、しかも、他の文書の実例に即した主張だけに、説得力に富んでいる。ただ、そのまま容認しがたい点もあるので、以下、その点について書く。

○

まず、第一の疑問についてである。

たしかに、氏のいわれるとおり、現存する平安時代前・中期の売券には、売主の居住する郡・郷名がしるされる例がほとんどである。これは、奈良時代の売買券にも認められる特徴なので（「天平二十年山城国宇治郡加美郷家地売買券」『大日本古文書』三―一一二・「天平勝宝元年伊賀国阿拝郡柘植郷墾田売買券」『大日本古文書』三―三三四ほか）、その点で本文書は異例といってよい。

ただ、ここでまず確認しておきたいのは、①「夜水里」が「夜水郷」の書き換えもしくは誤写ではなく、里の固有名をしるしたものであろうという点である。広端郡の郷名は、『倭名類聚鈔』などによって確認しうるが、それによると、広端郡下の郷は、城戸・上倉・下倉・山守・散吉・下旬（下勾の誤りか）の五つで、「夜水」の名はない。かりに、本文書が偽作だとすれば、実在の郷名を採用したであろうから（後述参照）、「夜水」などというありもしない呼称を用い、しかも、郷を里に改めることなど、まず考えがたい。そこから判断すると、①「夜水里」は固有里名であると考えるほかないのである。

このように、①「夜水里」を条里制の里名とみてよいなら、売買の当事者の居住地を里名によってしるしていること自体、とくに不都合はないと思う。

九世紀前半の土地・家屋の売券は、『平安遺文』に三十四通ほど収録されているが、大和国のものは二通しかない。知られる事例がわずかであることを考慮すると、売買の当事者の居住地を里名で示すことがなかったとは言い切れない。大和国の売券は、ほかにも奈良時代のものでは、「天平宝字三年大和国城下郡田地売買券」（『大日本古文書（編年）』四―三六八）などがあるが、これなどは、

謹解　申売田事

合壹町肆段捌拾歩〈在城下郡〉

右。来丑年分。充直銭貳貫文。売与已訖。仍注状以申送。謹解。

天平宝字三年六月十日

専売戸主　松原王

知　御原相坂

往来吉使　水通諸国

という、関係者が二名連署するだけの至って簡単なものである（ただし、この文書は、正確には将来の収穫米を担保に銭を借りた借用状である）。この程度のものが通用していたことを思うと、売買の当事者の居住地を里名によって示す、本文書のような書きかたも実際にはあったのかも知れず、通例とことなるからといって、ただちにその信憑性を疑うのは行き過ぎではあるまいか。

伊藤氏は、本文書について、「当時の文書に関する博学な知識を有した人物が作成した偽文書である可能性も否

定できない」とか、「当時の文書の様式や大和国の在地の歴史や地理に詳しい人物の手によるものであると判断せざるをえない」とのべておられる。たしかに、かりに偽文書だとすれば、書式や文言から判断して、売券に詳しい人物の仕業だといえよう。しかし、それならば、どうして売買の当事者の居住地や坪付の記載など、もっと他の売券の体裁に似せようとしなかったのか、その点が疑問である。さきにもふれたように、郷名にしても、広湍郡下の郷名を知ることなどたやすいのだから、それを利用したほうが本文書の信憑性がいっそう高まるはずである（げんに、伊藤氏が偽文書とされている「佐山郷長解」では、「右左京一条二坊戸主従八位下調忌寸清麻呂」・「同郷戸主宇田公秋人」などと書かれている）。にもかかわらず、あえてそれをしていないのは、かえって本文書が真作であることの証しではあるまいか。

ちなみにいえば、冒頭の①「廣湍郡夜水里」は、原文書に施されていた後人の加筆か、本文書を書写したひとが原文書からの転写の際に加筆したものであろう。本文書を本物らしくみせたいのなら、このようなものを添えたりしないはずである。

つぎに、第二の疑問について考えたい。

伊藤氏は、通例なら、条里のつぎに、坪の番号が明記され、ついで地名と面積が記載されるのに、本文書が坪の番号のかわりに②「字弓削田」と表記している点をあげ、これも九世紀の文書としてはおかしいとされる。

この疑問ももっともで、売券の通例では、坪番号がしるされる。しかし、たとえば、『東寺百合文書』「ほ」にみえる「民部省勘文案」（『平安遺文』一三八号にも収載）には、

民部省

勘施入成願寺伊勢国多気郡庄家・田地等事

一庄家壱区

敷地玖段佰捌拾歩
字大畠弐段〈二見国里〉字大木畠肆段〈同里〉
字大木東畠参段余〈同里〉
三間高屋壱宇　七間板屋壱宇
伍間草葺壱宇　参間倉弐宇
一空閑田地壱拾七町参段弐佰歩
多気郡拾柒（ママ）条弐井内里拾参上国帖田一町
（中略）
飯野郡拾肆条伍井上里壱坪神道神弐（ママ）段〈又云、波津丸田〉
宝亀・承和・嘉祥等図注源定賜田
右、蒙去六月十一日官符偁、二品秀良親王家件寺施入田地等、宜勘申者、検去承和二年三月十五日官符・今年八月八日官符并上図帳等、所注如件、仍勘申、
貞観五年九月三日　小録尾張〈名〉
小丞大中臣〈名〉

とあって、家屋の所在地ではあるが、「字」を使って示す例がみえている。貞観五年（八六三）と、本文書よりはやや時代がくだるが、「字」の使用を示す九世紀の文書の実例があることを思えば、本文書の記載もそれほど不自然ではないように思う。さらに、『百巻本東大寺文書』四十五所載の「美作真生等治田売券案」には（『平安遺文』一—一二四七号にも収録）、

故追捕長美作広前（並カ）男真生等解　申進永年治田立券文事
合陸町弐段
直稲壱件弐佰肆拾束
阿自井（ママ）図三里三坪五段　同里四坪五段
同里二坪五段〈字椿田者〉
浦田八図九里七坪三段　同里十六坪二段
九図八里卅二坪九段百八十歩　同里卅三坪九段百八十歩
同里廿八坪三段　九里五坪四段
九里六坪四段　十図八里十七坪五段
十図八里八坪三段　同里九坪四段
同里十六坪三段　同里十七坪二段
右件治田、故父広並存生之時、坪付進上於帥御館、而今不立在地公験、其身死去、方今依故広並解文、被給既帖、仍為蔭孫正六位上源朝臣敏名立券所進如件、但去年十一月十一日勘定陸町伍段也、而件六町五段之内、十図八里十九坪三段、依大分寺所領公験明白也、所減如件、仍注事状、以解、
天慶参年参月弐拾参日従八位上右近衛美作真生
美作利明
（後略）

とあって、これも天慶三年（九四〇）とやや時代はくだるものの、「字椿田」と字によって当該田地の所在を注記

する例である。ゆえに、これらの事例に照らせば、本文書の表記もいちがいに不当とはいえないのである。右はいずれも大和国以外の売券だが、さきにものべたように、本文書と同時期の大和国の売券はきわめて少数しか残されていないので、他に類例をもとめることも許されるのではないかと思う。

○

つぎに第三の疑問について考えてみたいが、これも伊藤氏の指摘はもっともである。本文書にみえる②「十三條九里」は、現地比定のむつかしい条里であって、旧稿でもっとも腐心したのは、この部分の解釈である。以下、旧稿との重複する部分もあるが、この条里の問題点を解説しておく（先行研究は、紙幅の都合で省略したので、旧稿についてみられたい）。

広瑞郡の条里は、奈良盆地の京南路西の大条里区にふくまれ、隣接諸郡の条里と接続している。基本条里は、路西の諸郡と一聯であり、条は、北の大和川に沿って十条にはじまり、南は二十二条に及び、里は、曽我川の左岸を基準として東から西に数えたことがわかっている。

広湍郡条里のうち、十八条以南については、談山神社の「百済庄差図」によって比較的容易に復原できるが、それ以外については不明な点も多く、復原がむつかしいのだが、本文書には、条里に関してこれまでの文献にはみられない記載がある。それは、①「夜水里」と②「十三條三里」という二つの里名である（ただし、後述のように、これらを同一の里と考える可能性も残されている）。

前者は、これまで知られていない広湍郡の里名である。広湍郡で文献上固有名の確認されている里には、寺岡里

	久度里 3里	2里	寺岡里 1里	広セ10条							
	?	葛下11条 ?		5里	4里	濁水里 3里	野井里 2里	広セ11条 1里			
	?	葛下12条 ?	6里	5里	4里	3里	長倉里 2里	広12条 1里			
	?	葛下13条 ?					3里	石成里 2里	広13条 1里		
	?	葛下14条 ?					4里	3里	2里	広14条 1里	
	?	葛下15条 ?		馬見丘陵			4里	3里	2里	広15条 1里	
	?	葛下16条 ?					4里	3里	2里	広16条 1里	
	?	葛下17条 ?					4里	3里	2里	広17条 1里	
3里	2里	葛下18条 1里					4里	3里	2里	広18条 1里	
3里	2里	葛下19条 1里					5里	4里	3里	2里	広19条 1里
5里	4里	3里	2里	葛下20条 1里		アベ谷 6里	5里	4里	3里	2里	広20条 1里
5里	4里	3里	2里	葛下21条 1里		6里	5里	4里	3里	2里	広21条 1里
	5里	4里	3里	2里	葛下22条 1里	5里	4里	3里	2里	広22条 1里	

馬見丘陵周辺の条里（『奈良県史』4、673頁より転載）

（十条一里）・久度里（十条三里）・里）・野井里（十一条二里）・濁水里（十一条三里）・長倉里（十二条二里）・名成里（十三条二里）・成相里（真野条七里）・池上里（真野条八里）の八里があるが、夜水里はこれにつぐものである。ただし、これについては、関聯地域の小字地名にも参考になるものが見当たらず、たしかな位置は不明とするほかない。

つぎに、売買の対象となった弓削田が存したという十三条九里である。

広湍郡十三条については、『鎌倉遺文』一九八九三号「大和西大寺田園目録（大和西大寺文書）」（二六―二五四頁）に「広瀬郡十三条二里廿六七両坪内一段ナクラニアリ」、『平安遺文』二〇二五号「山村則房処分状案（尊経閣所蔵文書）」（五―一七六一頁）に「在広瀬郡北郷十三条三里卅坪〈字今池〉」などとあって、文献上は、二里と三里の存在が確認されているが、本文書によって、あらたに九里の存在が確認できたことになる。

ただ、それだけなら、広湍郡条里に関する新史料の追加ということで終わるのだが、その現在地比定がいささか複雑である。

広湍郡条里の復原によれば、十二条と十三条では、後者が一里東にずれている。すなわち、十二条一里の直下が十三条二里（石成里）にあたるのである。

右にのべたように、十三条は四里以降を復原する史料に恵まれず、さらには西の葛下郡の条里とどのように隣接しているのかも明確ではないが、いまかりに、十二条の地割を参考に十三条九里の位置を推定すると、馬見丘陵のかなり西の、現在の地名でいうと王寺町畠田附近となる。

しかしながら、この比定にはいささか無理がある。なぜなら、広湍郡と葛下郡の郡境は明確でなく、時代によって変動があったとみられるものの、広湍郡の領域が葛下川を越えてその左岸（西岸）にまで及んでいたことは、のちの歴史的状況からみて考えがたいからである。

さて、そうなると、広湍郡十三条は、曾我川と葛下川に挟まれた地域内にもとめるしかないのだが、この間の距離はわずか四・五キロ弱、このなかに九里を納めるのは、まず不可能である。いささか強引だが、広湍郡十三条における里の東西幅が一坪分だったとすると、なんとか十三条九里を葛下川右岸辺に納めることができる。しかし、そのためには、奈良県立橿原考古学研究所編『大和国条里復原図』（吉川弘文館、昭和五十六年三月）の復原案より一里を若干東に寄せねばならず、これまた苦肉の復原案といえよう。

このようにみていくと、これまでの大和国の条里復原に沿って、いずれかの地に比定することは、かなりむつかしい。文書にみえる「弓削田」という水田名は、地名比定の唯一の手がかりだが、これとて、関聯地域の小字地名にも出てこないので、具体的な場所は不明とするほかない。

そこで考えられるのが、条里数の誤写の可能性である。

広湍郡十〜二十二条について、史料上確認しうる里は六里（十二条・二十一条・二十二条）までである。しかも、後述のように、馬見丘陵上に真野条や墓門条が存在したとすると、いずれの条においても九里の存在を想定するのはむつかしいので、まず、この里数に疑いがかけられる。

「九」とまちがえやすいのは、五・六・七のいずれかだが、これを考えるうえで一つ手がかりとなるのは、広湍郡十二条三里の固有里名である。すなわち、『平安遺文』一一四七号の「大和国大田犬丸負田検田帳（東大寺文書四ノ四十九）」（三―一一四五頁）には、

（前略）

広瀬北郷大田犬丸負田　承暦元年

（中略）

十二条二長蒼(ママ)里十九坪二反三百歩　廿坪二反　廿一坪一反半〈才半〉　三濁水里一坪一反　二坪一反

（後略）

とあって、広湍郡十二条三里が「濁水里」と呼ばれていたことが知られる。この里は、大和川本流南岸（河合町泉台）に位置したと考えられるので、「濁水」は河川の流域に位置したことに因んだ名称と推測できるのだが、そ

うなると、本文書にみえる「夜水里」も、広湍郡内の河川流域にもとめることが可能である。

広湍郡内を流れるおもな河川は、大和川本流の他に、その支流である曾我川・葛城川・高田川・佐味田川・滝川（上牧川とも。葛下川支流）・葛下川などがあり、いずれも北流している。現在の復原条里にあてはめると、広湍郡十三条五里が佐味田川左岸に、十三条七里が葛下川右岸に、それぞれ相当するが、もし、「夜水里」が「十三条九里」の固有里名であり、かつ、「九里」は五や七の誤写であったとすれば、こうした河川の流域を候補地とすることができよう。ただし、後述のように、真野条と墓門条が馬見丘陵の佐味田川と滝川の流域に、南北に長く伸びていたとするならば、東西方向の広湍郡の条里は、馬見丘陵にまでおよばなかったと考えられるので、こうした比定も通用しなくなるのである。

○

そこで、この真野条・墓門条についても考えておこう。

これらは、いずれも馬見丘陵かその西方に存在したとみられる特殊な条里で、文献からその存在が確認できるものである。しかしながら、史料の不足もあって、その復原については諸説ある。

たとえば、田村吉永氏は、馬見丘陵と葛城山脈の中間低地、葛下川に沿った狭長な地域にこれらの条里を比定された。具体的にいえば、葛下郡条里の十九条以北に、東側（下ッ道から通算して十三里に相当）を真野条、西側（十四里）を墓門条とし、それぞれの里は南から北に進行すると考えておられるのである。これに対し、秋山日出雄氏は、二つの条里を馬見丘陵のなかに比定される。すなわち、香芝市下田の明星谷が真野条七・八里にみえる「字明坐谷」

（『平安遺文』四四四号の寛弘三年「大和国弘福寺牒（天理図書館文書）」）の転訛であると考え、西側の滝川流域を真野条とし、東側の佐味田川流域を墓門条と推定し、それぞれの里は北から南に進行するとみるのである。また、木村芳一氏は、馬見丘陵上に二つの条里の存在を考定しつつも、秋山氏とはぎゃくに、東側の佐味田川沿いを真野条、西側の滝川沿いを墓門条と推定しておられる。

香芝市下田の小字名「明星谷」は、真野条七里・八里にみえる「明坐谷」の転訛とみられるし、また大字上牧・下牧の「マキ」は、条名の真野に因む可能性が大きいので、真野条を馬見丘陵上にもとめるのは妥当かと思われる。

ただ、そうすると、秋山氏が推定される真野条一・二里は、本文書にいう広湍郡十三条九里と重複することになり、その点からいっても、九里の存在はみとめがたい。

おなじことは、木村氏の推定についてもいえる。広湍郡十三条が九里まであったとなると、木村説にしたがって、広湍郡十三条四里に相当する里を真野条一里とし、佐味田川沿いに、山ノ坊↓佐味田↓新家↓匹相の西↓平尾の西と八里まで設定されていたとみることなど、まず不可能である。

いずれの復原案が妥当かは今後の課題だが、確実なのは、真野条七里が「成相里」と称されていたことである。この「成相」は、奈良井という小字名や、延喜諸陵式に「成相墓〈押坂彦人大兄皇子。在大和国広瀬郡。兆域東西十五町。南北廿町。守戸五烟。〉」とみえる陵墓（北葛城郡広陵町大字三吉字バクヤ、いまは宅地開発されて馬見北八丁目、にある牧野古墳に比定される）の呼称と一致するので、成相里がこの附近であったことは、ほぼまちがいない。ただ、里が北から南に向かって進行していたとなると、成相里（真野条七里）以北の一〜六里が、広湍郡の東西方向の里とどのように接合していたのかが問題となるが、じつはそのあたりがまだよくわからないのである。

しかも、真野・墓門条に関する問題は、これにとどまるものではない。

周知のように、条里は、一般に、地域の幹線道路を基準として設定されており、奈良盆地では、それが平城京朱雀大路である。広湍郡と葛下郡の葛下川流域の条里は、この基準によったもので、いずれも条里方位が一致しているのだが、真野・墓門条だけはそれがことなる。馬見丘陵の存在を考慮しても、異質な感じが否めないのである。ことによると、当初の奈良盆地内の条里は、広湍郡から葛下郡まで同じ基準で計画されていたが、ある時期、なんらかの理由で、真野・墓門の条里地割がべつに設定されたのかも知れない。真野条の初見は寛弘三年（一〇〇六）であり、墓門条のそれも延久二年（一〇七〇）と、史料に登場するのが他の条里にくらべておそく、しかも、これらの地名は、条里以外では一般とはいいがたい（真野が「馬野」のことだとすれば、長屋王家の木上馬司、墓門は高市皇子の三立岡墓・押坂彦人大兄皇子の成相墓などにかかわる地名ではないか、と推察される）。こうした事実は、あるいは真野・墓門条の施工がおくれたことに原因があるのかも知れない。

さて、そうなると、もともと広湍郡十三条九里は条里のプラン（秋山日出雄氏のいう「擬制条里」）としては構想されており、ある時期までは存在していたとみることも不可能ではあるまい。真野・墓門条は、それぞれ五〜八里、四〜六里しか確認されておらず、一〜三里が知られないのも気にかかるところであるが、かかる「空白地帯」は、現状ではいかんともしがたく、真野・墓門条と周辺条里の地割との関係は一筋縄ではいかないのである。

旧稿では条里の現地比定がうまくいかないところから、偽作の可能性も考えた。しかし、土地の領有をめぐる紛争などから捏造された偽文書であれば、実在しない水田を記載するはずもないから、その可能性は小さいとみた。これに対し、伊藤氏は、「江戸時代をはじめとして、古代・中世の文書を偽造して、古物商などを介して流通していた可能性も十分考えられようし、現在でも、そのような偽文書の存在と流通の事例は数多く認めることができる」として、好事家などによる偽作を示唆しておられる。

しかし、それならば、なおのこと実在しない条里を書くのは不自然だし、さきにものべたように、本文書が「当時の文書の様式や大和国の在地の歴史や地理に詳しい人物の手による」のであれば、実在の（あるいは実在しそうな）条里をしるすこともじゅうぶん可能だったと思う。むしろ、そうしたほうが、より本物らしくなったのではあるまいか。

いずれにしても、本文書の条里の現地比定が困難だからといって、それがただちに本文書を偽作とする証拠になるものではない。②「十三條九里」の解明は、今後の研究の進展にゆだねる部分が大きいのである。

おわりに

以上、最近になって発表された伊藤氏の論文に対する、筆者の所感をのべてきた。

古文書、しかも、後世の写ししか現存しないというのであれば、その偽作性を疑うのは、歴史研究の常道である。その意味で、氏の抱かれた疑問は当然である。筆者も、これによって、本文書について再考の機会を与えられたことをよろこびたい。ただ、氏の提起された疑問によって、ただちに本文書の信憑性が粉砕されたとも思えないので、あえてここに小論を草した次第である。

本文書の検討を通じて痛感するのは、やはり、知られる同時代の史料が乏しいことである。伊藤氏は、右に紹介した疑問のほかにも、本文書に登場する氏族名について、

この文書以外に「廣湍公」や「平群公」の存在が確認できないことは、本文書が最もありうる郡名を冠した郡

司の「廣湍公」と、隣接する平群郡の郡名を冠する名族である平群氏の存在を前提とした「平群公」を創作した可能性が高いと判断されよう。

とのべておられる。

しかし、それなら、氏は、広湍郡の主帳として本文書に連署している⑩「楊古史比等麻呂」も、偽作者による「創作」と考えておられるのであろうか。帰化人系の楊古氏が広湍郡に居住していたことは他の史料からは確認できないのであって、そのような氏族名を出すことが、偽文書の信憑性を高めることに有利にはたらくとは思えない。ここに楊古比等麻呂の名がみえることこそ、はからずも本文書が偽作ではないことを物語っているのではあるまいか。

そもそも、奈良時代の郡レベルの在地豪族については、ここで問題になっている広湍郡にかぎらず、史料上ほとんど確認できないものも少なくない（広湍郡の氏族については、拙稿「広陵町の古代氏族」広陵町史編纂委員会編『広陵町史』本文編〈広陵町、平成十三年五月〉所収、で詳しくのべたので参照されたい）。

たとえば、これは拙稿「広陵町の古代氏族」（前掲）では逸した例だが、延暦二十二年（八〇三）二月（あるいは三月か）に遷化した大僧都行賀は、『扶桑略記』や『日本紀略』によれば、「俗姓上毛野公。大和国広瀬郡人也」とある。これによって、広湍郡には上毛野公氏の居住していたことがわかるのだが、これなども他に傍証のない氏族であって、他の史料にみえないことと、その氏族が実在しないこととはべつに別問題として扱う必要があるのである。

旧稿でもふれたが、近年、奈良県北葛城郡広陵町寺戸の寺戸廃寺（古代の広瀬寺）から「公」という刻名がある軒平瓦が出土している。これが、この広湍公氏に関聯する可能性もじゅうぶん考えられるのであって、今後、かつての広湍郡域内の調査が進めば、あらたな知見が得られる可能性もあるかと思う。それゆえ、筆者は、現時点では、本文書を偽作とみるだけの根拠はじゅうぶんに整っていないのではないかと考えている。

最後に、文中なるべく慎重に論を進めたつもりではあるが、かりにも伊藤氏に対し非礼があれば、ご寛恕を乞う次第である。

〔附記〕

小論の執筆にあたっては、旧稿同様、古代の大和国に詳しい龍谷大学教授の平林章仁博士より種々ご教示をたまわることができた。末尾ながら、ここに甚深の謝意を表する次第である。

Ⅲ 外国史料の読解

第一章　註解・魏志倭人伝

はしがき

邪馬臺国の所在地をめぐる考古学的議論は、ますます白熱している感がある。とくに、マスコミが邪馬臺国問題を取り上げる場合には、そのほとんどが考古学上の新しい発見や知見と連動しているといってよい。

たしかに、近年の考古学的成果には目覚ましいものがあり、それが魏志倭人伝や邪馬臺国の研究に貢献するケースも少なくないのだが、文献史学の立場からいえば、邪馬臺国研究の基礎史料である魏志倭人伝そのものの研究が、どちらかというと蔑ろにされてはいないだろうか。考古学者のしるす啓蒙書をみても、「たかだか二千字ほどの文献資料だけに拘泥してあれこれいう時代はもう終わった。史料性の高い倭人伝記事に限定し、リアルタイムの証拠を次々と積み上げていくことのできる、考古学の最新の成果といかに整合するかという視点から、邪馬臺国研究は新しい段階に進みつつあるのだ」（寺沢薫『王権誕生』〈平成十二年月、講談社、のち平成二十年十二月講談社学術文庫所収、引用は後者による〉二七〇頁）とか、「ヤマト国は畿内大和であることは既に決着しており、筑後や肥後など、奴国や伊都国などをしたがえる勢力を九州のなかに求めることは不可能である」（岸本直文「倭国の形成と前方後円墳の共有」同氏編『史跡で読む日本の歴史2　古墳の時代』〈吉川弘文館、平成二十二年七月〉所収、一八頁）などと勇ましい発言が目につく。

では、考古学者のあいだでは、邪馬臺国＝大和説は共通の認識かといえば、かならずしもそうではない。よく知られているように、奥野正男氏・森浩一氏・高島忠平氏らのように、九州説を支持する研究者も少なくない。註解でも引用した奥野正男氏は筑紫平野を有力候補地としているし、森氏も、「ヒミコの女王国は、北部九州にあったと僕はみている。一つの候補地は筑紫平野の東部であろう」（『古代史の窓』〈平成七年九月、新潮社、のち平成十年九月新潮文庫、引用は後者による〉八五頁）とのべている。また、箸墓古墳の築造年代や、布留式土器の編年や暦年代への換算をみても、邪馬臺国＝大和説を採る考古学者のあいだでも容易に帰趨をみないのが現状である。こうした状況をみると、考古学の成果に依拠して邪馬臺国の所在地を判断するのは、まだまだ時期尚早とはいえないだろうか。いまこそ、考古学の成果に目を配りつつも、もう一度足元の魏志倭人伝をよく読み返してみる必要はないだろうか。

むろん、魏志倭人伝の分析は、先学が長い時間をかけて徹底的におこなってきたところであって、あたらしい解釈は望めないかも知れない。しかも、魏志倭人伝そのものが曖昧な点や情報不足の箇所があって、万人が納得するような完璧な解釈はこれまた望むべくもない。不弥国から投馬国、投馬国から邪馬臺国に至る旅程だけをわざわざ距離ではなく、日数で書いていることなどは、その顕著な例であって、ことによると陳寿は後世魏志倭人伝を読むひとを困らせようと思って、このような曖昧な書き方をしたのではないかとも「邪推」したくなるほどである。

冗談はともかく、筆者は、考古学の成果を無視したり、否定するつもりは毛頭ないが、肝心の魏志倭人伝が疎かにされ、ともすれば考古学的成果が一人歩きつつある最近の研究動向を憂慮するものである。あえて魏志倭人伝の註解を試みた理由もそこにある。こうした註解を、近年の研究の進展に逆行するものと蔑むことなく、筆者の微意をお汲み取りいただければ、幸いである。

【魏志倭人伝（『三國志』魏書第三十烏丸鮮卑東夷傳）解説】

ここにいう「魏志倭人伝（ぎしわじんでん）」（以下、「倭人伝」と略称）とは、中国三国時代（二二〇〜二八〇）の正史『三国志』中の「魏書」（全三十巻）の東夷伝、倭人条の略称である。日本では、江戸時代から一般に用いられてきた用語であり、ここでもそれを踏襲している。『三国志』は、全体で約百万六千字（うち本文約三十五万字）あるが、倭人伝は、そのうちの一千九百八十八（または二千八）字から構成される。

『三国志』の著者は、晋の歴史学者陳寿（字は承祚、二三三〜二九七）。彼は、三国の蜀に仕え、蜀滅亡後、晋の張華に認められて著作郎となり、『三国志』を編輯した。

『三国志』は、いうまでもなく、魏・蜀・呉三国の歴史書であり、『魏書』三十巻、『蜀書』十五巻、『呉書』二十巻、計六十五巻より構成される。『三国志』は、官撰の王沈『魏書』・韋昭『呉書』および私撰の魚豢『魏略』の三書によるところが大きいが（蜀については先行のまとまった史書はなかった）、諸種の資料を、そのまま引き写したのではなく、それらを整理したうえで著述したとみられている。本来、『魏書』・『蜀書』・『呉書』は刊行の時期がそれぞれ異なり、別々におこなわれていたが、北宋の咸平五年（一〇〇二）ごろはじめて印行されるに至り一書にまとめられ、『三国志』と呼ばれるようになった（いわゆる国子監本）。

なお、南朝宋の文帝は、『三国志』の簡略さを補うために、裴松之に注を施すよう命じたが、彼は、多数の文献を参照しつつ、全体に簡略がちな内容や脱漏部分を補い、元嘉六年（四二九）に「裴松之注」を完成させた。これによって、『三国志』の評価はいっそう高まり、中国の代表的史籍の一つに数えられるようになったが、「裴松之注」を附した『三国志注』の普及が、原本系統の散逸を早める結果になったのは皮肉である。

前述のように、国子監本『三国志』が印行されたのは、十一世紀初頭のことであるが、その後、南宋の紹興年間

（一一三一～一一六二）にいわゆる「紹興本」が刊行された。これは、現在『魏志』三十巻のみが伝わるが、『魏志』としては現存最古の刊本である。さらに、その後、おなじく南宋の紹熙年間（一一九〇～一一九四）にいわゆる「紹熙本」が刊行されたが、これは原本が伝存しない。ややのちの慶元年間（一一九五～一二〇〇）に紹熙本を改修して慶元本が刊行されるが（おそらく紹熙本の重版であろう）、これが現在宮内庁書陵部所蔵の慶元版本である。紹興本・慶元版本の相違はきわめて少なく、尾崎雄二郎氏などは、紹興本・紹熙本は国子監本の重刻ではないかと推測されている。

その後、元代以降もさまざまな刊本が発行されたが、ことに清代に盛んになった考証学のおかげで元・明以降の諸刊本の校訂も精緻を極め、『三国志』の刊行は隆盛を極めた。こんにち、一般に出回っている『三国志』には、①百衲本系統（宋の紹興本・紹熙本〈慶元版本〉を校合し影印したもの。巻末の影印参照）、②清武英殿本系統（明の北監本を底本として諸本と照合したもの）、③金陵活字本系統（明の南監馮夢禎本を底本として、諸本を校訂したもの）、④江南書局刻本系統（毛氏汲古閣本を底本としたもの）、の四系統があるというが（なお、『三国志』のテキストについては、井上幹夫「『三国志』の成立とテキストについて」『季刊邪馬台国』一八、昭和五十八年十二月、を参照されたい）、なかでも、①がもっとも善本とされる。現在の中国では、諸本を校訂した中華書局本がもっとも一般に流布している。

ところで、小論では、この倭人伝との比較の参考までに、『魏略』の逸文と『太平御覧』所引の『魏志』（いわゆる「御覧魏志」）を掲げた。

『魏略』というのは、魏の明帝の時の人、魚豢が著わした魏王朝の歴史書である。『史通』古今正史篇に「魏時京兆魚豢、私撰魏略、事止明帝」とある。魚豢には、べつに『典略』という著作があったとされるが、『魏略』と『典略』とが同一の書物なのか（『典略』の一部に『魏略』が含まれていたのか）、別個の書物なのかについては、議論がある。『隋書』経籍志は、「典略八十九巻、魏郎中魚豢撰」のみを著録し、『魏略』の名はあげない。『魏略』は、古い時代に失われ、諸書に引用される『魏略』の逸文を集めて輯本が作られたが、張鵬一『魏略輯本』（一九七二年、名古屋、采華書林発行の影印本がある）には、『三国志』裴注・『漢書』顔師古注・『翰苑』・『北戸録』・『魏書』・『法苑珠林』に引かれる、倭人部分に四条の佚文が掲げられている。その佚文には、卜骨のことや侏儒国のことが見えており、陳寿が、魏志の倭人の条をまとめるに際して、この『魏略』を重要な参考資料としていただろうことが知られる。

つぎに、『太平御覧』所引の『魏志』（以下、原則として『御覧魏志』と略称）であるが、ここにいう『太平御覧』とは、中国宋代に勅命によって編纂された、一千巻にも及ぶ厖大な類書である。太平興国二年（九七七）に詔を奉り編纂が開始され、太平興国八年（九八三）に完成した。編者は、北宋の李昉・李穆・徐鉉らである。完成当初は、『太平総類』と称したが、宋の太宗が日に三巻づつ読み、一年でこれを閲了したことから、「太平御覧」の名を賜ったという。本書は、全体を、天・時・序・地・皇王・皇親・州郡・居処など、五十五部にわけ、各部をさらに細かい五百五十の項目にわかち、『修文御覧』・『藝文類聚』など、先行する類書をはじめとしてさまざまな典籍から、項目に該当する記事を抜萃した百科全書である。巻頭には「引用書目」が掲げられているが、そこにみえる書物は、一千六百九十種類にも及ぶ。しかも、『太平御覧』に引かれた書物のなかには、こんにちすでに散逸してしまったものが全体の七八割を占め、本書に引用された逸文は、そうした佚書の内容をうかがううえでも、きわめて貴重な資料である。『魏志』も『太平御覧』に引かれる書物の一つであるが、これが現行本倭人伝といかなる関係に立つのかは不明な点が多い。はやくこの問題に取り組んだ末松保和「太平御覧に引かれた倭国に関する魏志の文に就て」（『青丘学叢』一、昭和五年八月↓『基本論文集』Ⅰ）は、『御覧魏志』を現行本とは独立した別系統の一写本とみながらも、その結論も「一つの推論に止まつて、考察の余地は多いに違ひない」（三二一頁）としている。佐伯有清「『太平御覧』所引の『魏志』―とくに朝鮮関係の記事をめぐって―」（旗田巍先生古稀記念会編『朝鮮歴史論集』上巻、龍渓書舎、昭和五十四年三月）は、この問題に関する諸説の妥当性を検討した労作だが、「現在のところは、末松保和氏のいうような『魏志』の原本により近い異本ではないかという程度の推論に甘んじなければならない」と歯切れが悪い。三木太郎『魏志倭人伝の世界』（吉川弘文館、昭和五十四年十月）は、『魏略』・『御覧魏志』・現行本魏志の字句の比較などから、『魏略』→『御覧魏志』→現行倭人伝の成立順序を想定しているが、なお検討の餘地が残る。

【凡例】

一、原文は中華書局本を底本とし（原文では、ＪＩＳ規格の第二水準の範囲内で正字を使用）、読み下し文・現代語訳もこれをもとに作成した。三者を併載したのは、現代語訳だけでは、主観がはいった場合、内容理解の正確さを期することができなくなる惧れがあるからである。

一、倭人伝の原文は、句読点もなく、章節による分割もないが、読者の便宜を考え、安本美典『真説・卑弥呼と邪馬台国　天照大御神は卑弥呼である』（心交社、平成二十一年九月）に倣い、全体を第一章「倭の国々」・第二章「倭の風俗」・第三章「政治と外交」の三つの章にわけ、さらに適宜いくつかの節・項にわけて、見出しを附した（ただし、見出しは若干改めた）。

一、参考のため、『御覧魏志』と『魏略』の逸文を倭人伝の当該箇所に併載した。『御覧魏志』は慶元本を底本とする三木太郎『邪馬台国研究事典』Ｉ文献史料（新人物往来社、昭和六十三年一月）二五六頁により、『魏略』も同書四〇一～四〇三掲載のものによったが、正字は、倭人伝本文同様、ＪＩＳ規格の第二水準の範囲内で使用することにとどめた。三者の関係については不明な点も多いが、この註解では、比較の便宜を考慮し、分量の多い『御覧魏志』を先に出し、『魏略』逸文をあとにした。『御覧魏志』の傍線部分は現行倭人伝との相違する字句で、括弧内は現行倭人伝の文を示す。

一、倭人伝の原文・『御覧魏志』・『魏略』逸文の文には、適宜句読点を附した。とくに、倭人伝原文の句読点は、中華書局本の符号を日本式句読点に改めた。

一、読み下し文・現代語訳については、三品彰英編『邪馬台国研究総覧』（創元社、昭和四十五年四月）所収の「『魏志』倭人伝現代語訳」・井上秀雄他訳注『東洋文庫二六四　東アジア民族史1正史東夷伝』（平凡社、昭和四十九年十二月）・三木太郎『魏志倭人伝の世界』（吉川弘文館、昭和五十四年十月）所収の「付録『魏志』倭人伝」・謝銘仁『邪馬台国中国人はこう読む』（立風書房、昭和五十八年十月、のち徳間文庫、平成二年三月）第二章「『魏志・倭人伝』の訳読」の「倭人伝」・石原道博編訳『新訂　魏志倭人伝・後漢書倭伝・宋書倭国伝・隋書倭国伝―中国正史日本伝（1）』（岩波文庫、昭和六十年五月）・藤堂明保『中国の古典　倭国伝』（学習研究社、昭和六十年十月、のち平成二十二年九月に藤堂明保・竹田晃・影山輝國『倭国伝―中国正史に描かれた日本―』として講談社学術文庫に収録）・杉本憲司・森博達「『魏志』倭人伝を通読する」（森浩一編『日本の古代』第一巻〈中央公論社、昭和六十年十一月〉所収、のち平成七年十月中公文庫所収）・安本美典『真説・卑弥呼と邪馬台国天照大御神は卑弥呼である』（前掲）などを参考にさせていただいたが、煩瑣になるので、一々の注記は省略した。ご諒解を乞う次第である。

一、現代語訳で、原文にない語句を補った場合には〔　〕に括って示した。また、現代語訳中の（　）は、補足的な説明であることを示す。

一、『御覧魏志』と『魏略』逸文については、読み下し文・現代語訳は掲げなかった。

一、参考のため、巻末には、百衲本『三国志』の倭人伝部分と慶元版『太平御覧』の『魏志』引用部分の影印を掲げた。

一、註解は、①邪馬台国の所在地を考えるうえで参考とすべきもの、②本文の解釈を左右するような字句の異同、に焦点を絞って附し、語釈的なものは現代語訳に譲った。なお、邪馬台国の位置論についての註解は、あえて筆者の個人的見解を打ち出した箇所もあり、その意味では、小稿はかならずしも中立的な立場での註解ではない。

一、引用論文のうち、佐伯有清編『邪馬台国基本論文集』Ⅰ〜Ⅲ（創元社、昭和五十六年七月・同年十二月・同五十七年七月）に再録されたものについては、初出書誌の紹介につづけて「→『基本論文集』Ⅱ所収」などと注記するとともに、読者の便宜を考え、引用頁数もこれによった。

第一章　倭の国々

第一節　倭人総論

1．倭人とは

【原文】
倭人在帯方東南(1)大海之中。依山島爲國邑。舊百餘國。漢時有朝見者、今使譯所通三十國(2)。

【御覧魏志】
倭國在帯方東南大海（之）中。依山島爲（國邑）舊國百餘小國（舊百餘國）。漢時有朝見者、今令使譯所通其三十國。

【魏略】逸文
倭在帯方東南大海中。依山島爲國。度海千里復有國、皆倭種。（『漢書』巻二十八下、地理志、燕地顔師古注）

読み下し

倭人は帯方の東南の大海の中に在り。山島に依りて国邑を為す。旧百餘国。漢の時朝見する者有り。今、使訳通ずる所、三十国。

現代語訳

倭人は、帯方郡（朝鮮半島の西側中央部におかれた中国の郡で、領域はほぼ現今の黄海道と京畿道北部にあたる）の東南の大海のなかにあって、山の多い島によって国や邑を形成している。もとは百餘国であった。漢の時代に朝見するものがあった。今（魏の時代）には、使者と通訳の通ってくるのは、三十国である。

註解

（1）**帯方東南**　倭人伝にしるされた方位については、しばしばその誤りが指摘されるが、帯方郡との位置関係を「東南」とする、この記載は、実際の地理によく合致している。奥野正男氏は、「この帯方郡から「東南」という方向は、邪馬台国を畿内としても九州としても西日本の範囲が収まり、陳寿の地理観の正しさを示している」として、畿内論者が主張する日本列島が朝鮮半島の南にながく台湾の東方までのびていたという、日本列島を南に約九十度回転した地理像を否定する（『邪馬台国発掘』〈PHP研究所、昭和五十八年四月〉三六～三八頁）。

（2）**舊百餘國、漢時有朝見者、今使譯所通三十國**　「舊」の字を附したのは、『漢書』地理志に「楽浪海中有倭人。分為百餘国。以歳時来献見云」とあるのを踏まえたもので、漢の時代を指し、「今使譯所通三十國」とある部分の「今」は魏の時をいうと考えられる（内藤湖南「卑弥呼考」『藝文』一―二・三・四、明治四十三年五・六・七月→『基本論文集』Ⅰ所収、六頁）。『魏志』三十巻中の地の文における「今」は東夷伝に集中し、全部で十四例ある。『魏志』が材料とした『魏略』も晋代に入ってからの成立であることを考慮すると、東夷伝の「今」という表現は、『魏略』が用いた原材料に存した語で、それが『魏略』を経てそのまま『魏志』に引き継がれていると考えられる。これは、倭人伝をふくむ東夷伝全体が比較的原材料に忠実であることを示唆する格好の徴証である。

第二節　国別記事

2. 狗邪韓国

【原文】

從郡至倭[1]、循海岸水行、歴韓國、乍南乍東[2]、到其北岸[3]狗邪韓國。

【御覧魏志】

從帶方（郡）至倭、循海岸水行、歴韓國、從乍南乍東、到其北岸拘（狗）邪韓國。

【魏略】逸文

從帶方至倭、循海岸水行、歴韓國、至拘邪韓國。（『翰苑』巻三十）

読み下し

郡より倭（わ）に至るには、海岸に循（したが）いて水行し、韓国を歴（へ）て、乍（あるい）は南し乍（あるい）は東し、其の北岸狗邪韓国（くやかんこく）に到る。

現代語訳

帯方郡から倭に至るには、海岸沿いに航行し、韓人の国を経て、ときには南に、ときには東に進み、倭からみて北の対岸にあたる狗邪韓国に到着する。

註解

（1）**邪馬臺国への道程**　以下、帯方郡から邪馬臺国までの道程について、進む方位・旅行方法・距離（日数）・目的地、といった情報が記載されている。いま、それを整理すると下表のとおりである。

三木太郎『魏志倭人伝の世界』（吉川弘文館、昭和五十四年十月）は、この表を、つぎのように分析している。②・④が方向を欠いているのは、方向がわからなかったからではなく、②が①の方向（南・東）を、④が③の方向（南）をそれぞれうけているからであるという。同様に、⑥・⑦が方法を欠くのは、やはり方法がわからないはずはないので、⑤の方法（陸行）をうけているのであろう。缺落箇所が②・④の方向から、⑥・⑦のように方法へと変わったのは、⑤から記載順序が変わったためである。してみると、⑥・⑦が放射的記述だとすれば、これらはそれぞれ独立の構文となるので、⑤→⑥→⑦のような関係をとりえないのであって、この点からみて、放射説には無理がある（前掲書、六〇〜六一頁）。筆者も、こうした三木氏の分析を妥当と思うので、ここでは放射説は採らない。7—註解（1）参照。

（2）**乍南乍東**　「乍」の原義は、たちまち・にわかに・しばらく、など。この部分は、ふつう「乍（あるい）は南し乍（あるい）は東し」と訓読されるが、三品彰英氏は「乍（しばらく）は南に進み、乍（しばらく）は東に進んで」（三品彰英編『邪馬台国研究総覧』〈創元社、昭和四十五年四月〉所収の『魏志』倭人伝現代語訳」五〇頁、井上秀雄他訳注『東アジア民族史1正史東夷伝』〈平凡社、昭和四十九年十二月〉二九〇頁）と訳す。頼惟勤氏は、「「乍南乍東」は、「南に行ったかと思うとすぐに東に行ったり」という、その方向が一定せず、かつ折れ曲りが短いというようなことだろうと思われます」（「〈魏書・東夷伝・倭人伝〉の文章」松本清張編『邪馬臺国の常識』）とする。いずれにしても、朝鮮半島の複雑な海岸沿いに進む様子をうまく表現している。

（3）**其北岸**　「其北岸」とは「倭からみて北岸の」の意。日野開三郎氏によれば、中国ではBが海を隔ててAの北方にある場

出発地点	到着地点	方法	経由	方向	距離	備　考
（一）帯方郡	倭	—	—	—	—	倭地……周旋 5,000餘里
①帯方郡	（其北岸） 狗邪韓国	循海岸水行	—	乍南乍東	7,000餘里	
②狗邪韓国	対馬国	始度一海	—	—	1,000餘里	
③対馬国	一支国	又、渡一海	—	南	1,000餘里	
④一支国	末盧国	又、渡一海	—	—	1,000餘里	
⑤末盧国	伊都国	陸行	—	東南	500里	
⑥伊都国	奴国	—	—	東南	100里	
⑦奴国 （伊都国）	不弥国	一行	—	東	100里	
⑧不弥国 （伊都国）	投馬国	水行	—	南	20日	
⑨投馬国 （伊都国）	邪馬臺国	水行 陸行	—	南	10日 1月	
A．其餘旁国 21ヶ国 B．狗奴国（女王支配圏の南）						
（二）帯方郡	女王国 （邪馬臺）	—	—	—	万2000餘里	
計其道里、当在会稽東冶之東						

合、BはAの北岸にあるという表現をするという（「北岸—三国志・東夷伝用語解の一」『東洋史学』五、昭和二十七年六月↓『基本論文集』Ⅱ所収）。

3．対馬国

【原文】

七千餘里。[1] 始度一海千餘里、至對馬國。其大官曰卑狗、副曰卑奴母離。[2] 所居絶島、方可四百餘里。土地山險、多深林、道路如禽鹿徑。有千餘戸。無良田、食海物自活。乘船南北市糴。

【御覧魏志】

七千餘里。（始度一海、千餘里）至對馬國、戸千餘里。（其）大官曰卑狗、副曰卑奴母離。所居絶島、方（可）四百餘里。地多山林（土地山險、多深林、道路如禽鹿徑。有千餘戸）、無良田、食海物自活、乘船南北市糴。

【魏略】逸文

七十（ママ）里始度一海千餘里、至対馬國。其大官曰卑狗副曰卑奴。無良田南北布糴。（『翰苑』巻三十）

読み下し

七千餘里にして、始めて一海を度る千餘里、対馬国に至る。其の大官を卑狗と曰い、副を卑奴母離と曰う。居る所絶島にして、方四百餘里可り。土地は山険しく、深林多く、道路は禽鹿の径の如し。千餘戸あり。良田なく、海物を食して自活す。船に乗りて南北に市糴す。

現代語訳

帯方郡から七千餘里来たところで、はじめて一つの海をわたり、千餘里行くと対馬国に至る。その大官を卑狗といい、副官を卑奴母離という。そこは離島で、面積は、四百餘里ばかりである。土地は、山が険しく、深林が多く、道路は、禽と鹿の通う小径のようである。千餘戸がある。良田がなく、海産物を食料として自活している。船に乗って南北に行き、米穀を買い入れている。

註解

（1）**倭人伝の一里の長さ**　倭人伝では、帯方郡から狗邪韓国までの里数を「七千餘里」としるすのをはじめとして、ある地点からつぎの目的地までの里数を具体的にしるす。これらの数値と実際の距離を比較しながら、倭人伝の一里が何メートルかを計算してみると、平均八九メートル弱となり、これは魏代の一里が約四三四メートルであったことと大きな隔たりがある（安本美典『真説・卑弥呼と邪馬台国　天照大御神は卑弥呼である』〈心交社、平成二十一年九月〉一九二〜一九九頁）。この「短里」が魏代に一般的に使用されていたのか、それとも東夷伝にだけみえる特殊な里なのかは議論があるが、倭人伝の里数をキロに換算する際には短里でなければならない。

（２）**諸国の王・官名**　倭人伝は諸国に存在した王や官名をあげている（表参照）。王についてはしばらく措くとして（王については、６―**註解**（２）参照）、坂本太郎氏が指摘したように（「魏志倭人伝雑考」古代史談話会編『邪馬臺国』〈朝倉書店、昭和二十九年九月〉所収→『基本論文集』Ⅱ、二七九頁）、諸国の官名には、厳密な意味での官名ではなく、たまたまその官を占めた人の名が誤って官名のごとくしるされているものもあり、ぎゃくに、もとは官名であったものが人名や地名に転じた例もあると思われる。しかも、それが九州地方の古い人名・地名にもとめられることは邪馬臺国＝九州説に有利にはたらくであろう。坂本論文によって、諸国の官名で、『日

国名	王の有無	大官	副官以下	備　　考
対馬国	（王）	卑狗	卑奴母離	卑奴母離は景行天皇十八年紀夷守や兄夷守・弟夷守などと関聯あるか。代々の王は女王国に服属か。
一大国	（王）	卑狗	卑奴母離	卑奴母離は景行天皇十八年紀夷守や兄夷守・弟夷守などと関聯あるか。代々の王は女王国に服属か。
末盧国	（王）	―	―	代々の王は女王国に服属か。
伊都国	王	爾支	泄謨觚・柄渠觚	爾支は景行天皇十二年紀の直入県の禰疑山、『豊後国風土記』直入郡の禰疑野と関聯あるか。 一大率（検察官）常駐。代々の王は女王国に服属
奴国	（王）	兕馬觚	卑奴母離	兕馬觚は伊都国の泄謨觚とともに、『豊後国風土記』大野郡の土蜘蛛小片鹿奥・小片鹿臣と関聯あるか。
不弥国	（王）	多模	卑奴母離	
投馬国	（王）	弥弥	弥弥那利	景行天皇十二年紀に耳垂、『肥前国風土記』値嘉島に大耳・垂耳あり。日向の駅に美弥あり（延喜式）。
邪馬臺国	王（卑弥呼）	伊支馬	弥馬升 弥馬獲支 奴佳鞮	伊支馬に関聯するものとして、『豊後国風土記』日田郡に五馬山、五馬媛あり。弥馬獲支は景行天皇十三年紀の御刀媛あり。
狗奴国	王（卑弥弓呼）	狗古智卑狗	―	

※二十一国については不明。

本書紀』・『豊後国風土記』にみえる地名や人名との一致を想定しうるものをあげると、前頁のとおりである。

4．一支国

【原文】

又南(1)渡一海千餘里、名曰瀚海。至一大國。官亦曰卑狗、副曰卑奴母離。方可三百里。多竹木叢林、有三千許家。差有田地、耕田猶不足食、亦南北市糴。

【御覧魏志】

又南渡一海一千（千餘）里、名曰瀚海。至一大國。置官與對馬同（官亦曰卑狗、副曰卑奴母離）。地方（可）三百里。多竹木叢林、有三千許家。亦（差）有田地、耕田猶不足食、方行（亦南北）市糴。

【魏略】逸文

度海、至一支國。置官與対同。地方三百里。（『翰苑』巻三十）

読み下し

又、南して一海を渡る千餘里、名づけて瀚海（かんかい）と曰う。一大（いちだい）国に至る。官は亦（また）卑狗と曰い、副を卑奴母離と曰う。方三百里可（ばか）り。竹木叢林（ちくぼくそうりん）多く、三千許（ばか）りの家有り。差（やや）田地有りて、田を耕すも猶（なお）食（く）うに足らず、亦南北に市糴（してき）す。

現代語訳

また南に一つの海を渡ること千餘里、その海を瀚海（大海、対馬海峡）という。一大国（一支国の誤りか）に到着する。大官はやはり卑狗といい、副官を卑奴母離という。面積は、三百里ばかりである。竹薮や林が多く、三千戸ばかりの家がある。やや田地があるが、その耕作だけでは食料が不足し、〔この国も〕また〔対馬国同様〕南北に行き米穀を買い入れている。

註解

（1）南　対馬からみて壱岐は東南の方角にあり、ここで「南一海を渡る」とするのは、倭人伝のしるす方位が時計の針の進行方向に四十五度ほどずれていることを示す（6―註解（1）・16―註解（1）参照）。

5．末盧国

又渡一海、千餘里至末盧國(1)。有四千餘戸。濱山海居、草木茂盛、行不見前人。好捕魚鰒(2)、水無深淺、皆沈沒取之。

【御覧魏志】

又渡（一）海、千餘里至末（末）盧國。有四千（餘戸）。濱山海居（、草木茂盛、行不見前人）。善（好）捕魚鰒、水無深淺、皆能沉（沈）沒取之。

【魏略】逸文

又度海千餘里、至末盧囙。人善捕魚、能浮沒（没）水取之。（『翰苑』巻三十）

読み下し

又、一海を渡る千餘里、末盧（まつろ）国に至る。四千餘戸有り。山海に浜（そ）うて居る。草木茂盛（もせい）し、行くに前の人を見ず。好（よ）く魚鰒（ぎょふく）を捕え、水の深浅（しんせん）と無く、皆沈没（ちんぼつ）して之（これ）を取る。

現代語訳

また一つの海をわたること千餘里で、末盧国に至る。四千餘戸がある。山が海に迫っているので、沿岸に居住している。草や木が繁っており、道を行く前の人がみえないほどである。〔住民は〕手落ちなく魚や鰒を捕える。水の深さにかかわらず、みな潜って獲っている。

註解

（1）**又渡一海、千餘里至末盧國**　なぜ、一支国から直接一大率の駐在する伊都国へ上陸しないのかという疑問が浮かぶが、他の国ではなく末盧国に上陸したのは、もっぱらこの地が壱岐からもっとも近かったからであろう。

（2）**好捕魚鰒**　『御覧魏志』では「善捕魚鰒」と「善」の字を用いるので、「好」と「善」が一致する読み方が正しい。一般に「好んで魚鰒を捕え」と読まれ、「魚や鰒を捕えるのが好きだ」と解されるところだが、「よく魚鰒を捕え」と読んで「手落ちなく魚や鰒を捕る」の意に理解したほうが原文に則している（三木太郎『魏志倭人伝の世界』〈吉川弘文館、昭和五十四年十月〉一二四～一二六頁）。

6．伊都国

【原文】

東南陸[1]行五百里、到伊都國。官曰爾支、副曰泄謨觚、柄渠觚。有千餘戸[2]。世有王、皆統屬女王國[3]。郡使往來常所駐[4]。

【御覧魏志】

東南陸行五百里、到伊都國。官曰爾支、曰副（副曰）泄謨觚、柄渠觚（觚）。有千餘戸。世有王、皆統屬女王（國）。帶方（郡）使往來常止住（所駐）。

【魏略】逸文

東南五百里、到伊都國。戸萬餘。置官曰爾支、副曰洩溪觚柄渠觚。其國王皆屬女王也。（『翰

苑』巻三十）

読み下し

東南に陸行すること五百里にして、伊都国（いとこく）に到（いた）る。官を爾支（にき）と曰い、副を泄謨觚（せこも）・柄渠觚（へごこ）と曰う。千餘戸有り。世（よよ）王有るも、皆女王国に統属（とうぞく）す。郡使の往来するに常に駐（とど）まる所なり。

現代語訳

東南に向かって陸路を進むこと五百里で、伊都国に至る。大官を爾支といい、副官を泄謨觚・柄渠觚という。千餘戸がある。〔伊都国をはじめ諸国には〕代々王がいるが、みな女王国に統属している。帯方郡の使者が往来するときは、いつも〔ここに〕留まる。

註解

（1）**東南**　末盧国（東松浦半島の唐津市呼子町附近）から伊都国（糸島半島の糸島市前原附近）への方位と、伊都国から奴国（博多附近）への方位をいずれも東南としているが、実際にはほぼ東であり、時計の針の進行方向に約四十五度ずれているので（対馬国→一支国の方位にも同様のずれがあることについては4―註解（1）参照）、伊都国・不弥国から投馬国あるいは邪馬臺国へ至る方位も、南とあるのを時計の針と逆回りの方向へ約四十五度修正する必要があるという説がある。これにしたがえば、伊都国と邪馬臺国の位置関係も単純に北と南で片づけられなくなるが、この註解では、なるべく倭人伝における方位の記載を尊重している。11―註解（1）参照。

なお、倭人伝の方位については、夏季の日の出方向を東とする方位に大略一致しているとする説があり、これによれば、地図上の方位より約三十度北にずれることになり、倭人伝の方位の記載も大きく修正を要するものではなくなる。これとはべつに、現在でも、大阪市→和歌山市、大分市→宮崎市を多くのひとが漠然と「南行」と認識している例もあり、末盧国→伊都国、伊都国→奴国もこうした大雑把な方位感覚にもとづくものとすれば、それほど咎めるべきものではないと思う。

（2）**世有王、皆統屬女王國**　この「王」については、「世」を歴代の意に解したうえで、①伊都国歴代の王とする説、②諸国の歴代の王とする説、などがあるが、『魏略』逸文では、この部分は「其國王皆屬女王也」となっており、これによると、伊都国以前にしるされていた対馬国・一支国・末盧国の国々にもみな王があって、女王国に属しているというのが、本来の文意のようである。

ところで、ここにいう「女王国」は、文字通り「女王の治める国」の意である。べつのところでものべたように（10―註解（3）参照）、女王は邪馬臺国の王卑弥呼のことを指すと考えられるから、女王国も、当然邪馬臺国のこととなる。「女王国」の用例は、本条の①「世有王、皆統屬女王國」のほか、②「自女王國以北、其戸數道里可得略載、其餘旁國遠絶、不可得詳」（第11段）・③「自郡至女王國萬二千餘里」（第14段）・④「自女王國以北、特置一大率、檢察諸國、諸國畏憚之」（第35段）・⑤「女王國東渡海千餘里、復有國、皆倭種」（第38段）の五例があるが、いくぶん意味が曖昧な⑤を除くと、いずれも女王国＝邪馬臺国に解してなんら差し支えないところである。牧健二氏のように、女王国の範囲を旁国（斯馬国から奴国までの二十一国）から奴国を除いた二十国に投馬国と邪馬台国を加えた諸国とみる説もあるが（「前漢書の書例に拠って解釈された邪馬台国・女王国・倭国」『シンポジウム邪馬台国』〈創元社、昭和四十一年八月〉所収）、これについては井上光貞氏の批判がある（「邪馬台国の政治構造」『シンポジウム邪馬台国』〈前掲〉、のち『井上光貞著作集』第六巻〈岩波書店、昭和六十年九月〉所収、引用頁数は後者による二九～三一頁)。

(3) **郡使往來常所駐**　この「(帯方)郡使の往来するに常に駐(とど)まる所なり」という一文から、帯方郡使は伊都国に常駐するのだから、邪馬台国には来なかったとする説がある(山田孝雄「狗奴国考」『考古学雑誌』一二―八・一〇・一一・一二、大正十一年四月～八月↓『基本論文集』Ⅰ所収ほか)。ただ、べつにものべたように(44―註解(1)参照)、倭人伝における魏使(使節)は、厳密には郡使と勅使とに分けて考える必要があり、三木太郎氏によれば、郡使は「倭人伝に具体的には記されないほど、何回となく伊都国にまで赴いていたとみるべきで」(三木氏「倭人伝の「拝仮」の問題―魏使は邪馬台国に来たか―」『倭人伝の用語の研究』〈多賀出版、昭和五十九年一月〉五七頁)、「おそらく郡使は、年に一度ぐらいの割で倭の実情の調査と、帯方郡の諸状況を伝える目的などで伊都国に来ていた」(前掲書、五七頁)という。

7. 奴国

【原文】

東南至奴國百里。(1) 官曰兕馬觚、副曰卑奴母離。有二萬餘戸。

【御覧魏志】

(2) 又東南至奴國百里。置官曰先蒋馬觚、副曰卑奴母離。有二萬餘戸。

読み下し

東南して奴国(な)に至ること百里。官を兕馬觚(しまこ)と曰い、副を卑奴母離(ひなもり)と曰う。二万餘戸有り。

現代語訳

〔伊都国から〕東南に向かって行くと、奴国に至る。〔伊都国からの距離は〕百里である。大官を兕馬觚といい、副官を卑奴母離という。二万餘戸がある。

註解

（1）**放射状読み方**　伊都国までは、方位・距離・目的地の順でしるすのに対し、伊都国以下は、方位・目的地・距離の順で記載する。豊田伊佐美「邪馬臺国を読みて」（『考古学雑誌』一三―一、大正十一年九月→『基本論文集』Ⅰ所収）・安藤正直「邪馬臺は福岡県山門郡に非ず」（『歴史教育』二―五・六・七、昭和二年八月〜十月→『基本論文集』Ⅰ所収）・榎一雄「魏志倭人伝の里程記事について」（『学藝』三三、昭和二十二年十一月→『基本論文集』Ⅱ所収）は、こうした表記の変化に注目し（ただし、伊都国以前の記述でも、帯方郡から狗邪韓国に至る旅程は、方位・目的地・距離の順でしるされている）、伊都国以下は、伊都国を起点に放射状に読むべきことを主張。ただし、『御覧魏志』では、現行倭人伝で「東行至不彌國百里」（第8段参照）・「南至投馬國水行二十日」（第9段参照）とある箇所が、それぞれ「又東行百里至不彌國」・「又南水行二十日至投馬國」となっており、伊都国以前とおなじ書き方である。また、『梁書』倭人伝も伊都国以下を「又東南行百里、至奴國」・「又東行百里、至不彌國」・「又南水行二十日、至投馬國」と、方位・距離・目的地の順にしるしており、この点は放射説に不利である。

（2）**又**　第4・5段では、倭人伝・『御覧魏志』ともに「又」という接続詞によって、前段の行程記事と繫がっているので、対馬国、一支国、末盧国と順に進んでいくべきことがわかる。伊都国から先の第7・8・9・10段の記述については、倭人伝には「又」の字はないものの、『御覧魏志』では、やはり「又」の字が存在する。そこから判断すると、伊都国以降の行程記事も順次式に解釈するのが、本来の読み方であったと思われる。

8. 不弥国

【原文】

東行至不彌國百里。官曰多模、副曰卑奴母離。有千餘家。

【御覧魏志】

①又東行百里至不彌國（至不彌國百里）。戸千餘、官（曰）多模、副曰卑奴母離。（有千餘家。）

読み下し

東行して不弥(ふみ)国に至ること百里。官を多模(たも)と曰い、副を卑奴母離(ひなもり)と曰う。千餘家有り。

現代語訳

東に向かって行くと不弥国に至る。〔奴国からの距離は〕百里である。大官を多模といい、副官を卑奴母離という。千餘戸がある。

註解

（1）又　7註解―（2）参照。

9．投馬国

【原文】

南至投馬國水行二十日[1]。官曰彌彌、副曰彌彌那利。可五萬餘戸。

【御覧魏志】

[2]又南水行二十日至於投馬國[3]（至投馬國水行二十日）。戸五萬。置官曰彌彌、副曰彌彌郍（那）利。（可五萬餘戸。）

読み下し

南して投馬（とうま）国に至る。水行すること二十日。官を弥弥（みみ）と曰い、副を弥弥那利（みみなり）と曰う。五万餘戸可り。

現代語訳

南に向かって行くと投馬国に至る。船で二十日かかる。大官を弥弥といい、副官を弥弥那利という。五万餘戸ばかりである。

註解

（1）**水行二十日**　ここの投馬国と次段の邪馬臺国だけは、道程が距離でなく「日」で示され、戸数に「可（ばかり）」が附されている。そこから、帯方郡からの使者は、実際には投馬国・邪馬臺国には足を運ばず、伊都国において大率から女王の都する邪馬台国までの行程を聞いたのだとする説がある（山尾幸久『魏志倭人伝』〈講談社、昭和四十七年七月〉八六〜九一頁）。たしかに、投馬国や邪馬臺国への道程だけ所要日数でしるすのは他と異なるが、だからといって実際に行かなかったとは断言できない。行程が複雑なために、具体的な距離であらわせなかった可能性も考えられる。戸数については、『御覧魏志』には「可」の字はないので、もとはなかったのかも知れない（『御覧魏志』では、全体に「可」・「餘」を用いる例が少ない）。あるいは、五万、七万と、他国に比して圧倒的に大きい数なので、「可」を補って概数としたのかも知れない（ちなみに、戸数に「可」を用いるのは投馬国と邪馬臺国だけだが、長さをあらわすのに他の箇所で「方可四百餘里」・「方可三百里」という筆法が用いられている）。第一、大率が投馬国や邪馬臺国への行程や戸数を知らなかったとは考えがたいので、この説は採らない。なお、魏の使者が女王国に実際に赴いたことについては、43 **註解**―（1）参照。

（2）**又**　7 **註解**―（2）参照。

（3）**投馬國（於投馬國）**　この投馬国についてはのちの豊前国を中心とする地域をあてる説があるが、『豊後国風土記』日田郡条には「五馬山」・「五馬媛」（大分県日田市天瀬町五馬市附近）といった人名や地名がみえる。なお、この部分は『御覧魏志』に

「至於投馬國」とあるところで、投馬国は「於投馬国」としるされる。これを「あづまこく」と意に理解し、倭の国々のなかで当方に位置したことから、かかる名が生じたとする説もある。筆者は、基本的に、倭人伝等の文章を都合よく意改することには反対だが、それを承知のうえで、「投馬」を「投与」の誤写とみれば「トヨ」と読むことも可能であるという推論には魅力を感じる。

10. 邪馬臺国

【原文】

(1)南至邪馬壹國(2)、女王(3)之所都、水行十日、陸行一月(4)。官有伊支馬、次曰彌馬升、次曰彌馬獲支、次曰奴佳鞮。可七萬餘戸(5)。

【御覧魏志】

(6)又南水行十日陸行一月至邪馬臺國。戸七萬。女王之所都、（水行十日、陸行一月）。其置官曰（有）伊支馬、次曰彌馬叔（升）、次曰彌馬獲支、次曰奴佳鞮。（可七萬餘戸）。

読み下し

南して邪馬壹国（やまいち）（邪馬臺国か）に至る、女王の都する所、水行すること十日陸行すること一月。官に伊支馬（いきま）有り、次を弥馬升（みまと）と曰い、次を弥馬獲支（みまおき）と曰い、次を奴佳鞮（ぬかで）と曰う。七万餘戸可り。

現代語訳

南に向かって行くと邪馬臺国に至る。女王の都とするところである。〔投馬国から〕航行十日と陸行一月かかる。大官に伊支馬がある。次の官を弥馬升という。その次を弥馬獲支といい、その次を奴佳鞮という。七万戸ばかりである。

註解

（1）南　邪馬台国への道程については、順次式読み方ならば、不弥国、放射状読み方ならば伊都国を起点とするちがいはあるものの、南へ進む以上は、北九州地方のいずれかの場所へ進むことはおなじである。倭人伝では、南行して邪馬臺国に至ると書いており、この点は明確である。ただし、倭人伝では、末盧国→伊都国、伊都国→奴国の方位を「東南」としているが、末盧国＝東松浦半島の唐津市呼子町附近、伊都国＝糸島半島の糸島市前原附近、奴国＝博多附近とすれば、厳密にはほぼ東であり、時計の針と逆回りの方向へ約四十五度修正する必要がある（6―註解（1）参照）。ただ、これはあまりに方位というのを厳密に考え過ぎているようにも思えるので、筆者は、これをよりどころにすべての方位を東へ約四十五度修正する必要があるとは思わない。

ところで、畿内説では、内藤湖南「卑弥呼考」（『藝文』一―二・三・四、明治四十三年五・六・七月↓『基本論文集』Ⅰ所収、一一頁）氏以来、南を東に修正する。内藤氏は、中国の古書が方向をいうとき、東と南、西と北を相兼ねるのが常例であるとして、九十度修正を加えている。また、三品彰英氏は、「寧ろ吾々は、『魏志』の文を読むに当っては、陳寿時代の地理的知識に即して読解すべきである。即ち南と云ふ方位記事を東に訂正するよりも、吾々の持ってゐる地図上に日本列島を、南の方に整列せしめるやうに、しかも不正確な形に歪めて、九十度の転回を試みるのが撰者の考へに即する所以である」とのべ（「邪馬臺の位置」『学藝』昭和二十三年四月→『基本論文集』Ⅱ所収、二三頁）、方位の読み替えではなく、あくまで地理的発想を転換すべきことを主張する。また、室賀信夫氏は、「混一彊理歴代国都之図」という地図が、日本列島を、九州を北、関東地方を南にして描いていることを指摘し、倭人伝の筆者も、日本列島が北から南に伸びていると考え、東と南を取り違えてしるしたとする説もある。しかしながら、冒頭の「倭人は帯方の東南の大海の中に在り」という記述や、対馬国→一支国以下の方位の記載をみても、大きく方位を取り違えている感じはしないので、やはり、倭人伝の方位は基本的に訂正の必要は認めない。しかも、「混一彊理歴代国都之図」にしても、十五世紀初頭に朝鮮で作られたものであって、これをもって三世紀の地理像を考えるのは無理がある。

（2）**邪馬壹国か邪馬臺国か**　古田武彦氏は、『三国志』のなかで壹が何回現れるか、臺がどれだけ出現するかを、丹念に数えあげて、両者の間に混同や誤写はなく、また、両字の意義もいちじるしく異なるので、混乱もないことから、現行倭人伝の「邪馬壱国」の表記が正しいとする。しかしながら、この点については、すでに多くの先学が指摘しているように、右に引いた『御覧魏志』をはじめとして、『後漢書』『梁書』『北史』『隋書』『通典』『翰苑』などに「臺」の字が用いられている。いっぽう、現存『三国志』の版本も、十二世紀以後のもので、「一支国」を「一大国」、「景初三年」を「二年」と誤るなど、誤記の少なくないことを思うと、邪馬壱国説もそれほど確証があるわけではない。

（3）**女王**　女王は卑弥呼の俗称である。倭人伝では、第37段に「乃共立一女子爲王、名曰卑彌呼、（中略）自爲王以來、少有見者」あるなど、卑弥呼のことをたんに王とのみしるす例もあるが、多くは女王と表記している。その実例は、本条以下、八例あり、いずれも卑弥呼（ときにその卑弥呼が王たる邪馬臺国）と解して問題ない。ただし、べつにものべたように、卑弥呼が親魏倭王に冊封された景初三年十二月以降は、卑弥呼の死を前提に彼女を過去の身分であらわしたと思われる「其八年、太守王頎到官。倭女王卑彌呼與狗奴國男王卑彌弓呼素不和」（第47段）以外は、一貫して倭王と表記されている（43―註解（２）参照）。

（４）**水行十日、陸行一月**　この「水行十日、陸行一月」については、水行ならば十日、陸行ならば一月と読む説があるが、この説には疑問がある。すなわち、末廬国→伊都国→奴国→不弥国も倭人伝では陸行のみしるすが、水行も可能だし、ぎゃくに不弥国→投馬国は水行しかしるさないが陸行も可能なので、ひとり投馬国→邪馬臺国だけが水行・陸行両様の方法を併記するのは不審である（三木太郎『魏志倭人伝の世界』〈吉川弘文館、昭和五十四年十月〉六一頁）。また、和歌森太郎氏は、これを伊都国からの距離と考えたうえで、北九州の各国の挙げ方が帯方郡からみて近いほうから遠いほうへ及んでおり、もし両様併記の用法だとすると、水行二十日の投馬国が水行十日の邪馬臺国よりもさきに記載されるのはおかしいとしている（「私観邪馬臺国」『社会経済史学』一八―三、昭和二十七年八月→『基本論文集』Ⅱ所収）それゆえ、ここは水行十日＋陸行一月の意味に解釈するのが妥当であろう。なお、山尾幸久氏によれば、複数路併記の実例は、「水道」「陸道」または「水路」「陸路」（「水」「陸」はそれらの略称）など、「道」「路」が用いられるのが通例で、倭人伝のような形（「行」）で両道を併記する例は知らないという（『新版・魏志倭人伝』〈講談社、昭和六十一年十一月〉一一一頁）

ところで、水行十日＋陸行一月とみた場合、投馬国から邪馬台国までの行程がいちじるしく長くなり、九州説に不利な印象を与えるが、単純に一日あたりの距離数×日数で総距離を算出し、それを地図に当て嵌めるのは危険である。あくまで所要日数なのだから、途中の足止めや休息の日数もふくむのであろう。しかも、茂在寅男氏が実地踏査にもとづいてのべるように、リアス式海岸沿いに進むことのできる距離は一日七キロがやっとであり、陸行一月といっても、それほど多くは進むことができない

（「難行の邪馬台国追求」『東アジアの古代文化』五三、昭和六十二年十月）。魏使が銅鏡百枚のような重い荷物を運びつつ進むのであればなおさらであり、この水行十日陸行一月を過大評価すべきではない。また、謝銘仁氏は、「この日程記事は、先に水路を「十日」で行ってから、引き続いて、陸路を「一月」急いだという意味ではない。地勢によって、沿海水行したり、山谷を乗り越えたり、川や沼地を渡ったり、陸地を行ったり、水行に陸行、陸行に水行をくり返したという意味である。さらに、天候や何かの事情により進めなかった日数や休息・祭日その他の日数も加算し、卜旬の風習や干支の思想も頭に入れて、整然とした「二十日」「十日」「一月」で表記したのであろう」（『邪馬台国中国人はこう読む』〈徳間文庫、平成二年三月〉八九～九〇頁）と解釈している。なお、武光誠氏は、魏志、東夷伝中の挹婁伝に「挹婁は夫餘の東北千余里にあり」とあり、さらに『晋書』四夷伝、粛慎氏伝に「粛慎氏、一名に挹婁という。不咸山（ふかんざん）の北に在り、扶余から六十日の行程。東は大海（日本海）に沿い、西は寇」とある文章に注目し、「魏志倭人伝が作られた時代に、「夫余から挹婁」までの千里の距離は六十日の行程に等しいと考えられていた。したがって、『魏志倭人伝』の不弥国から邪馬台国までの水行三十日、陸行一月の行程を距離に直すと、約千里になる」とのべ、倭人伝では狗邪韓国と対馬国、対馬国と一支国、一支国と末盧国の間を、それぞれ千里としているので、千里が対馬海峡の約三分の一の距離にあたるとみれば、不弥国から一千里で大和には到達できないとしている（『テラスで読む邪馬台国』〈日本経済新聞社、平成四年六月〉一一五～一一六頁）。単純には比較できないところもあるが、東夷伝のなかに、一千里を六十日の行程としている記述の存在することは貴重である。ただし、これについては、「倭人条のように郡から邪馬台国へ至る行程を記述する途中にかかれた日数距離とはおのずから性格がことなる」という意見もある（江畑武「魏志・東夷伝に於ける倭の地理像」『文化史研究』一二、昭和三十五年十二月↓『基本論文集』Ⅲ所収、四六頁）

（5）**可七萬餘戸**　この戸数には誇張があるといわれているが（白鳥庫吉「卑弥呼問題の解決」『オリエンタリカ』一・二、昭和二十三年八・十一月↓『基本論文集』Ⅱ所収、一〇三～一〇八頁)、第12段にあがっている女王国聯合の国々を筑紫平野に比定し、その総戸数と考えると、あながち虚数ともいえない面がある。この点については、安本美典「白鳥学説批判」(『邪馬台国論争批判』〈芙蓉書房、昭和五十一年十二月〉所収)に詳しい。

(6)又 7 註解―(2)参照。

11. その餘の旁國

【原文】

自女王國以北、其戸數道里可得略載(1)、其餘旁國遠絶、不可得詳。

読み下し

女王国より以北、その戸数・道里(どうり)は得て略載(りゃくさい)すべきも、其の餘の旁国(ぼうこく)は遠絶にして、得て詳(つまび)らかにすべからず。

現代語訳

女王国より北にある国々については、その戸数や道里のおおよそを記載することはできるが、その他の周辺の国々は、遠く離れていて、詳しく書くことができない。

註解

（1）**伊都国と邪馬臺国の位置関係**　倭人伝では伊都国と邪馬臺国の位置関係を三箇所にわたってしるしている。一つは、帯方郡から邪馬臺国への旅程をのべたくだりで、伊都国を経て、「南（行）して、邪馬臺国にいたる。女王の都とするところ」としるす箇所であり、二つ目が本条である。ここでは「女王国より以北は、その戸数・道里は得て略載すべき」としるされているが、戸数・道里が記載されるのは、対馬国・一支国・末盧国・伊都国・奴国・不弥国・投馬国だから、これらが「女王国より以北」の国々であったと考えられる。三つ目は、第35段に「女王国より以北には、とくに一大率をおいて、諸国を検察させている。（中略）（一大率は）つねに伊都国に（おいて）治めている」とのべる部分である。ここでも伊都国は女王国より北だとしるされている。これらの情報から、女王国がおおまかにいって伊都国の南に位置することはほぼまちがいなく（安本美典『「邪馬台国畿内説」徹底批判』〈勉誠出版、平成二十年四月〉七〇～七一頁参照）、伊都国が糸島半島の糸島市前原附近で動かないとすれば、邪馬臺国はその南、すなわち九州島内にあったと考えざるをえない。

12．女王国の境界

【原文】

次有斯馬國(1)、次有已百支國、次有伊邪國、次有都支國、次有彌奴國、次有好古都國、次有不呼國、次有姐奴國、次有對蘇國、次有蘇奴國、次有呼邑國、次有華奴蘇奴國、次有鬼國、次有爲吾國、次有鬼奴國、次有邪馬國、次有躬臣國、次有巴利國、次有支惟國、次有烏奴國、次有奴國(2)、此女王境界所盡(3)。

【御覧魏志】

其屬小國有二十一皆統之。

読み下し

次に斯馬国有り、次に已百支国有り、次に伊邪国有り、次に都支国有り、次に弥奴国有り、次に好古都国有り、次に不呼国有り、次に姐奴国有り、次に対蘇国有り、次に蘇奴国有り、次に呼邑国有り、次に華奴蘇奴国有り、次に鬼国有り、次に為吾国有り、次に鬼奴国有り、次に邪馬国有り、次に躬臣国有り、次に巴利国有り、次に支惟国有り、次に烏奴国有り、次に奴国有りて、これ女王の境界の尽くる所なり。

現代語訳

つぎに斯馬国がある。つぎに已百支国がある。つぎに伊邪国がある。つぎに都支国がある。つぎに弥奴国がある。つぎに好古都国がある。つぎに不呼国がある。つぎに姐奴国がある。つぎに対蘇国がある。つぎに蘇奴国がある。つぎに呼邑国がある。つぎに華奴蘇奴国がある。つぎに鬼国がある。つぎに為吾国がある。つぎに鬼奴国がある。つぎに邪馬国がある。つぎに躬臣国がある。つぎに巴利国がある。つぎに支惟国がある。つぎに烏奴国がある。つぎに奴国があり、これは女王の境界の尽きるところである。

註解

（1）**斯馬国以下二十一国**　ここに列挙された二十一の国については、国名以外に詳しい情報がなく、古来、その比定をめぐっては諸説紛々である。ここで個々の研究者による比定地を逐一掲げることは控えるが、弥奴国（美根郡）・対蘇国（鳥栖郡）・蘇奴国（彼杵郡または佐嘉郡）・華奴蘇奴国（神埼郡）など、肥前国諸郡の地名との関聯を思わせる国名が複数みえることは注目に値する。なお、この点については、新井白石『古史通或問』下（『新井白石全集』第五巻〈国書刊行会、明治三十九年一月〉所収）三八八頁や安本美典『吉野ケ里「楼観」からの報告』（毎日新聞社、平成元年十一月）三〇～四八頁、など参照。

（2）**奴国**　ここにいう「奴国」は、第7段に登場する奴国とはべつのものであろう。重複とする説もあるが、『御覧魏志』が「其屬小國有二十一皆統之」としるしており、斯馬国から奴国までの数と一致しているので重複は考えがたい。「奴」の上に字の脱落を想定する研究者もいる。ちなみに、『後漢書』倭国伝に「建武中元二年、倭奴國奉貢朝賀、使人自稱大夫、倭國之極南界也」とあるのは、倭人伝の第7段の奴国とこの奴国を同じものとみた上で、本条の「次有奴國、此女王境界所盡」という記述によって、奴国を「倭国の極南なり」と判断したものであろう。

（3）**此女王境界所盡**　二十一国の国名を列挙したあと、このようにしるすところから、これらが邪馬臺国の支配下のあったことが知られる。いわゆる邪馬臺国聯合とでもいうべきものである。ここで大事なことは、前段の記載と考えあわせると、これら二十一国は大雑把にいって、邪馬臺国の南に位置し、その南端は次段にみえる狗奴国と境を接していたと考えられる点である。こうした「其餘旁國」の存在を考慮するなら、邪馬臺国をあまり筑紫平野の南にもとめることはむつかしいのであって、「ヤマト」の音の一致から、邪馬臺国を筑後国山門郡に比定する見解が一部で有力であるが、地理的関係からいうと、もうすこし北にもとめざるをえない。そこから判断すると、筑後川中上流が有力候補となろうかと思う。

13. 狗奴国

【原文】

其南(1)有狗奴國(2)、男子爲王。其官有狗古智卑狗(3)。不屬女王(4)。

【御覧魏志】

女王之（其）南又有狗奴國、男子爲王。其官曰（有）狗石（古）智卑狗、者不屬女王也。

【魏略】逸文

女王之南又有狗奴國、女(以カ)男子爲王。其官曰拘右智卑狗。不屬女王也。（『翰苑』巻三十）

読み下し

其の南に狗奴(くな)国有りて、男子を王と為す。其の官に狗古智卑狗有り。女王に属せず。

現代語訳

邪馬台国の南に狗奴国がある。男子を王としている。その大官に狗古智卑狗がある。〔この国は〕女王に従属していない。

註解

（1）其南　「其の南」は①邪馬臺国の南、または②奴国の南、のどちらにも解することができる。この部分は、『御覧魏志』では「其屬小國有二十一皆統之。女王之南又有狗奴國。」とあり、倭人伝の「其の南」が「女王の南」となっている。倭人伝の女王には(a)卑弥呼を指す場合と、(b)邪馬臺国を指す場合、の二種の用例があり、(a)にはさらに（イ）王の王としての邪馬臺国王の身分と、（ロ）邪馬臺国王としての身分があるが、『御覧魏志』でも（三木太郎氏は、倭人伝に先行するとみている）、邪馬臺国の王としての顔と二十八国を統属する倭の王の顔という広狭二義がすでに存在していた。そして、『御覧魏志』のこの前後は「又南水行十日陸行一月至邪馬臺國、戸七萬、女王之所都。其置官曰伊支馬、次曰彌馬叔、次曰彌馬獲支、次曰奴佳鞮。其屬小國有二十一皆統之。女王之南又有狗奴國」云々となっており、この女王が二十一国を統べる存在（(a)―（イ）の意）として描かれていることは明白だから、女王の南（倭人伝のいう「其の南」）とは女王の境界の南（②奴国の南の意）を指していると考えたほうが自然である。その結果、この部分は「邪馬台国の南にもいくつかの支配下の国があり、その南端に位置するのが奴国であり、その「又」南に狗奴国がある」という意味となる（三木太郎『魏志倭人伝の世界』〈吉川弘文館、昭和五十四年十月〉一二一～一二三頁）。13―註解（2）参照。

（2）狗奴國　ここには、邪馬臺国の南に狗奴国が存在したことがしるされる。狗奴国の「クヌ」は、肥後国南部の球磨郡の「クマ」に関聯すると考えられる。この点からも、狗奴国やその北に位置する邪馬臺国が九州にあったことは明白である。ただ、ここで注意しておきたいのは、邪馬臺国を畿内にもとめながら、狗奴国だけは九州中南部に比定する説の存在である。森田悌氏は、「投馬・邪馬台両国を不弥国の南とする魏志倭人伝の方角観は誤っているが、だからといって狗奴国を女王国の南とする記述まで誤っていることにはならないだろう」（『邪馬台国とヤマト政権』〈東京堂出版、平成十年五月〉六〇頁）とのべるが、恣意的に場面ごとに方角を読み替えるやりかたには納得がいかない。

（３）**狗古智卑狗**　狗古智卑狗は、キクチヒコ（菊池彦）であって、倭人伝では官名としるしているが、厳密には人名であろう。肥後国菊池郡に由来すると思われ（『伊勢国風土記』逸文には伊勢の在地神として「伊勢津彦」の名がみえる）、狗奴国の所在地を推定する有力な手がかりとなる。ただし、坂本太郎氏は、景行天皇紀十八年条にみえる「熊津彦」に注目し、狗奴国にはクナツヒコまたはクマツヒコが官名としてあったほうがふさわしいとする。そして、倭人伝の「狗古智卑狗」が『魏略』では「拘右智卑狗」となっており、文字に異同があるようだから、かりに「古」が「奴」、または「万」の譌だとすると、狗奴国にはクナツヒコまたはクマツヒコがいたことになり、「それは書紀の熊津彦とも連絡できる」というが（「魏志倭人伝雑考」古代史談話会『邪馬臺国』〈朝倉書店、昭和二十九年九月〉所収→『基本論文集』Ⅱ、二七九頁）、「古」が「奴」・「万」の誤写であるとする説は推測の域を出ない。

（４）**後漢書における狗奴国の記載**　『後漢書』倭伝は、狗奴国について、「自女王國東度海千餘里至拘奴國。雖皆倭種。而不屬女王」という記載があって、邪馬臺国＝大和説ではこれが狗奴国＝濃尾平野説の根拠の一つになっている。白鳥庫吉氏によれば、范曄は、倭人伝が伊都国の東にある奴国を、第12段の旁国の最後にみえる奴国と誤解し、しかも、これを倭国（女王国）の極南にあると考えていたという。しかし、それでは倭人伝に「其南有狗奴国」とある狗奴国の方位が解釈できないことから、これを陳寿の誤謬と判断して、たまたま倭人伝の下文に「女王国渡海千餘里。復有国。皆倭種」とある文と狗奴国を連結させ、上記のような文章を結構したのだという（「倭女王卑弥呼考」『東亜之光』五—六・七、明治四十三年六・七月→『基本論文集』Ⅰ所収、三〇〜三一頁）。いずれにしても、『後漢書』倭伝の記載は、先行する倭人伝の本条の「其南有狗奴國、男子爲王、其官有狗古智卑狗、不屬女王」と、第38段の「女王國東渡海千餘里、復有國、皆倭種」を不用意に接続した文章であって、この記事から、狗奴国を邪馬臺国のさらに東にもとめることにはむつかしい。第一、大和から濃尾平野地方に向かうのに「東度海」というのも不審だし、千餘里もいささか短かすぎるので、距離的にも無理があるといわざるをえない。

14．一万二千餘里

【原文】

自郡至女王國萬二千餘里。(1)

【御覧魏志】

自帯方（郡）至（女）王國萬二千餘里。

【魏略】逸文

自帯方至女國萬二千餘里。（『翰苑』巻三十）

読み下し

郡より女王国に至ること万二千餘里。

現代語訳

帯方郡から女王国までの距離は一万二千餘里である。

註解

（１）**萬二千餘里**　ここでは帯方郡から女王国までの距離を一万二千餘里としるす。いっぽう、帯方郡から狗邪韓国までが七千餘里、狗邪韓国から末盧国までの合計が三千餘里としるされるので、末盧国から邪馬臺国までは二千里前後ということになる。倭人伝の一里は九十メートル弱なので、これでいくと邪馬臺国は末盧国から二百キロメートルの範囲内に収まり、とても大和まででは届かない。ただ、この「萬二千餘里」を、倭人伝の冒頭にしるされた帯方郡から邪馬臺国に至る行程記事と同系統の史料とみて、両者を整合的に解釈しようとするこころみが方法論的に正しいかどうかは慎重に判断しなければならないので、これらの里程の操作から、末盧国〜邪馬臺国を二千里前後とみることについては保留したい。

なお、江畑武氏は、『魏志』は倭が会稽の東冶の東から海南島附近にかけて南北によこたわる島嶼と想定し、帯方郡〜邪馬臺国間の一万二千餘里は、帯方郡から狗邪韓国に至る間の七千餘里に「參問倭地、絶在海中洲島之上、或絶或連、周旋可五千餘里」を加えて計算したと考えている（「魏志・東夷伝に於ける倭の地理像」『文化史研究』一二、昭和三十五年十二月↓『基本論文集』Ⅲ所収）。この「五千餘里」という距離は、『続漢書』にかっての但耳・朱崖に近い合浦郡を「雒陽南九千一百九十一里」としている距離から帯方郡以南の朝鮮半島を「方可四千里」とする東夷伝、韓条の数字を引いたものであって、これらの数字は邪馬臺国の位置を比定するための論拠とはなりえず、この二つの距離にいかに複雑な算術的計算を施しても徒労に過ぎないと指摘（前掲論文、五五頁）。ただ、のちに江畑氏も認めているように（『基本論文集』Ⅲ五五頁の補記参照）、『後漢書』郡国志に記載される距離は『続漢書』のそれではなく、梁代の劉昭が採集した距離であって、これを倭人伝のしるす距離について考える際にそのまま利用できるかどうかは不安が残る。41―註解（1）参照。

第二章　倭の風俗

第一節　黥面文身の習俗など

15. 黥

【原文】

男子無大小皆黥面文身。[1][2]自古以來、其使詣中國、皆自稱大夫。夏后少康之子封於會稽、斷髮文身以避蛟龍之害。今倭水人好沈沒捕魚蛤、文身亦以厭大魚水禽。後稍以爲飾。諸國文身各異、或左或右、或大或小、尊卑有差。

【御覽魏志】

其俗男子無大小皆黥面文身。聞其舊語、自謂太伯之後、又云自上古以來、其使詣中國、逡巡入）

【魏略】逸文

其俗男子皆黥而文。聞其舊語、自謂太伯之後。昔夏后小康之子、封於會稽、断髪文身、以避蛟龍之吾(害)。今倭(倭)人亦文身、以厭水害也。（『翰苑』巻三十）

読み下し

男子は大小と無く、皆黥面文身す。古自より以来、其の使中国に詣るや、皆自ら大夫と称す。夏后少康の子、会稽に封ぜられ、断髪文身して、以て蛟竜の害を避く。今、倭の水人、好く沈没して魚蛤を捕え、文身し亦以て大魚・水禽を厭う。後稍以て飾りとなす。諸国の文身は各々異り、或いは左に或いは右にし、或いは大に或いは小にして、尊卑に差あり。

現代語訳

〔倭人の〕男子は、身分の高低にかかわりなく（あるいは大人も子どもも）なく、みな顔や身体に入れ墨をしている。古来、その使者が中国に来るときは、みなみずから「大夫」と称する。夏王朝の少康の子は、会稽の地に封ぜられたとき、髪を短くし身体に入れ墨をてし、もって蛟竜の害から身を守った。現在、倭の海人たちが、手落ちなく水に潜って魚や蛤を捕らえるのに、入れ墨をして〔少康の子と同様に〕大魚・水禽を害を避けてきた。〔しかし〕のちにはだんだん入れ墨を飾りとするようになった。倭の諸国では入れ墨のしかたがそれぞれ異なり、あるものは左に、あるものは右に、あるものは大きく、あるものは小さくといった具合に、身分の尊卑によって差がある。

註解

（1）**風俗に関する記載**　水野祐「狗奴国に関する『三国志』・「魏書」東夷伝の記載について」（『早稲田大学大学院文学研究科紀要』十二、昭和四十一年十二月、のち『日本古代の民族と国家』〈大和書房、昭和五十年六月〉所収）は、以下、第21段の「所有無與若耳、朱崖同」までの部分を、狗奴国に関する風俗の記載と理解し、その後の注釈書でもそれに即した註解を施している（『評釈魏志倭人伝』雄山閣出版、昭和六十二年三月）。ただ、①下文の海人の習俗を描写した部分には「倭の水人」とあり、「狗奴国の水人」とは書いていないこと、②ここを狗奴国の風俗に関する記述とみた場合、なぜ、邪馬臺国と敵対する狗奴国の風俗をこれほど叮嚀に書く必要があるのか、不審であること（倭人伝は魏と交流のあった邪馬臺国について記述するのが、本来の目的であったと考えられる）、③『後漢書』倭伝など、後続の倭人伝は、この部分を倭全体の風俗と理解してリライトしていること、などから、水野氏の説は採らない。

（2）**其俗男子無大小皆黥面文身**　『御覧魏志』では、当該箇所は「其俗、男子無大小皆黥面文身、聞其旧語、自謂太伯之後」となっており、倭人たちは呉の太伯の子孫（すなわち周の王室の出）であると自称しているとするす。

16．会稽東治の東

【原文】

計其道里、當在會稽、東治之東。（1）

読み下し

其の道里を計るに、当に会稽の東冶の東に在るべし。

現代語訳
帯方郡からの道里を計算してみると、〔邪馬台国は〕ちょうど会稽・東冶の東にあたる。

註解
（1）**會稽、東冶之東**　会稽は、現在の浙江省東部、東冶都尉治は、福建省にあたり、その東といえば沖縄県那覇市附近である。そこで、この一節は、古代中国人は日本列島が台湾附近まで南北に延びていると誤認していたとする説の根拠の一つにあげられている。ただ、すでにみたように（4―註解（1）・6―註解（1）参照）、倭人伝では、対馬国から一支国への行程を「南一海を渡る」としたり（実際は東南）、また、末盧国（東松浦半島の唐津市呼子町附近）から伊都国（糸島半島の糸島市前原附近）への方位と、伊都国から奴国（博多附近）への方位をいずれも東南（実際は東）とするなど、時計の針の進行方向に約四十五度ずれていることも事実である。とくに、倭については、第21段に「所有無與若耳、朱崖同」とあり、つづく第22段に「倭地温暖」とあるなど、気候の温暖な、南方の地域であるとの認識をもっていたようである。そこから判断すると、正確な地図のない三世紀当時では、日本列島全体が実際よりもかなり南にイメージされていた（これは、日本列島が南に向かって伸びていたという意味ではない）こともじゅうぶん考えられる。「会稽の東冶の東」という表現もそこから来ているように思われる。

第二節　風俗全般

17．風俗・髪形・衣服

【原文】

其風俗不淫。男子皆露紒、以木緜招頭。其衣横幅(1)、但結束相連、略無縫。婦人被髪屈紒、作衣如單被、穿其中央、貫頭衣之。

読み下し

其の風俗は淫ならず。男子は皆露紒し、木緜を以て頭に招く。其の衣は横幅にして、但結束して相連ね、略縫うこと無し。婦人は被髪屈紒し、衣を作ること単被の如く、其の中央を穿ち、頭を貫きて之を衣る。

現代語訳

倭人の風俗には、節度がある。男子はみな〔冠をかぶらず〕まげを露出させており、木緜で頭にはちまきをして、その衣服は、横幅の広い布を〔用い〕ただ〔紐で〕結び束ねて連ねるだけで、ほとんど縫製していない。婦人は、髪をさげたり、曲げてたばねたりして、単被のような着物は、その中央に穴を穿ち頭を通して着ている。

註解

（1）**横幅**　『晋書』倭人伝では、この部分は「其男子衣以横幅」となっている。

18. 植物と繊維

【原文】

種禾稲、紵麻、蠶桑、緝績、(1) 出細紵、縑緜。

読み下し

禾稲（かとう）・紵麻（ちょま）を種（う）え、蚕桑（さんそう）緝績（しゅうせき）し、細紵（さいちょ）・縑緜を出す。

現代語訳

禾稲・紵麻を植え、桑を植え蚕を飼い、生糸を紡ぎ、細い麻布や絹織物・綿織物を作っている。

註解

（1）**蠶桑、緝績**　邪馬臺国時代にあたる弥生時代後期の絹出土品は皆無であるが、中期後半（紀元一世紀）ごろ北九州で絹文化が発生していたことが、出土の繊維類の科学的調査であきらかになっている。しかも、出土地が北九州に限られており（たとえば、福岡県飯塚市の立岩遺跡堀田地区から出た28号甕棺内の鉄製素環頭刀子の柄に巻かれていた絹）、近畿では皆無であることは、邪馬臺国の所在地を考えるうえではなはだ示唆的な事実である（布目順郎「絹からみた邪馬台国」『季刊邪馬台国』一三、昭和五十七年八月・同「弥生絹の分布地図」『季刊邪馬台国』二九、昭和六十一年十月）。これをうけて、森浩一氏は、「ヤマタイ国奈良説をとなえる人が知らぬ顔をしている問題がある。絹の東伝である。（中略）布目氏の名著に『絹の東伝』（小学館、一九八八年）がある。目次をみると、『絹を出した遺跡の分布から邪馬台国の所在等を探る』の項目がある。簡単にいえば、弥生時代にかぎると、絹の出土しているのは福岡、佐賀、長崎の三県に集中し、前方後円墳の時代、つまり四世紀とそれ以降になると、奈良や京都にも出土しはじめる事実を東伝と表現された。布目氏の結論はいうまでもなかろう。倭人伝の絹の記事に対応できるのは、北部九州であり、ヤマタイ国もそのなかに求めるべきだということである。この事実は論破しにくいので、つい知らぬ顔になるのだろう」（『古代史の窓』〈新潮社、平成七年九月、のち平成十年九月新潮文庫所収、引用は後者による〉八九～九一頁）とのべている。

19．存在しない動物

【原文】

其地無牛馬虎豹羊鵲。

読み下し

其の地には牛・馬・虎・豹・羊・鵲（じゃく）無し。

現代語訳

その地には、牛・馬・虎・豹・羊・鵲はいない。

20. 兵器

【原文】

兵用矛、楯、木弓。木弓短下長上、竹箭或鐵鏃(1)或骨鏃。

読み下し

兵には矛・楯・木弓(もっきゅう)を用う。木弓は下を短く上を長くし、竹箭(ちくせん)は或いは鉄鏃(てつぞく)、或いは骨鏃なり。

現代語訳

武器には矛・楯・木弓をもちいる。木弓は下が短く、上が長くなっており、竹の矢には、鉄鏃か骨鏃をつけている。

註解

(1) 鐵鏃　奥野正男『鉄の古代史』(白水社、平成三年六月)によれば、弥生時代の鉄鏃は、福岡県から一七一個出土しているのに、奈良県からはわずか二個しか出土していない。

21. 儋耳・朱崖との共通点

【原文】

所有無與儋耳、朱崖(1)同。

読み下し

有無する所は、儋耳・朱崖と同じ。

現代語訳

その風俗や産物は、儋耳・朱崖と同じである。

註解

（1）儋耳、朱崖　ともに郡の名。儋耳は現在の広東省儋県の西北、朱崖は現在の広東省瓊山県の東南。ともに現在の海南島にあたる。

第三節　生活・習慣

22. 居所・飲食・化粧

【原文】

倭地温暖、冬夏食生菜、皆徒跣。有屋室、父母兄弟臥息異處。以朱丹塗其身體、如中國用粉也。食飲用籩豆、手食。

読み下し

倭の地は温暖にして、冬夏生菜(せいさい)を食す。皆徒跣(とせん)なり。屋室あり、父母兄弟、臥息(がそく)するに処(ところ)を異にす。朱丹(しゅたん)を以て其の身体に塗ること、中国の粉を用うるが如(ごと)きなり。食飲には籩豆(へんとう)を用い手食す。

現代語訳

倭の地は気候温暖で、冬も夏も生野菜を食べている。みな裸足である。屋室があり、父母兄弟で、寝所を別々にしている。朱や丹をその身体に塗るのは、ちょうど中国人がおしろいを使うのと同じようなものである。飲食には竹や木の高坏を使い、手づかみで食べる。

23. 葬儀

【原文】

其死(1)、有棺無槨(2)、封土作冢。始死停喪十餘日、當時不食肉、喪主哭泣、他人就歌舞飲酒。已葬、舉家詣水中澡浴、以如練沐。

読み下し

其の死には棺有るも槨無く、土を封じて冢を作る。始め死するや喪を停むること十餘日、時に当りて肉を食わず、喪主は哭泣し、他人は就きて歌舞飲酒す。已に葬れば、家を挙げて水中に詣りて澡浴し、以て練沐の如くす。

現代語訳

人が死ぬと、棺を用いて〔葬る〕が〔棺を入れる〕槨は作らない。土を盛り冢を作る。死ぬと、まず遺体を停めること十餘日、その期間は肉を食べない。喪主は声をあげて泣き、その他の人は歌ったり舞ったり酒を飲んだりする。埋葬が終わると、家じゅうのものが川に行って禊をし、それはあたかも中国における練沐のようにする。

註解

（1）**東夷伝の喪葬に関する記述**　以下、倭人の葬制に関する記述だが、『三国志』魏書、東夷伝は、全体に葬制・葬送について詳しい記述がある。たとえば、夫餘伝には「其死、夏月皆用冰。殺人殉葬、多者百數。厚葬、有槨無棺」、高句麗伝には「厚葬、金銀財幣、盡於送死。積石爲封、列種松柏」、東沃沮伝に「其葬作大木槨、長十餘丈、開一頭作戸。新死者皆假埋之、才使覆形、皮肉盡、乃取骨置槨中。擧家皆共一槨、刻木如生形、隨死者爲數。又有瓦積、置米其中、編縣之於槨戸邊」、韓伝（馬韓）には「其葬有棺無槨」、韓伝（弁辰）「以大鳥羽送死、其意欲使死者飛揚」とある。

（2）**有棺無槨**　「棺ありて槨なし」の埋葬形式は、九州北部に多い箱式石棺の形式に一致する（これに対し、たとえば、大和にあるホケノ山古墳からは「木槨」が出土しており、倭人伝の「槨なし」の記述にはあわない）。

以下、九州北部の墓制について、いま少し詳しくのべておく。「倭国の大乱」が二世紀末だとすると、九州北部では、この大乱を境に墓制が甕棺から箱式石棺へと移行する。したがって、邪馬臺国の所在地がいずこであるかにかかわらず、邪馬臺国時代における九州北部の墓制は箱式石棺墓（これに土壙墓・石蓋土壙墓などがともなう）が主流であった（奥野正男『邪馬台国発掘』PHP研究所、昭和五十八年四月）。ただし、ここで留意しておきたいのは、九州北部全域がいっせいにそのような変移を示したわけではないという点である。佐賀県の松浦平野・糸島半島・福岡平野にかけての玄界灘沿岸地域や、朝倉盆地から筑後平野にかけての筑後川流域は、二世紀末を境に甕棺墓から箱式石棺墓に移行しているが、対馬・遠賀川流域・行橋平野・中津平野や狗奴国の地域・大分県といった地域では、甕棺墓がほとんどおこなわれることなく、弥生時代前期から一貫して箱式石棺墓がおこなわれた。してみると、甕棺墓から箱式石棺墓に移行のあった地域（安本美典氏のいう「旧甕棺墓地域」）において、箱式石棺から出土する遺物は、かなりの確率で邪馬臺国時代のものであると断定できる（安本美典『日本創世記』二〈PHP研究所、平成五年五月〉二五五頁）。より具体的には、小形仿製鏡第Ⅱ型や「長宜子孫」銘内行花文鏡・方格規矩鏡などの後漢式鏡・鉄剣・鉄刀・鉄矛・鉄戈などの鉄製武器・玉である。これらの遺跡・遺物の分布状況をみると、①旧朝倉郡（現在の朝倉市附近）・②福岡県糸島市附近・③福岡市附近・④佐賀県神埼市・吉野ケ里町の四箇所に集中しているという（安本氏前掲書、三三五～三四一頁）。このうち、②は伊都国、③は奴国に比定される地域であり、筑後川流域の①・④は、地理的にいっても邪馬臺国の候補地として有力な土地である。

24　持衰

【原文】

其行來渡海詣中國、恆使一人、不梳頭、不去蟣蝨、衣服垢汚、不食肉、不近婦人、如喪人。

名之爲持衰。若行者吉善、共顧其生口財物、若有疾病、遭暴害、便欲殺之。謂其持衰不謹。

読み下し

其の行来、海を渡りて、中国に詣るには、恒に一人をして頭を梳らず、蟣虱を去らず、衣服は垢汚、肉を食わず、婦人を近づけず、喪人の如くせしむ。これを名づけて持衰と為す。若し行く者吉善なれば、共に其の生口・財物を顧い、若し疾病有り、暴害に遭えば、便ちこれを殺さんと欲す。其の持衰謹まずと謂えばなり。

現代語訳

倭の国から渡海して中国に往来する際には、いつも一人の人物に、髪を梳ることも、虱を取ることもさせず、衣服は〔洗わず〕垢に汚れたままにし、肉食をさせず、婦人との接触を禁じ、服喪中の人のようにさせる。これを持衰という。もし〔使者の〕旅がうまく行けば、人々は奴婢や財物を与え、もし〔使者が〕病気になったり、暴風雨に遭ったりすれば、持衰を殺そうとする。それは、持衰が謹しまなかったからだというのである。

25. 鉱物

【原文】

出眞珠、青玉。其山有丹。

読み下し
真珠（しんしゅ）・青玉（あおたま）を出す。其の山には丹（に）有り。

現代語訳
〔倭の地は〕真珠や青玉を産出する。その山には丹がある。

26. 植物

【原文】

其木有枏、杼、豫樟、楺櫪、投橿、烏號、楓香、其竹篠、簳、桃支。有薑、橘、椒、蘘荷、不知以爲滋味。

読み下し
其の木には枏（ぜん）・杼（ちょ）・豫樟（よしょう）・楺（じゅう）・櫪（れき）・投（とう）・橿（きょう）・烏号（うごう）・楓香有り。其の竹には篠（じょう）・簳（かん）・桃支（とうし）。薑（きょう）・橘（きつ）・椒（しょう）・蘘荷（じょうか）有るも、以て滋味と為すを知らず。

現代語訳
樹木には、くす・とち・くすのき・ぼけ・くぬぎ・すぎ・かし・やまぐわ・楓がある。竹には、篠竹・箭竹・桃支竹がある。生薑・橘・山椒・茗荷があるが、賞味することを知らない。

27. 存在する動物

【原文】

有獼猴、黒雉。

読み下し

獼猴（みこう）・黒雉（こくち）あり。

現代語訳

おおざるや黒羽の雉がいる。

28. 卜占

【原文】

其俗擧事行來、有所云爲、輒灼骨而卜、以占吉凶、先告所卜、其辭如令龜法、視火坼占兆。

【魏略】逸文

倭國大事輒灼骨以卜、先如中州令亀、視拆占吉凶也。（『北戸録』巻二、鶏卵卜）

読み下し
其の俗、事を挙い行来するに、云為する所有れば、輒ち骨を灼きて卜し、以て吉凶を占い、先ず卜する所を告ぐ。其の辞は令亀の法の如く、火坼を視て兆を占う。

現代語訳
その習俗では、行事をおこなうとか、旅行するとか何かことがあるたびに、骨を灼いて卜し、吉凶を占う。はじめに占おうとすることを告げる。その卜兆のことばは、中国の亀卜のことばのようであり、灼いて〔熱のために〕生ずる亀裂をみて吉凶を判断する。

29．会同における坐起

【原文】
其會同坐起、父子男女無別。人性嗜酒〔魏略曰、其俗不知正歳四節、但計春耕秋收爲年紀。(1)〕
見大人所敬、但搏手以當跪拜。

【魏略】逸文

其俗不知正歳四節、但計春耕秋収爲年紀。（『三國志』魏書、東夷伝倭人裴松之注(1)）

読み下し
其の会同には坐起に父子男女別無し。人の性、酒を嗜む〔『魏略』にいわく、其の俗正歳四節を知らず、但春耕秋収を計りて年紀となすのみ〕。大人の敬せらる所に見えば、但手を搏ち以て跪拝に当つ。

現代語訳
その集会の立ち居振るまいには、父子や男女による差別がない。人の性情は、酒好きである。〔斐松之注。『魏略』にいう。「その俗は、正歳四時を知らない。ただ春耕秋収を記して年紀としているだけである」。〕敬意を表すべき偉い人に会えば、拍手をして跪拝のかわりとする。

註解
（1）**裴松之注**　中国の東晋末・宋初の歴史家裴松之（三七二〜四五一）が、元嘉六年（四二九）、宋の文帝に命じられて陳寿の『三国志』に附した注。「裴松之注」（略して「裴注」）と呼ばれる。「裴注」は、著者である陳寿の文章を補うために、彼の使わなかった史料もふくめ、異同のあるものはすべて載せるという方針で書かれている。一部に『魏略』を引用しており、貴重であるが、ここに引いた「逸文其俗不知正歳四節、但計春耕秋収爲年紀」も、その一つ。

30. 倭人の寿命

【原文】

其人壽考、或百年、或八九十年。

読み下し

其の人寿考(じゅこう)にして、或いは百年、或いは八九十年。

現代語訳

倭人は長寿で、ある人は百歳、ある人は八九十年まで生きる。

31. 婚姻形態

【原文】

其俗、國大人皆四五婦、下戸或二三婦。婦人不淫、不妒忌。

読み下し

其の俗、国の大人(たいじん)は皆四五婦、下戸(げこ)も或いは二三婦。婦人淫(いん)せず、妬忌(とき)せず。

【現代語訳】

その習俗では、国の身分の高い人はみな四五人の妻を持ち、庶民でも二三人の妻を持っている。婦人は貞節で、嫉妬しない。

32. 犯罪と法

【原文】

不盗竊、少諍訟。其犯法、輕者沒其妻子、重者滅其門戸及宗族。


【読み下し】

盗窃せず、諍訟少なし。その法を犯すや、軽き者はその妻子を没し、重き者はその門戸及び宗族を滅す。


【現代語訳】

盗窃がなく、〔したがって〕訴訟も少ない。その法を犯したものは、罪の軽い場合はその妻子を没収し、重い場合はその家族や一族まで殺す。

33. 尊卑の区別

【原文】

尊卑各有差序、足相臣服。

読み下し
尊卑には各々差序（さじょ）有り、相臣服（あいしんぷく）するに足る。

現代語訳
尊卑には、おのおの等級があって、目下のものは目上のものにきちんと臣服している。

34. 租税と市

【原文】
收租賦、有邸閣(1)。國國有市、交易有無、使大倭(2)監之。

読み下し
租賦（そふ）を収むるに邸閣（ていかく）有り。国国（くにぐに）市有りて、有無を交易し、大倭（だいわ）をして之を監せしむ。

現代語訳
租税や賦役を徴収する制度があり、〔それを収めるための〕軍用倉庫もある。諸国に市場がある。物資を交換しあい、大倭にこれを監督させている。

註解

（1）**邸閣**　日野開三郎氏は、「邸閣」を「軍事倉庫」とし（「邸閣―東夷伝用語解の二」『東洋史学』五、昭和二十七年十二月↓『基本論文集』Ⅱ所収）、宮川尚志氏は「屯田の収穫を納める」とし（「黄巾の乱より永嘉の乱へ」『六朝史研究　政治・社会篇』〈日本学術振興会、昭和三十一年二月〉、また、山尾幸久氏は「軍事的要地に設けられ、軍官によって管理された（『蜀志』駅芝伝）ところの、兵糧倉」という（『魏志倭人伝』〈講談社、昭和四十七年七月〉一七二頁）。諸氏によって若干のニュアンスのちがいはあるが、邸閣が軍事的な食糧倉庫を意味する例は、『三国志』だけでも七例もあり、軍事的倉庫であることに異論はないであろう。なお、この部分の記述から、邪馬臺国に租税制度があったことがうかがえるのは貴重である。邪馬臺国の戸数を七万餘戸と伝える倭人伝の記述を疑う説は多いが、租税制度が確立していれば、戸口調査も実施されていたはずで、総人口についてもかなり正確な情報があったのではないかと思われる。

（2）**大倭**　倭人伝でも議論の多い語の一つ。倭人の習俗や社会状況についてのべたくだりの最後に出てくる語句で、直後にみえる伊都国常駐の一大率との関聯でも重要だが、その意味するところについては、倭人の長・倭人の大人・大和朝廷・邪馬臺国の派遣官吏・邪馬臺国・各国の大人・一人（あるいは一倭人）の誤写、など諸説ある。と同時に、「大倭」をして市場を監督させる主体についても、諸説一致をみない。ただ、倭人伝の行文からみれば、「大倭」という交易を監督する官吏がいて、それを派遣していたのは邪馬台国であろうとする解釈が穏当か。

35. 一大率

【原文】

自女王國以北、特置一大率、檢察諸國。諸國畏憚之。常治伊都國。於國中有如刺史。[1]王遣使詣京都、帯方郡、諸韓國、及郡使倭國、皆臨津搜露、傳送文書賜遺[2]之物詣女王、不得差錯。

読み下し

女王国自(よ)り以北には、特に一大率(いちだいそつ)を置き、諸国を検察せしむ。諸国之を畏憚(いたん)す。常に伊都国に治(ち)す。国中に於て刺史の如くに有り。王、使を遣わして京都(けいと)・帯方郡・諸韓国に詣(いた)り、及(ま)た郡の倭国に使するや、皆津に臨みて捜露(そうろ)し、文書・賜遺(しい)の物を伝送して女王に詣らしめ、差錯(ささく)するを得ず。

現代語訳

女王国より北にある国々には、特別にある大率を置いて、諸国を検察させている。諸国はこれを畏れ憚っている。〔大率は〕つねに伊都国に駐屯して治めている。伊都国における立場は、中国の刺史のようなものである。女王の使者が京都（洛陽）・帯方郡・諸韓国に赴き帰還した際、また、帯方郡の使者が倭国に行く際には、みな津に臨んで文書や賜物を照合点検し、女王のもとに差し出すときに、不足や食い違いがないようにする。

註解

（1）王　この「王」については、伊都国王・一大率・卑弥呼とする三説があるが、ここでは三木太郎氏の所説にしたがい、卑弥呼とみる（『魏志倭人伝の世界』〈吉川弘文館、昭和五十四年十月〉一四一〜一四三頁）。

（2）傳送文書賜遺之詣女王　第43・44段には、「金印紫綬を假し、装封して帯方の太守に付し假授せしむ」とあるように、印綬は帯方太守にもたせ弓遵が女王に直接届けたと考えられる（大庭脩『親魏倭王』〈学生社、平成十三年九月〉一一〇頁）。そのため、ここにいう「文書・賜遺の物」には詔書や重要なものはふくまれていないと考えられる。43―註解（4）参照。

36．下戸と大人

【原文】

下戸與大人相逢道路、逡巡入草、傳辭説事、或蹲或跪、兩手據地、爲之恭敬。對應聲曰噫、比如然諾。

【御覧魏志】

（以前、闕）草、傳辭説事、或蹲或跪、兩手據地、謂（爲）之恭敬。其呼（對）應聲曰「噫」、（比）如然諾矣。

読み下し

下戸（げこ）、大人（たいじん）と道路に相逢えば、逡巡（しゅんじゅん）して草に入り、辞を伝え事を説くには、或いは蹲（うずくま）り或いは跪（ひざまず）き、両手は地に拠（よ）

り、これを恭敬と為す。対応の声を噫(あい)と曰い、比するに然諾(ぜんだく)の如し。

現代語訳

一般の人々が、道で身分の高い人と出会った場合には、後ずさりして叢に入る。伝言したり、説明としたりする際には、うずくまったり、跪いたりし、両手は地につける。これが恭敬を表わす作法である。敬う態度をとる。受け答えのことばは「はい」というが、中国の「然諾」のようなである。

第三章　政治と外交

第一節　倭国の情勢

37. 倭国大乱と女王卑弥呼

【原文】

其國本亦以男子爲王、住七八十年。倭國亂、相攻伐歴年[1]、乃共立一女子爲王。名曰卑彌呼。事鬼道、能惑衆。年已長大、無夫壻、有男弟佐治國。自爲王以來、少有見者。以婢千人自侍。唯有男子一人給飲食、傳辭出入。居處宮室、樓觀、城柵嚴設、常有人持兵守衛。

【御覧魏志】

倭國（其國）本（亦）以男子爲王。漢霊帝光和中（住七八十年）、倭國亂、相攻伐無定（歴年）。乃（共）立一女子爲王。名（曰）卑彌呼。事鬼道、能惑衆。自謂、年已長大、無夫壻、有男弟佐治國。（自爲王以來、少有見者、）以婢千人自侍。唯有男子一人給飲食、傳辭出入。其居處宮室樓觀、城柵守衛嚴設（、常有人持兵守衛）。

読み下し

其の国、木亦男子を以て王と為し、住まること七八十年、倭国乱れ、相攻伐すること年を歴。乃ち共に一女子を立てて王と為す。名づけて卑弥呼と曰う。鬼道に事え、能く衆を惑わす。年已に長大なるも夫婿なく、男弟有りて佐けて国を治む。王と為り自り以来、見る有る者少なし。婢千人を以て自ら侍せしむ。唯男子一人有りて、飲食を給し、辞を伝へ出入す。居処の宮室・楼観・城柵、厳かに設け、常に人有りて兵を持して守衛す。

現代語訳

その国も、もとは〔狗奴国と同じように〕男子を王としていた。〔男王の治世が〕七八十年間続いたが国は乱れ、攻め合うことが何年か経過した。そこで、ついに一人の女子を立てて王とした。名づけて卑弥呼という。鬼道にすぐれ、人々を妖惑するのが巧みであった。かなりの年配であるが、夫はなく、弟がいて政治を輔佐している。〔卑弥呼が〕王となって以来、〔彼女の姿を〕みたものは稀である。婢千人を侍らせている。ただ一人の男子が〔卑弥呼の〕食事の世話をし、〔卑弥呼と人々の〕ことばを取り次ぐために〔宮中に〕出入りしている。居処の宮室や楼観や城柵を厳かに設け、つねに人がいて武器を持って守衛している。

註解

（1）倭国大乱の時期　直後に引いた『太平御覧』巻七百八十二所引の『魏志』では、このあとに「漢霊帝光和中、倭國亂、相攻伐無定」とある。光和は、西暦一七八〜一八四。なお、『後漢書』東夷伝には「桓霊間、倭国大乱」とある。

第二節　その他の国々

38. 東方の国々

【原文】

女王國東渡海千餘里、復有國、皆倭種。(1)

【御覧魏志】

其倭國之（女王國）東渡海千（餘）里、復有國、皆倭種也。女王國東渡海千餘里、復有國、皆倭種。(2)

読み下し
女王国の東、海を渡ること千餘里にして、復た国有り、皆倭種なり。

現代語訳
女王国の東には、海を渡って千餘里のところに、また国があるが、いずれも倭の種族である。

註解

（1）**女王國東渡海千餘里、復有國、皆倭種**　この一文によれば、女王国の東方海上千餘里にも倭人の国があるというが、白鳥庫吉氏は、邪馬臺国を九州に比定し、そこから瀬戸内海なり、どこかなりの海を渡るとすれば諒解できるが、「もし大和に移すとすれば、東海を渡るの句を如何に解すべきか、それに苦しむであろう」（「邪馬臺国について」『考古学雑誌』一二―一一、大正十一年七月↓『基本論文集』Ⅰ所収、一九二頁）としている。倭人伝の南を東に読み替える説では、東も当然北に読み替えることになるが、大和から北に千餘里渡海するような地理的条件にあう場所はもとめがたく、この部分は大和説を支持する研究者にとって解釈の困難な箇所である。

ちなみに、『漢書』巻二十八下、地理志、燕地の顔師古注の引く『魏略』逸文には、「倭在帯方東南大海中。依山島爲國。度海千里復有國。皆倭種」（第1段所引の『魏略』逸文参照）とあって、「東」の字を缺く。そこから、この字は本来『魏略』にはなく、『魏志』ではじめて添加されたものであるとする論者も多いが、橋本増吉氏は、「東」なる語は女王国のほうに附属していた語であるから、女王国とともに省略されているとして、『魏略』原文には『魏志』と同様に「東」の文字が存したと推定している（「狗奴国の問題」『改訂増補東洋史上より観たる日本上古史研究』〈東洋文庫、昭和三十一年三月〉所収、一二一～一二九頁）。

（2）『御覧魏志』における記事の排列　この一文と、それにつづく「又有倮國、黒齒國復在其東南、船行一年可至」（第39・40段所引の『御覧魏志』参照）という記述は、実際の『御覧魏志』では第49段に引用した文のあとに接続している。

39. 侏儒国

【原文】

又有侏儒國在其南。人長三四尺。去女王四千餘里。

【御覧魏志】

又有朱中（侏）儒國在其南。人長三四尺。去倭國（女王）四千餘里。

【魏略】逸文

倭南有侏儒國。其人長三四尺。去女王國四千餘里。（『法苑珠林』魏略輯本所引）

読み下し

また侏儒国（しゅじゅこく）有りて、其の南に有り。人の長（たけ）三、四尺。女王を去る四千餘里。

現代語訳

また、侏儒国がその南にある。人の背丈は三四尺で、女王国から四千餘里離れている。

40. 裸国・黒歯国

【原文】

又有裸國、黒齒國。復在其東南。船行一年可至。

【御覧魏志】

又有躶（裸）國。墨（黒）齒國復在其（東）南。船行可一年（可）至。

読み下し

又裸国（らこく）・黒歯国（こくしこく）有り。又其の東南に在り。船行すること一年にして至るべし。

現代語訳

また、裸国・黒歯国がさらに侏儒国の東南にある。〔そこへは〕一年航行すれば到着するだろう。

41. 周旋五千餘里

【原文】

參問倭地、絶在海中洲島之上、或絶或連、周旋可五千餘里。(1)

読み下し

倭の地を参問するに、海中洲島（しゅうとう）の上に絶在（ぜつざい）し、或（ある）いは絶え或いは連なり、周旋（しゅうせん）五千餘里可（ばか）りなり。

現代語訳

倭の地理を聞き合わせてみると、遠く離れた海中の島の上にあり、その国々は海で隔てられたり、地続きであったりして、巡り回れば五千餘里ばかりである。

註解

（1）**周旋可五千餘里**　江畑武氏は、第14段に「自郡至女王國萬二千餘里」とある、帯方郡〜邪馬台国間の距離一万二千餘里は、帯方郡から狗邪韓国に至る間の七千餘里に「參問倭地、絶在海中洲島之上、或絶或連、周旋可五千餘里」を加えて計算したものと考え、この「五千餘里」という距離は、『続漢書』にかつての但耳・朱崖に近い合浦郡を「雒陽南九千一百九十一里」としている距離から、帯方郡以南の朝鮮半島を「方可四千里」とする東夷伝、韓条の数字を引いたものだと指摘する（「魏志・東夷伝に於ける倭の地理像」『文化史研究』一二、昭和三十五年十二月→『基本論文集』Ⅲ所収）五五頁）。14―註解（1）参照。

第三節　中国との交渉

42．景初三年の朝献

【原文】

景初二年六月[1]、倭女王遣大夫難升米等詣郡、求詣天子朝獻。太守劉夏遣吏[2]將送詣京都。

【御覧魏志】

景初三（二）年（六月）、公孫淵死。倭女王遣大夫難升米等言帯方（詣）郡、求詣天子朝獻。太守劉夏（遣吏將）送詣京都。

読み下し

景初二年六月、倭の女王、大夫難升米(なんしょうまい)等を遣わし郡に詣(いた)らしめ、天子に詣りて朝献せんことを求む。太守劉夏、吏を遣わして、将(もっ)て送りて京都に詣らしむ。

現代語訳

景初二年六月、倭の女王は、大夫の難升米らを帯方郡に派遣し、〔魏の〕皇帝に拝謁して朝献することをもとめてきた。帯方郡の長官劉夏は、役人を遣わし、〔一行を〕送らせて魏の都洛陽に至らしめた。

註解

（１）**景初二年六月**　直後に引いた『太平御覧』巻七百八十二所引の『魏志』には「景初三年、公孫淵死、倭女王遣大夫難升米等言帯方郡、求詣天子朝献」とあって「景初三年」とするす。ほかにも、『日本書紀』の引く『魏志』や『梁書』諸夷の倭の条でも「景初三年」である。伝魯弼『三国志集解』によれば、公孫淵が死んだのが景初二年八月で、そうした情勢の変化をみて、倭の女王が魏の朝廷に使者を送ろうとしたのであれば、景初三年六月が正しいという。「景初」が魏の明帝の年号であることはまちがいないが、明帝は景初三年正月に死んでいるので、このとき、難升米や牛利が拝謁したのは少帝であったと考えられる。

なお、以下末尾までの記述は、内藤湖南氏の指摘するように、当時の官府の記録によるものであろう（「卑彌呼考」『藝文』一―二・三・四、明治四十三年五・六・七月→『基本論文集』Ⅰ所収、二七六頁）。

（２）**太守劉夏遣吏**　『日本書紀』神功皇后紀所引の「魏志」には「太子駅夏」とある。三品彰英氏は、「遣吏」は、神功皇后紀所引の『魏志』とつづく第43段の詔書には「遣使」とあることから、「使」の誤りとするが、これはむしろ「使」が誤記で「吏」が正しいと思われる。43―註解―（３）参照。

43．魏皇帝の詔書

【原文】

其年十二月、詔書報倭女王曰、「制詔[1]親魏倭王[2]卑彌呼。帯方太守劉夏遣使[3]送汝大夫難升米、次使都市牛利奉汝所獻男生口四人、女生口六人、班布二匹二丈、以到。汝所在踰遠、乃遣使貢獻、是汝之忠孝、我甚哀汝。今以汝爲親魏倭王、假金印紫綬、裝封付帯方太守假授汝[4]。其綬撫種人、勉爲孝順。汝來使難升米、牛利渉遠、道路勤勞、今以難升米爲率善中郎將、牛利爲率善校尉、假銀印青綬、引見勞賜遣還。今以絳地交龍錦五匹（臣松之[5]以爲地應爲綈、漢文帝著皂衣謂之戈綈是也。此字不體、非魏朝之失、則傳寫者誤也）、絳地縐粟罽十張、蒨絳五十匹、紺青五十匹、答汝所獻貢直。又特賜汝紺地句文錦三匹、細班華罽五張、白絹五十匹、金八兩、五尺刀二口、銅鏡百枚[6]、眞珠、鉛丹各五十斤、皆裝封付難升米牛利、還到録受[7]。悉可以示汝國中人、使知國家哀汝、故鄭重賜汝好物也」。

【御覧魏志】

難升米致所獻男生口四人、女生口六人、班布四疋。詔書賜以雜錦采七種、五尺刀二口、銅鏡百枚、眞珠、鉛（鉛）丹。之屬付使還又封下倭王印綬。

読み下し

其の年十二月、詔書して倭の女王に報じて曰く、「親魏倭王卑弥呼に制詔す。帯方の太守劉夏、使を遣わして汝の大夫難升米・次使都市牛利を送り、汝献ずる所の男生口四人・女生口六人・班布二匹二丈を奉り以て到らしむ。汝が在る所、踰かに遠きも、乃ち使を遣わして貢献す。これ汝の忠孝、我れ甚だ汝を哀れむ。今、汝を以て親魏倭王と為し、金印紫綬を假し、装封して帯方の太守に付し假授せしむ。汝、其れ種人を綏撫し、勉めて孝順を為せ。汝が来使難升米・牛利、遠きを渉り、道路に勤労す。今、難升米を以て率善中郎将と為し、牛利を率善校尉と為し、銀印青綬を假し、引見労賜して遣り還らしめん。今、絳地交竜錦五匹〔臣の松之以為えらく、地は応に綈と為すべし、漢の文帝は皂衣を著る、これを弋綈と謂う、これなり。この字は、体らず、魏朝の失ちにあらざれば、則ち伝写せし者の誤りなり〕・絳地縐粟罽十張・蒨絳五十匹・紺青五十匹を以て、汝が献ずる所の貢直に答う。又特に汝に紺地句文錦三匹・細班華罽五張・白絹五十匹・金八両・五尺刀二口・銅鏡百枚・真珠・鉛丹各々五十斤を賜い、皆装封して難升米・牛利に付し、還り到らば録受せしめん。悉く以て汝の国中の人に示し、国家汝を哀れむを知らしむべく、故に鄭重に汝に好き物を賜うなり」と。

現代語訳

その年の十二月、〔皇帝は〕詔書して、倭の女王に〔つぎのように〕返答した。「親魏倭王卑弥呼に命令する。帯方郡長官劉夏は役人を遣わし、汝の大夫難升米・次使都市牛利らが、汝の献ずるところの男奴隷四人・女奴隷六人・縞模様の布二匹二丈を奉ずるのを送らせ〔ここに〕到着せしめた。汝の住むところははるかに遠いにもかかわらず、使を遣わして貢献した。これは汝の忠孝であるが、余はすこぶる汝を哀れに思う。いま、汝を親魏倭王として、金印紫綬を与えるが〔印綬は〕包装して帯方郡長官に託して授けさせる。汝、土地の人々をなつけて、余に孝順をつくせ。汝のよこした使難升米・都市牛利は、遠いところを苦労して来た。そこで、難升米を率善中郎将に、牛利を率善校尉に任命し、銀印青綬を授け、余が直接面会してねぎらい、贈り物を与えて送り還らせよう。いま、深紅の交竜の模様の錦五匹〔裴注略〕・おなじく深紅の地のちぢみ毛織物十張・茜色の絹五十匹・紺青の絹五十匹でもって、汝の献上品への返礼とする。また、とくに汝には紺地の小文の錦三匹・細かい花模様の毛織物五張・白絹五十匹・金八両・五尺刀二口・銅鏡百枚・真珠・鉛丹おのおの五十斤を与える。みな包装して難升米・牛利に附託する。還ったならば、目録と照合して受け取るように。ことごとく〔それを〕汝の国中の人に示し、〔魏の〕国家が、汝を慈しんでいるのを知らせるために、ことさら鄭重に好い物を与えるのである」

註解

（1）**制詔**　「制詔」は、皇帝の命令書の書き出しに用いられる語の一つ。大庭脩氏によれば、以下の詔文は、漢代の制書の形式をふんだ任命の文書で、魏の朝廷にあった記録にもとづいて書かれた部分であるという（『親魏倭王』〈学生社、平成十三年九月〉八八〜九八頁）。大庭氏は、また、「『魏書』が魏の国の歴史を書いたものである以上、魏と倭との交渉をしるした後部の二割が倭人伝の眼目であり、そのなかばに及ぶ魏の皇帝の詔は「魏志倭人伝」の中の一番大切な部分であると考えなければならない」と指摘している（前掲書、八八頁）

（2）**親魏倭王**　ここに「親魏倭王」とあり、さらに下文にも「今汝を以て親魏倭王となし」とある。倭人伝には、これらをふくめて「倭王」の呼称が五回あらわれるが（他は、第44段に「正始元年、太守弓遵遣建忠校尉梯儁等奉詔書印綬詣倭國、拜假倭王」「倭王因使上表答謝恩詔」、第45段に「其四年、倭王復遣使大夫伊聲耆、掖邪狗等八人（後略）」とある）、いずれも、景初三年十二月に、魏帝曹芳の制書によって、卑弥呼が親魏倭王に冊封されて以後の記事である。そこから、倭人伝は、それまでの卑弥呼を王・女王と呼称し、景初三年十二月以降を倭王としるし、実情にかなった表記をおこなっていることが知られる（三木太郎『魏志倭人伝の世界』〈吉川弘文館、昭和五十四年十月〉一四〇〜一四九頁参照）。

（3）**遣使**　大庭脩氏は、①皇帝の官僚である帯方郡の太守が、皇帝に対して使を遣わすということはありえないのであり、郡太守が皇帝に報告する必要のあるときは、部下の吏を遣わすはずである、②直前に「太守劉夏遣吏」とある、の二点から「使」は「吏」の誤りとする（『親魏倭王』〈前掲〉一九六頁）。42―註解（2）参照。

（4）**帯方太守に付す**　ここに「今以汝爲親魏倭王、假金印紫綬、裝封付帯方太守假授汝」とあることから、印綬は魏の官吏である帯方太守に付しているのがわかる。したがって、第44段に「正始元年、太守弓遵、建中校尉梯儁等を遣わし、詔書・印綬を奉じて、倭国に詣り、倭王に拝假し、ならびに詔を齎し」とあるのは、詔書の趣旨にしたがって、帯方の太守弓遵が、伝達の責任を果たしたものと理解できる。ここから、大庭脩氏は、「魏の使が伊都国にとどまって女王のもとへはゆかないという考え方は承認できない」（『親魏倭王』〈前掲〉一一〇頁）とされる。

（5）**臣松之**　いわゆる「裴松之注」の部分。29註解―（1）参照。

（6）**銅鏡百枚**　この「銅鏡」については、はやくからこれを近畿地方の前期古墳を中心に広い範囲で出土する三角縁神獣鏡にあてる説が、富岡謙蔵・梅原末治・小林行雄・樋口隆康・田中琢・岡村秀典ら諸氏によって唱えられている。富岡氏は、はやく大正六年（一九一七）に一部の三角縁神獣鏡の銘文中に「銅出徐州」「師出洛陽」とあるのは、三角縁神獣鏡を魏鏡とみる証拠になるとして、つぎのような諸点を指摘する。

①漢代の「雒陽」が「洛陽」に変わったのは、魏代にはいってからである。

②「徐州」は南朝劉宋の永初二年（四二一）に「彭城郡」と改められた。

③したがって、「徐州」「洛陽」が両立する時期は、魏朝以後、晋朝を経て南宋永初二年までの間である。

④しかし、晋（二六五～四二〇）の祖先の諱が司馬師であるため、晋では「師」の字の使用を避けたから、「師出洛陽」は晋の時代の表記ではない。

⑤以上の理由から、この鏡が魏朝か、あるいは南宋の初めの三年間のいずれかということになるが、後漢「中平□年」銘の鏡の銘文に「東王父」「西王母」の句があり、三角縁神獣鏡にもこの銘文が多いことから、より後漢に近い魏代にできたものと考えられる。

しかし、これらの根拠もいまでは問題が多い。たとえば、三角縁神獣鏡の銘文中によくみえる「銅出徐州」の「徐州」は魏の地名だといわれている。しかし、王仲殊氏などが指摘しているように、古い銅鉱山が存在した江都・儀徴あたりは、三国時代には呉の領域の廬江郡に属し、「徐州」とは呼ばれていない。揚州市附近の江都・儀徴、さらには丹陽の近くが「徐州」と呼ばれるようになるのは、二八〇年に呉が滅んで、西晋の「徐州」に編入されてからのことだから（西嶋定生監修・王仲殊著『三角縁神獣鏡』〈学生社、平成四年六月〉四四〜四五頁、安本美典『「邪馬台国畿内説」を撃破する』〈宝島新書、平成十三年一月〉三九〜四〇頁）、「徐州」の字が刻まれていることをもって、魏の鏡とすることはできない（ちなみにいうと、中国出土鏡には「銅出徐州」という表現はわずか二例しかみえず、「師出洛陽」に至っては皆無である点も見逃せない）。また、奥野正男氏の指摘しているように、「師」の字は晋代にも使用された例があるので（『邪馬台国発掘』〈PHP研究所、昭和五十八年四月〉一二九〜一三〇頁）、この一点から、三角縁神獣鏡を魏代の鏡とする根拠は失われる。しかも、よく知られているように、三角縁神獣鏡は中国ではまったく出土例がない。しかも、日本でも確実に弥生時代後期とわかる遺跡から出土した例は皆無で、多くは前期古墳から出土している（ただし、ごく最近になって、『中原文物』二〇一〇年四期に、河南省で発見された三角縁神獣鏡の報告が載った。著名な東之宮古墳（愛知県犬山市）出土の一面の鏡の文様に類似しているとのことであり、本論の末尾によれば、洛陽近辺ではこれ以外にも多数の同種鏡が見つかり、近く図録に紹介されるとのことである。本当なら、まことに興味深いニュースであり、詳報を待ちたいが、これらの鏡がはたして三角縁神獣鏡かどうかは、疑わしい点もある。『季刊邪馬台国』一〇九号〈平成二十三年四月〉参照)。三角縁神獣鏡＝卑弥呼の銅鏡百枚と考える研究者は、中国で出土しないのはこれが特鋳品だからだと説明する。しかし、特鋳品ならば、その旨を示す銘文があってもよさそうなものだが、知られている三角縁神獣鏡の紀年鏡にはそのような形跡はない。そもそも、特鋳鏡なら、すべてに銘文が特鋳である旨を刻んだ銘文があってもおかしくないのに、三角縁神獣鏡の紀年鏡は全体からみればきわめて少ない。また、前期古墳から出土することについても、卑弥呼在世中に日本に運ばれてきたが、すぐに墳墓に納められることなく「伝世」され、やがて伝世の必要がなくなった時代に古墳に副葬されたと解釈するが、説得力に乏しい。また、銘文中にみえる「景初三年」という魏の年号も、森浩一氏の指摘したように、かならずしも製作年代を示すものとはかぎらない。むしろ、魏との交流を記念して、「景初三年」「正始元年」などの年号を入れた鏡が、四世紀以後に日本で製作されたと理解すべきではあるまいか。こうした推測は、京都府福知山市の広峯十五号墳から、実在しない「景初四年」の年号をしるした盤龍鏡が出土するに及んで決定的となった。これは、王仲殊氏のいうように、改元の知らせが届かないような、僻地日本列島でこそ起こりえたまちがいであろう。しかも、この盤龍鏡は、大阪府の和泉黄金塚古墳から出土した画文帯神獣鏡では省略されたとみられる字句が存在し、黄金塚古墳の画文帯神獣鏡に先行するものであることが判明している(森浩一「日本の古墳と銅鏡」『季刊邪馬台国』三六、昭和六十三年八月、二一四頁)。さらに、三角縁神獣鏡には中国鏡と異質の紋様や意匠があることも、国産説を支持する根拠とされている(奥野氏前掲書、一三四〜一五〇頁)。こうした諸点から、三角縁神獣鏡を卑弥呼の鏡とみなすことはむつかしいのだが、そもそも、すでに国内で四百面以上も出土している三角縁神獣鏡を「銅鏡百枚」にあてることに無理がある(45―註解(1)参照)。このときに下賜された鏡については、むしろ、邪馬台国時代の九州北部の遺跡から多く出土する「長宜子孫」銘内行花文鏡・方格規矩鏡・夔鳳鏡・盤竜鏡などの後漢式鏡を想定すべきであろう。この点について、奥野正男氏はつぎのように、のべている。長文にわたるが、大事な論点なので引用しておく。

つまり、この仮説で三角縁神獣鏡が日本に入ってきたという弥生時代終末期に、三角縁神獣鏡を除く各種の中国鏡や国産鏡が、九州北部を中心に瀬戸内海沿岸部から畿内までの地域にひろく発見されているのである。

鏡を伝世せずに副葬している墳墓（図28〈省略〉）はいずれも、いわば古墳発生の前夜ともいえる時期のもので、その時代にもし三角縁神獣鏡が日本に入っていたとすれば、この人々こそそれを入手したにちがいない、その地域で最高の首長のものである。

九州北部では、福岡県糸島郡前原町の平原方形墳（中国後漢式鏡三十七面、大形国産鏡五面）を筆頭にして、前節でのべた鉄器の集中する平野の首長墓から出土する。

その鏡種は方格規矩四神鏡四十三、長子宜孫内行花文鏡十、その他各種の後漢式鏡二十五などで合計七十八面を数える。

また、九州以外の瀬戸内海沿岸部から畿内にかけての同時期の首長墓にも、後漢式鏡を伝世せずに副葬しているものがある。

岡山県総社市三輪の宮山古墳（四獣鏡ほかの銅鏃、鉄鏃、石鏃、ガラス小玉などを副葬）

兵庫県揖保郡揖保川町の養久山1号墳（四獣鏡一ほか鉄剣、鉄鏃、鉄斧、ガラス小玉などを副葬）

兵庫県加古川市の西条52号墳（長子宜孫内行花文鏡一のほか鉄剣を副葬）

以上の三例は中国鏡を副葬していたが、他に国産鏡を副葬している発生期古墳も年々増加している。

九州北部では、弥生時代後期後半から小形の国産鏡が作られており、これが墳墓の副葬品として発見される例が増加している。福岡・長崎・佐賀など九州北部の墳墓から約七十面、瀬戸内海沿岸、日本海沿岸、畿内から関東までの集落址から十数、あわせて約九十面の小形国産鏡が出土している。

これらの中国鏡と国産鏡は、いずれも弥生時代後期後半から古墳時代初頭の時期、つまり邪馬台国の時代のものであり、この時代に鏡が伝世していない何よりの証拠ということができる。これらの考古学的事実のうえで、なお鏡の伝世を想定しようとすれば、この中国鏡や国産鏡を墓のなかに入れた人々は、三角縁神獣鏡だけを選んで伝世したというほかなく、それはすでにこの時代の後漢鏡を副葬する考古学的事実をすべて例外としなければ成立しえない仮説というほかあるまい。(中略)

このように、三角縁神獣鏡が卑弥呼の時代に存在したことが考古学的に疑問の多いものとするならば、卑弥呼の「銅鏡百枚」というのは、邪馬台国の時代とみられている弥生時代後期に実際に出土している後漢式鏡をあてることこそ、もっとも考古学的物証に裏付けられた説といえるであろう。

鏡を墳墓に副葬するという習慣は、それより以前、中国・朝鮮(楽浪文化)の影響のもとにすでに弥生時代中期の九州北部にできあがっていたものである。弥生時代全期間の鏡の出土分布をみても明らかなように、首長層がその墳墓に鏡を入れる習慣は九州北部で成立し、弥生終末期から古墳時代初頭期に各地にひろがったものであることは疑問の余地のない考古学的事実である。

そうだとするならば、卑弥呼の「銅鏡百枚」は後漢式鏡ではないのか。

この可能性は、文献からも推測できる。すでに「倭国の大乱」の項目でふれたように、卑弥呼の「共立」は、『後漢書』の「桓霊の間」(一四六〜一八九)、『梁書』『北史』などの「光和中」(一七八〜一八四)という倭国の大乱のあととみなされるから、卑弥呼が女王として在世した期間は、後漢末から魏代にまたがっていたと考えられる(表6〈省略〉)。

したがって、後漢末に、もし卑弥呼が公孫氏や楽浪・帯方をつうじて中国鏡を入手していたとすれば、それは当然ながら後漢代に製作された中国鏡であったに違いない。また、魏代に入ってから中国で製作された鏡はたしかに魏鏡には違いないが、鏡式としては魏代の鏡が王朝の交替によって変化した事実はない。すべて後漢代に盛行した鏡式がその紋様や意匠の変化（銘文の簡略化、退化など）をみせるだけで継続している。したがってこれを後漢式鏡といって区別しているが、こうした中国での銅鏡製作と鏡式の実態からみても、正始元年に倭国にもたらされた鏡もまず後漢式鏡であるとみるのが中国の考古学的事実に即した考えである。

ただ、このような考えに立つと、後漢鏡、後漢式鏡ともに邪馬台国の時代の遺物は、九州北部に限られてしまい、鏡に関するかぎり、邪馬台国畿内説の成立つ余地さえなくなってしまうのである。（『邪馬台国発掘』〈前掲〉一二〇～一二四頁）

ちなみに、近年、鏡のなかにふくまれる鉛の同位体比の研究から、三角縁神獣鏡には中国南方系の銅原料が用いられていることが判明しているが、これは、九州地北部の弥生の鏡に北方系の銅が用いられているのとは対照的である。23―註解（2）参照。

（7）**賜物の附託**　ここに「また特に汝に紺地句文錦三匹・細班華罽五張・白絹五十匹・金八両・五尺刀二口・銅鏡百枚・真珠・鉛丹各々五十斤を賜い、皆装封して難升米・牛利に付す」とあるように、品物は使者に持たせている。大庭脩氏は、印綬と品物では扱いがちがうことを指摘し、「もし難升米や牛利に依託して、彼らが悪心をおこした結果、親魏倭王の印綬を横取りしたとすれば、その人物が親魏倭王になってしまう」という。たがら、印綬は帯方太守に付して假授されたのだという（『親魏倭王』〈前掲〉一一〇頁）。

44. 正始元年の勅使

【原文】

正始元年、太守弓遵遣建忠校尉梯儁等奉詔書印綬詣倭國、拜假(1)倭王、并齎詔賜金、帛、錦罽、刀、鏡(2)、采物、倭王因使上表答謝恩詔。

読み下し

正始元年、太守弓遵、建中校尉梯儁等を遣わし、詔書・印綬を奉じて倭国に詣り、倭王に拝假し、并せて詔を齎し、金帛・錦罽・刀・鏡・采物を賜う。倭王、使に因りて上表し、詔恩を答謝す。

現代語訳

正始元年（二四〇）、帯方郡長官の弓遵は、建中校尉の梯儁らを派遣し、詔書と印綬を奉じて倭国に赴かせ、倭王に授け、あわせて詔をもたらして、金・帛・錦・毛織物・刀・鏡・采物を与えた。倭王は、使に託して上表し、お礼をのべて詔に答えた。

註解

（1）拜假　「假」は官爵を授けること、「拝」は礼を尽してお受けすることをいう。三木太郎氏が考証したように（三木氏「倭人伝の「拝仮」の問題―魏使は邪馬台国に来たか―」『倭人伝の用語の研究』〈多賀出版、昭和五十九年一月〉六〇～六六頁）、この「拝假」は、天子の専権行為であり、直接対象者になされるものだが、時として、天子の命を受けた使者（勅使）によってなされることもあり、この正始元年の「拝假」は勅使が直接倭王（卑弥呼）におこなったと考えられる。第6段に「〔帯方〕郡使の往来するに常に駐まる所なり」という一文から、帯方郡使は伊都国に常駐し、邪馬臺国には来なかったとみる考えが有力である（6―詳解（3）参照）。しかしながら、これは郡使と勅使を混同したところから生じた謬説である。この文は、郡使は伊都国を目的とし、その地に駐まったことをあらわしていると理解すべきで、それとはべつに本条では勅使である建中校尉の梯儁は、やはり、邪馬臺国に来たと考えるべきであろう。これは、第47段に「塞曹掾史張政等を遣わし、因って詔書・黄幢を齎し、難升米に拝假せしめ、檄を為りて之を告喩す」とある魏使にも当て嵌まるのであって、この場合も、当然勅使のことで、勅使が難升米に直接拝假したとみるのが自然である。そこから、魏使伊都国駐在説を採る研究者が、倭人伝の記事のなかで伝聞の可能性が大きいとする第10・34・37・41・47・48段及び第49段の「復立卑彌呼宗女壹與、年十三爲王、國中遂定」までの部分も、勅使が直接見聞したものだとすれば、その評価はまたちがってくる。なお、魏使が邪馬臺国に来たかどうかという問題については、43―詳解（4）も参照。

（2）**鏡**　この鏡は、第43段の詔書に登場する「銅鏡百枚」であろう。

45．正始四年の上献

【原文】

其四年(1)、倭王復遣使大夫伊聲耆、掖邪狗等八人、上獻生口、倭錦、絳青縑、緜衣、丹、木𤝔(2)、短弓矢(3)。掖邪狗等壹拜率善中郎將印綬。

読み下し

其の四年、倭王、復た使大夫伊声耆・掖邪狗等八人を遣わして、生口・倭錦・絳青縑・緜衣・帛布・丹・木弣・短弓矢を上献す。掖邪狗等、壹に率善中郎将の印綬を拝す。

現代語訳

正始四年（二四三）、倭王は、ふたたび使の大夫の伊声耆・掖邪狗ら八人を遣わし、生口・倭錦・赤と青の交じった絹織物・綿入れ・白絹・丹・木弣・短弓と矢を献上した。掖邪狗らは一様に率善中郎将の印授を受けた。

註解

（1）**正始四年以降の交流と鏡の下賜**　43—**註解**（5）でふれたように、卑弥呼に下賜された銅鏡百枚を三角縁神獣鏡にみる説があるのに対し、国内ではそれをはるかに超える四百面近い数の三角縁神獣鏡が出土しているのは、これが卑弥呼の銅鏡百枚ではないことの証しであるとする見解を紹介した。これに対し、岡村秀典氏は、魏と倭の緊密な交流は、景初三年・正始元年以後も、ここにみえるように、正始四年・六年・八年とつづいたので、「卑弥呼がもらった鏡は最初の「百枚」だけだった、というのは歴史的にも考えがたいことであり、その後の交流のなかで大量生産された三角縁神獣鏡が陸続ともちらされたにちがいない」（『三角縁神獣鏡の時代』〈吉川弘文館、平成十一年五月〉一七二頁）という解釈を提示している。しかし、その後の魏と倭の交流をしるす倭人伝の記載からは、魏が倭に対して鏡を下賜したことは読み取れないので、正始元年以後も「陸続ともたらされた」というのは、まったくの臆測に過ぎない。

（2）狛　この字は「弣（ゆはず）」の誤字かと思われる。

（3）本紀との対比　この時の遣使については、『三国志』魏書、三少帝紀、齊王芳のほうにも、「〔正始〕四年。（中略）冬十二月、倭国女王俾彌呼遣使奉献」とみえている。

46．正始六年の詔

【原文】

其六年、詔賜倭難升米黄幢、付郡假授。

読み下し

其の六年、詔して倭の難升米に黄幢(こうどう)を賜い、郡に付して假授せしむ。

現代語訳

正始六年（二四五）、皇帝は詔して、倭の難升米に黄色い垂れ旗を与えることにし、帯方郡（の長官）に託して授けさせた。

47．正始八年の勅使と告喩

【原文】

其八年、太守王頎到官。倭女王卑彌呼與狗奴國男王卑彌弓呼素不和。遣倭載斯烏越等詣郡説相攻撃状。遣塞曹掾史張政等因齎詔書、黄幢、拜假難升米爲檄告喩之。

読み下し

其の八年、太守王頎、官に到る。倭の女王卑弥呼、狗奴国の男王卑弥弓呼と素より和せず。倭の載斯烏越等を遣わして郡に詣らしめ、相攻撃する状を説く。塞曹掾史張政等を遣わし、因って詔書・黄幢を齎し、難升米に拜假せしめ、檄を為りて之に告喩す。

現代語訳

正始八年（二四七）、〔前任の劉夏に代わって〕王頎が帯方郡長官に着任した。倭の女王卑弥呼と狗奴国の男王卑弥弓呼とは以前からから不和であった。倭国では、載斯・烏越らを派遣して帯方郡に到らせ、たがいに攻撃する様子を説明した。そこで、帯方郡では、国境守備の属官張政らを遣わし、〔彼に託して正始六年の〕詔書・黄色い垂れ旗を持っていかせ、難升米に与え、ふれぶみを作って、〔攻めあうことのないように難升米を〕諭した。

48. 卑弥呼の死

【原文】

卑彌呼以死、大作冢、徑百餘歩。(1)狗葬者奴婢百餘人。(2)更立男王、國中不服、更相誅殺、當時殺千餘人。

【御覧魏志】

女王（卑彌呼以）死、大作冢、徑百餘歩、殉（帷）葬者（奴婢）百餘人。更立男王、國中不伏（服）、更相（誅殺、當時）殺千餘人。

読み下し

卑弥呼以て死し、大いに冢を作る。径百餘歩、徇葬する者、奴婢百餘人。更に男王を立つるも、国中服せず、更に相誅殺し、時に当たりて千餘人を殺す。

現代語訳

〔張政らが到着したときには〕卑弥呼はすでに死んでおり、大いに冢をつくった。直径は百餘歩で、殉葬者の奴婢は百餘人であった。あらためて男王を立てたが、国中は〔その王に〕服従せず、おたがい殺し合い、当時千餘人が死んだ。

註解

（1）**卑弥呼の墓**　魏代の一尺は、わが国の約七寸九分にあたるので、一歩は約四尺七寸四分となり、「徑百餘歩」とは直径約百五十メートルに換算できる。奈良県桜井市にある箸墓古墳の後円部の大きさが直径約百六十メートルであるところから、これを卑弥呼の墓にあて、「徑百餘歩」とは埋葬施設のある後円部の直径をいうものだとする説がある。しかし、近年の調査により、箸墓古墳の前方部と後円部は一体的に計画・築造されたものであることが判明したので（『箸墓古墳周辺の調査』〈奈良県立橿原考古学研究所、平成十四年十月〉一四一～一四七頁）、後円部だけを取り上げた論は成り立たない。邪馬台国時代といえば、弥生時代後期にあたるのであって、この時期、これほど大規模な墳墓が営まれたことは考古学的な裏づけがない。後述の「帷葬者奴婢百餘人」とともに誇張の可能性が大きい。

（２）**狥葬者奴婢百餘人**　箸墓古墳に百人餘りもの殉死者を埋葬した痕跡はどこにもない。それどころか、日本のこの時期の高塚古墳から殉死者が確認された例は報告されていない（清水眞一『最初の巨大古墳　箸墓古墳』〈新泉社、平成十九年三月〉七五頁）。とすれば、この記述には、その数もふくめて脚色があると判断せざるをえない。ただ、『日本書紀』大化二年（六四六）三月甲申条には、葬礼についての詳細な詔がみえているが、そのなかに、「凡そ人死亡ぬる時に、若しは自を経きて殉ひ、或いは人を絞りて殉はしめ、強に亡人の馬を殉はしめ、或いは亡人の為に、宝を墓に蔵め、或いは亡人の為に、髪を断り股を刺して誄す。此の如き旧俗、一に皆悉に断めよ」とあり、殉死の風習が存在したことをうかがわせる史料がある。

49．卑弥呼の宗女壱与（臺与）

【原文】

復立卑彌呼宗女壹與（1）、年十三爲王、國中遂定。政等以檄告喩壹與。

【御覧魏志】

於是復立卑彌呼宗女臺擧、年十三爲王、國中遂定。

読み下し

復た卑弥呼の宗女壹与年十三なるを立てて王と為し、国中遂に定まる。政等、檄を以て壹与に告喩す。

現代語訳

そこで、また卑弥呼の一族の娘の壹与（臺与か）という十三歳の少女を立てて王としたところ、国中がようやく治まった。そこで、張政らは、ふれぶみをもって壹与を教え諭した。

註解

（1）壹與　『梁書』『北史』には、臺与［臺與］とあり、「臺与」の誤記ではないかと考えられている。

50. 壱与（臺与）の朝献

【原文】

壹與遣倭大夫率善中郎將掖邪狗等二十人送政等還。[1] 因詣臺、獻上男女生口三十人、貢白珠五千、孔青大句珠二枚、異文雜錦二十匹。

読み下し

壹与、倭の大夫率善中郎掖邪狗等二十人を遣わし、政等の還（かえ）るを送らしむ。因りて臺に詣り、男女生口三十人を献上し、白珠五千孔・青大勾珠（くしゅ）二枚・異文雑錦（いもんざつきん）二十匹を貢せり。

現代語訳

壱与は、倭の大夫の率善中郎将掖邪狗ら二十人を遣わし、張政らの一行が帯方郡に帰還するのを送らせた。〔倭の使はその足で〕洛陽の朝廷に至り、男女の生口三十人を献上し、白珠五千孔、青い大勾玉二枚、珍しい模様の雑錦二十匹を貢献した。

註解

（１）**『晋書』との対比**　『晋書』武帝紀の泰始二年（二六六）十一月条に「十一月己卯、倭人が来りて方物を献ず」とあり、同四夷伝、倭人条にも「泰始、初めて使いを遣わして訳を重ねて入貢す」とある。さらに、『日本書紀』神功皇后摂政六十六年四月条の引く「晋書起居注」にも「武帝の泰初（始カ）二年十月、倭の女王、訳を重ねて貢献す」とあって、これらはいずれも本条に相当するものとみられる。

弁辰　倭人

家惣四五萬户其十二國屬辰王辰王常用馬韓
人作之世世相繼辰王不得自立爲王（魏略曰明其爲流移之人
故爲馬韓所制）土地肥美宜種五穀及稻曉蠶桑作縑
布乘駕牛馬嫁娶禮俗男女有別以大鳥羽送死
其意欲使死者飛揚（魏略曰其國作屋横累木爲之有似牢獄也）國出鐵
韓濊倭皆從取之諸市買皆用鐵如中國用錢又
以供給二郡俗喜歌舞飲酒有瑟其形似筑彈之
亦有音曲兒生便以石厭其頭欲其褊今辰韓人
皆褊頭男女近倭亦文身便歩戰兵仗與馬韓同
其俗行者相逢皆住讓路

魏志三十　廿五

弁辰傳

弁辰與辰韓雜居亦有城郭衣服居處與辰韓同
言語法俗相似祠祭鬼神有異施竈皆在户西其
瀆盧國與倭接界十二國亦有王其人形皆大衣
服絜清長髮亦作廣幅細布法俗特嚴峻

倭人傳

倭人在帶方東南大海之中依山島爲國邑舊百
餘國漢時有朝見者今使譯所通三十國從郡至
倭循海岸水行歴韓國乍南乍東到其北岸狗邪
韓國七千餘里始度一海千餘里至對海國其大

倭人

官曰卑狗副曰卑奴母離所居絶島方可四百餘
里土地山險多深林道路如禽鹿徑有千餘户無
良田食海物自活乘船南北市糴又南渡一海千
餘里名曰瀚海至一大國官亦曰卑狗副曰卑奴
母離方可三百里多竹木叢林有三千許家差有
田地耕田猶不足食亦南北市糴又渡一海千餘
里至末盧國有四千餘户濱山海居草木茂盛行
不見前人好捕魚鰒水無深淺皆沈没取之東南
陸行五百里到伊都國官曰爾支副曰泄謨觚柄
渠觚有千餘户世有王皆統屬女王國郡使往來
常所駐東南至奴國百里官曰兕馬觚副曰卑奴
母離有二萬餘户東行至不彌國百里官曰多模
副曰卑奴母離有千餘家南至投馬國水行二十
日官曰彌彌副曰彌彌那利可五萬餘户南至邪
馬壹國女王之所都水行十日陸行一月官有伊
支馬次曰彌馬升次曰彌馬獲支次曰奴佳鞮可
七萬餘户自女王國以北其户數道里可得略載
其餘旁國遠絶不可得詳次有斯馬國次有已百
支國次有伊邪國次有都支國次有彌奴國次有
好古都國次有不呼國次有姐奴國次有對蘇國

魏志三十　二十六

倭人

次有蘇奴國次有呼邑國次有華奴蘇奴國次有鬼國次有爲吾國次有鬼奴國次有邪馬國次有躬臣國次有巴利國次有支惟國次有烏奴國次有奴國此女王境界所盡其南有狗奴國男子爲王其官有狗古智卑狗不屬女王自郡至女王國萬二千餘里男子無大小皆黥面文身自古以來其使詣中國皆自稱大夫夏后少康之子封於會稽斷髪文身以避蛟龍之害今倭水人好沈沒捕魚蛤文身亦以厭大魚水禽後稍以爲飾諸國文身各異或左或右或大或小尊卑有差計其道里

魏志三十　二十七

當在會稽東冶之東其風俗不淫男子皆露紒以木緜招頭其衣橫幅但結束相連略無縫婦人被髪屈紒作衣如單被穿其中央貫頭衣之種禾稻紵麻蠶桑緝績出細紵縑緜其地無牛馬虎豹羊鵲兵用矛楯木弓木弓短下長上竹箭或鐵鏃或骨鏃所有無與儋耳朱崖同倭地温暖冬夏食生菜皆徒跣有屋室父母兄弟臥息異處以朱丹塗其身體如中國用粉也食飲用籩豆手食其死有棺無槨封土作冢始死停喪十餘日當時不食肉喪主哭泣他人就歌舞飲酒已葬舉家詣水中澡

倭人

浴以如練沐其行來渡海詣中國恒使一人不梳頭不去蟣蝨衣服垢汚不食肉不近婦人如喪人名之爲持衰若行者吉善共顧其生口財物若有疾病遭暴害便欲殺之謂其持衰不謹出真珠青玉其山有丹其木有柟杼豫樟楺櫪投橿烏號楓香其竹篠簳桃支有薑橘椒蘘荷不知以爲滋味有獮猴黑雉其俗舉事行來有所云爲輒灼骨而卜以占吉凶先告所卜其辭如令龜法視火坼占兆其會同坐起父子男女無別人性嗜酒（魏略曰其俗不知正歳四節但計春耕秋收爲年紀）見大人所敬但搏手以當跪拜其

魏志三十　二十八

人壽考或百年或八九十年其俗國大人皆四五婦下戸或二三婦婦人不淫不妬忌不盜竊少諍訟其犯法輕者沒其妻子重者沒其門戸及宗族尊卑各有差序足相臣服收租賦有邸閣國國有市交易有無使大倭監之自女王國以北特置一大率檢察諸國畏憚之常治伊都國於國中有如刺史王遣使詣京都帶方郡諸韓國及郡使倭國皆臨津捜露傳送文書賜遺之物詣女王不得差錯下戸與大人相逢道路逡巡入草傳辭說事或蹲或跪兩手據地爲之恭敬對應聲曰噫比如然諾

其國本亦以男子爲王住七八十年倭國亂相攻
伐歷年乃共立一女子爲王名曰卑彌呼事鬼道
能惑衆年已長大無夫壻有男弟佐治國自爲王
以來少有見者以婢千人自侍唯有男子一人給
飲食傳辭出入居處宮室樓觀城柵嚴設常有人
持兵守衛女王國東渡海千餘里復有國皆倭種
又有侏儒國在其南人長三四尺去女王四千餘
里又有裸國黒齒國復在其東南船行一年可至
參問倭地絶在海中洲島之上或絶或連周旋可
五千餘里景初二年六月倭女王遣大夫難升米

魏志三十　廿九

等詣郡求詣天子朝獻太守劉夏遣吏將送詣京
都其年十二月詔書報倭女王曰制詔親魏倭王
卑彌呼帶方太守劉夏遣使送汝大夫難升米次
使都市牛利奉汝所獻男生口四人女生口六人
班布二匹二丈以到汝所在踰遠乃遣使貢獻是
汝之忠孝我甚哀汝今以汝爲親魏倭王假金印
紫綬裝封付帶方太守假授汝其綏撫種人勉爲
孝順汝來使難升米牛利渉遠道路勤勞今以難
升米爲率善中郎將牛利爲率善校尉假銀印青
綬引見勞賜遣還今以絳地交龍錦五匹臣松之以爲地

倭人

應爲綈漢文帝著皂衣謂之弋綈是也此字不體非魏朝之失則傳寫者誤也絳地縐粟罽十
張蒨絳五十匹紺青五十匹荅汝所獻貢直又特
賜汝紺地句文錦三匹細班華罽五張白絹五十
匹金八兩五尺刀二口銅鏡百枚眞珠鉛丹各五
十斤皆裝封付難升米牛利還到録受悉可以示
汝國中人使知國家哀汝故鄭重賜汝好物也正
始元年太守弓遵遣建中校尉梯儁等奉詔書印
綬詣倭國拜假倭王并齎詔賜金帛錦罽刀鏡采
物倭王因使上表答謝詔恩其四年倭王復遣使
大夫伊聲耆掖邪拘等八人上獻生口倭錦絳青

魏志三十　三十

縑緜衣帛布丹木拊短弓矢掖邪狗等壹拜率善
中郎將印綬其六年詔賜倭難升米黄幢付郡假
授其八年太守王頎到官倭女王卑彌呼與狗奴
國男王卑彌弓呼素不和遣倭載斯烏越等詣郡
説相攻擊状遣塞曹掾史張政等因齎詔書黄幢
拜假難升米爲檄告喩之卑彌呼以死大作冢徑
百餘歩徇葬者奴婢百餘人更立男王國中不服
更相誅殺當時殺千餘人復立卑彌呼宗女壹與
年十三爲王國中遂定政等以檄告喩壹與壹與
遣倭大夫率善中郎將掖邪狗等二十人送政等

倭人

還因詣臺獻上男女生口三十人貢白珠五千孔
青大句珠二枚異文雜錦二十匹
評曰史漢著朝鮮兩越東京撰錄西羌魏世匈奴
遂衰更有烏丸鮮卑爰及東夷使譯時通記述隨
事豈常也哉魏略曰西戎傳曰氐人有王所從來久矣自漢開益州置武都郡排其種人分竄山
谷間或在福祿或在汧隴左右其種非一稱槃瓠之後或號
青氐或號白氐或號蚺氐此蓋蟲之類而處中國人即其服
色而名之也其自相號曰盍稚各有王侯多受中國封拜近
去建安中興國氐王阿貴白項氐王千萬各有部落萬餘至
十六年從馬超爲亂超破之後阿貴爲夏侯淵所攻滅千萬
西南入蜀其部落不能去皆降國家分徙其前後兩端者置
扶風美陽今之安夷撫夷二部護軍所典是也其太守善分
留天水南安界今之廣平魏郡所守是也其俗語不與中國
同及羌雜胡同各自有姓姓如中國之姓矣其衣服尚青絳
俗能織布善田種畜養豕牛馬驢騾其婦人嫁時著衽露其

魏志三十　卅一

緣飾之制有似羌衽露有似中國袍皆編髮多知中國語由
與中國錯居故也其自還種落間則自氐語其嫁娶有似於
羌此蓋乃昔所謂西戎在於街冀獂道者也今雖都統於郡
國然故自有王侯在其虛落間又故武都地陰平街左右亦
有萬餘落貲虜本匈奴也匈奴名奴婢爲貲始建武時匈奴
衰分去其奴婢亡匿在金城武威酒泉北黑水西河東西畜
牧逐水草抄盜涼州部落稍多有數萬不與東部鮮卑同
也其種非一有大胡有丁令或頗有羌雜處由本亡奴婢故
也當漢魏之際其大人有檀柘死後其枝大人南近在廣魏
今居界亦有禿瑰來數反爲涼州所殺今有劭提或降來或遁
去常爲西州道路患也　燉煌西域之南山中從婼羌西至
葱領數千里有月氏餘種葱茈羌白馬黃牛羌各有酋豪北
與諸國接不知其道里廣狹傳聞黃牛羌各有種類孕身六
月生南與白馬羌鄰　西域諸國漢初開其道時有三十六後
分爲五十餘從建武已來更相吞滅於今有二十道從燉煌
玉門關入西域前有二道今有三道從玉門關西出經婼羌
轉西越葱領經縣度入大月氏爲南道從玉門關西出發都
護井回三隴沙北頭經居盧倉從沙西井轉西北過龍堆到
故樓蘭轉西詣龜茲至葱領爲中道從玉門關西北出經橫
坑辟三隴沙及龍堆出五船北到車師界戊己校尉所治高

倭人

太平御覽巻第七百八十二　四夷部三
東夷三
倭　日本　紵嶼人　蝦夷國
倭
後漢書曰倭在韓東南大海中依山島爲居凡百餘國武
帝滅朝鮮使驛通於漢者三十許國倭王居邪馬臺國今倭
名耶魔惟音之訛也樂浪郡徼去其國萬二千里其地大較在會稽
東冶與朱崖儋耳相近故其俗多同土宜禾稲麻紵蚕桑
知織績爲縑布出白珠青玉其山有丹土氣温煖冬夏生
菜茹無牛馬虎豹羊鵲鵲或作雞其兵有矛楯木弓竹矢或以
骨爲鏃男子皆黥面文身以其文左右大小別尊卑之差
其男衣皆横幅結束相連女人被髪屈紒衣如單被貫頭
而着之並以丹朱坋身説文曰坋塵也音蒲頓切如中國之用粉也有城

平七百八十二　一　王宜

柵屋宇父母兄弟異處唯會同男女無別飲食以手而用
籩豆俗皆徒跣以蹲踞爲恭敬其人性嗜酒多壽考至百餘
歳者甚衆國多女子大人皆有四五妻其餘或兩或三女
人不淫不妬又俗不盗竊少爭訟犯法者没其妻子重者
滅其門族其死者停喪十餘日家人哭泣不進酒食而等
類就歌舞爲樂灼骨以爲卜用決吉凶行來渡海令一人
不櫛沐不食肉不近婦人名曰持衰若在塗吉利則雇以
財物如病疾遭害以爲持衰不謹便共殺之
魏志曰倭國在帶方東南大海中依山島爲舊國百餘小
國漢時有朝見者今令使譯所通其三十國從帶方至倭
循海岸水行歴韓國從乍南乍東到其北岸拘耶韓國七
千餘里至對馬國戸千餘里大官曰卑狗副曰卑奴母離
所居絶島方四百餘里地多山林無良田食海物自活乗
船南北市糴又南渡一海一千里名曰瀚海至一大國置
官與對馬同地方三百里多竹木叢林有三千許家亦有
田地耕田不足食方行市糴又渡海千餘里至末盧國戸
四千濵山海居人善捕魚水無深淺皆能沉没取之東南
陸行五百里到伊都國官曰爾支副曰泄謨觚柄渠觚有千
餘戸世有王皆統屬女王帶方使往來常止住又東南至
奴國百里置官曰先馬觚副曰卑奴母離有二萬餘戸又
東行百里至不彌國戸千餘置官曰多模副曰卑奴母離
又南水行二十日至於投馬國戸五萬置官曰彌彌副曰彌
彌那利又南水行十日陸行一月至耶馬臺國戸七萬女
王之所都其置官曰伊支馬次曰彌馬升次曰彌馬獲支
次曰奴佳鞮其屬小國有二十一皆統之女王之南又有
狗奴國男子爲王其官曰狗石智卑狗者不屬女王也自

平七百八十二　二　王宜

帶方至女國萬二千餘里其俗男子無大小皆黥面文身
聞其舊語自謂太伯之後又云自上古以來其使詣中國
草傳辭説事或蹲或跪兩手據地謂之恭敬其呼應聲曰
噫噫如然諾矣
又曰倭國本以男子爲王漢靈帝光和中倭國亂相攻伐
無定乃立一女子爲王名卑弥呼事鬼道能惑衆自謂年
巳長大無夫婿有男弟佐治國以婢千人自侍唯有男子
一人給飲食傳辭出入其居處宮室樓觀城柵守衛嚴峻
景初三年公孫淵死倭女王遣大夫難升米等言帶方郡
求詣天子朝見太守劉夏送詣京師難升米致所獻男生
口四人女生口六人班布二疋詔書賜以雜錦采七種五
尺刀二口銅鏡百枚眞珠鉛丹之屬付使還又封下倭王
印綬女王死大作冢殉葬者百餘人更立男王國中不

伏更相殺數千人於是復更立卑弥呼宗女臺與年十
三爲王國中遂定其倭國之東渡海千里復有國皆倭種
也又有朱中儒國在其南人長三四尺去倭國四千餘里
又有躶國墨齒國其南船行可一年至
南史曰倭國風俗不淫男女皆露髻富貴者以錦綉雜來
爲帽似中國胡公頭晉安帝時有倭王讃遣使朝貢宋武
帝永初二年詔曰倭王讃遠誠宜甄可賜除授文帝元嘉二
年讃又遣使奉表獻方物讃死弟珎立遣使貢獻自稱使
持節都督倭百濟新羅任那秦韓六國諸軍事安東大將
軍倭國王詔除安東將軍倭國王珎又求除正倭洧等十
三人平西征虜冠軍輔國号詔並聽之自此朝貢不絶至順帝昇
明二年倭王武遣使上表言自昔祖禰躬擐甲冑跋渉山
川不遑寧處東征毛人五十五國西服衆夷六十六國陵
平海北九十五國王道融泰廓土遐畿累葉朝宗不愆于
歳道過百濟裝飾舩舫而句麗無道圖欲見吞臣亡考濟
方欲大舉奄喪父兄使垂成之功不獲一簣今欲練兵甲
父兄之志竊自假開府儀同三司其餘咸各假授以勸忠
節詔除武使持節督倭新羅任那加羅秦韓六國諸軍事安東大將
軍倭國王至齊建元中及梁武帝時並來朝貢
北史曰隋開皇二十年倭王姓何每字多利思比孤號河
輩雞弥遣使詣闕上令所司訪其風俗使者言倭王以天爲
兄以日爲弟天明時出聽政跏趺坐日坐便理務云委我
弟文帝曰此大無義理於是訓令改之王妻姓雞弥後宮
有女六七百人名太子爲利歌弥多弗利
又曰倭國内官有十二等一曰大德次小德次大仁次小
仁次大義次小義次大禮次小禮次大智次小智次大信

●「魏志倭人伝」による邪馬台国への里程

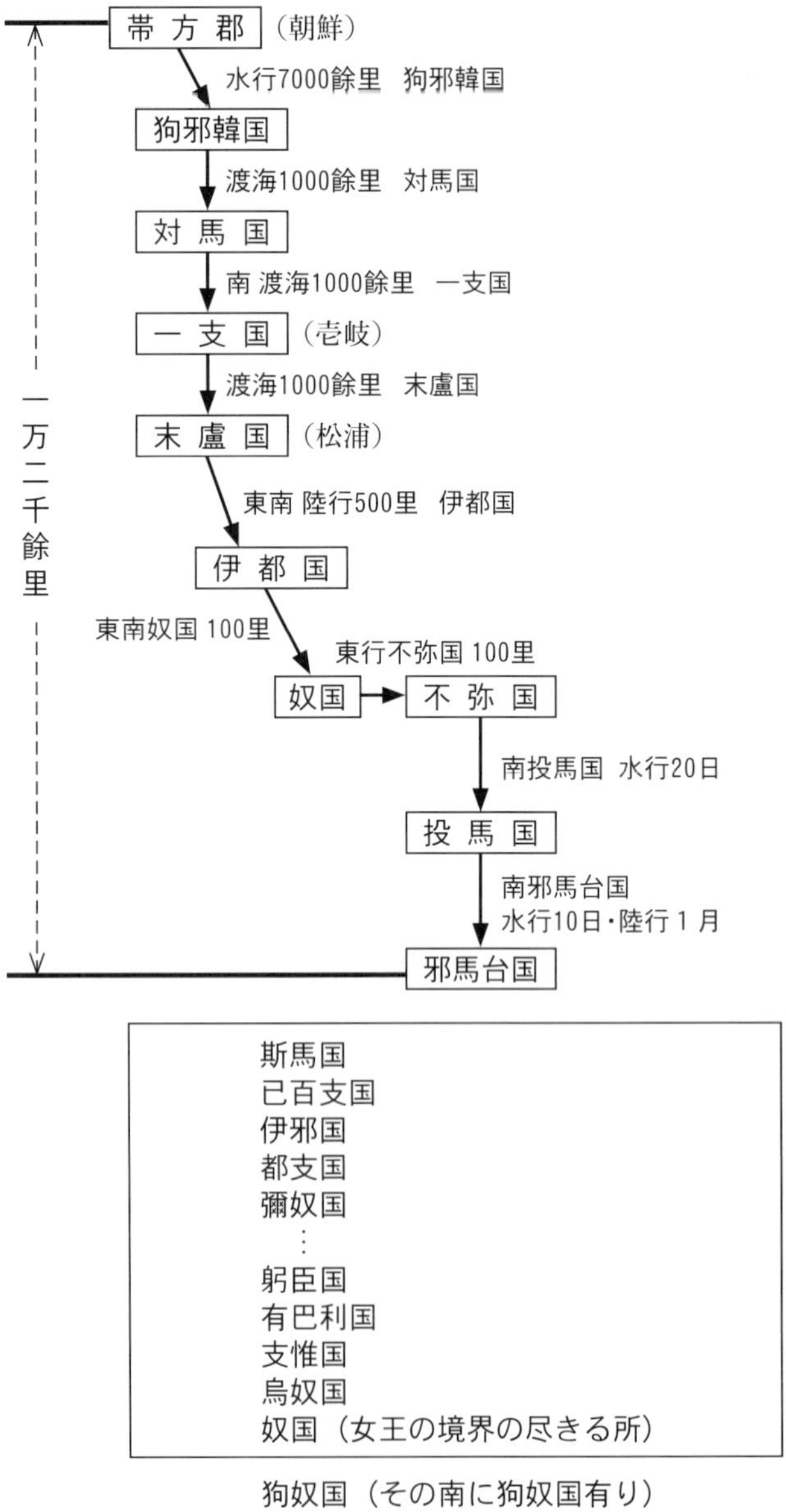
帯方郡
（朝鮮）
水行7000餘里　狗邪韓国
狗邪韓国
渡海1000餘里　対馬国
対馬国
南 渡海1000餘里　一支国
一支国
（壱岐）
渡海1000餘里　末盧国
末盧国
（松浦）
東南 陸行500里　伊都国
伊都国
東南奴国 100里
東行不弥国 100里
奴国
不弥国
南投馬国　水行20日
投馬国
南邪馬台国
水行10日・陸行１月
邪馬台国
一万二千餘里
斯馬国
已百支国
伊邪国
都支国
彌奴国
躬臣国
有巴利国
支惟国
烏奴国
奴国（女王の境界の尽きる所）
狗奴国（その南に狗奴国有り）

参考　九州北部の関係地図

第二章　南朝冊封体制と倭の五王

一、四五世紀の王権

倭の五王とは　ただいまご紹介にあずかりました皇學館大学の荊木でございます。本日は、倭の五王について、ちょっと特殊な問題を取り上げることにいたしました。すこし専門的な内容ですが、しばらくの間お付き合いいただければ幸いです。

倭の五王というと、もっぱら五王、すなわち讃（さん）・珍（ちん）・済（せい）・興（こう）・武（ぶ）がどの天皇にあたるのかという点に関心が集まりますが、ほかにも重要な問題が数多く残されています。倭の五王のことをしるした文献は、中国の歴史書ですから、『古事記』・『日本書紀』との整合性を考えるまえに、まず、倭の五王を『宋書（そうじょ）』なら『宋書』のなかでどのように位置づけることができるか、考証すべきです。そこで、以下は、倭の五王に関して、基本的なことがらでありながら、従来あまりきちんと実証されていなかったことを取り上げてみたいと思います。こまかい話なのですこし退屈かも知れませんが、五世紀における政権の交替について考える基礎的な作業とお考えいただきたいと思います。

二、「国王」と「王」は同じか？

倭国王と倭王はちがうのか　表Ⅰの「宋と倭の交渉年表」をご覧ください。『宋書』の記載をもとに作成したものです。これによれば、五王のうち、讃は別にして—あとでお話しするように、讃の封冊記事は存在しません—珍・済・興の三王は倭国王に、武は倭王に封冊されています。

　これは、どちらかが誤っているのでしょうか。それとも、中国南朝の冊封体制では、周辺諸国の首長に与えるために、「王」と「国王」という二つの称号が存在したのでしょうか。

　ここにいう「冊封体制」というのは、東アジア諸国の国際秩序を確立・維持するために中国諸王朝が採用した対外政策のことです。具体的には、中国皇帝が周辺諸国の王に役職・爵位を与えて君臣関係を結び、それらの国々を従属的な立場におくシステムのことをいいます。倭国王と倭王のちがいなど、たいした問題ではないように思われるかも知れませんが、じつは冊封体制のなかでは、両者にはかなりの大きな差があったと思われます。

　この問題を扱った研究は、あることはあります。早稲田大学の東洋史の先生だった栗原朋信先生は、例の「漢委奴国王」印の研究のなかで、漢帝国の外蛮夷の朝貢国には「外臣」の国と「不臣」の国とが存在し、前者は「王」の称号を有し、後者は「国王」の称号を有することを指摘し、「委奴国王」の国は漢の不臣の朝貢国であったことを論証しておられます。そして、三世紀になって、邪馬臺国の女王卑弥呼が魏より「親魏倭王」に封冊されたのは、卑弥呼の国が魏の外臣層に編入されたからだと推測しておられるのです。坂元義種先生は、倭の五王に関する研究のなかで、栗原先生の研究を受けて、独立性の強かった「倭国王」が武の時代に従属性の強い「倭王」にかわろうとしたのだとのべておられます。

　眼につく研究は、この二つしかありません。しかも、右の文章を読むかぎりでは、坂元先生は、秦漢帝国の時代

表Ⅰ　宋と倭の交渉年表

西暦	年号	王名	記事（出典）
421	永初 2	讃	讃、朝貢し、除授の詔を賜わる（文帝本紀）
425	元嘉 2	讃	讃、司馬曹達を遣わし、文帝に上表し、方物を献ず（倭国伝）
430	元嘉 7	？	倭国王、使を遣わし、方物を献じる（文帝本紀）
438	元嘉 15	珍	讃死し、弟珍が立って宋に朝質。珍は、「使持節都督倭新羅任那加羅秦韓慕韓六国諸軍事安東大将軍倭国王」を自称し、「安東将軍倭国王」に除正される。また、倭隋ら 13 人は将軍号を授けられる（文帝本紀）
443	元嘉 20	済	倭国王済、遣使朝貢し、「安東将軍倭国王」を授けられる（倭国伝）
451	元嘉 28	済	済、「使持節都督倭新羅任那加羅秦韓慕六国諸軍事」を加授される。「安東将軍」は故の如し（倭国伝）
451	元嘉 28	済	倭王倭済、安東将軍から「安東大将軍」に進められる（文帝本紀）
460	大明 4	？	倭国、使を遣わし、方物を献ず（武帝本紀）
462	大明 6	興	世子興、「安東将軍倭国王」を授けられる（倭国伝）
477	昇明元	？	倭国、使を遣わし、方物を献じる（順帝本紀）
478	昇明 2	武	武、方物を献じ上表し、「使持節都督倭新羅任那加羅秦韓慕韓六国諸軍事安東大将軍倭王」を授けられる（倭国伝）

を中心として論じられた栗原説を、そのまま南朝の時代に当て嵌めておられるようです。けれども、栗原先生の説を、そのまま南朝冊封体制のなかへもちこむことができるかどうかは、もうすこしきちんと調べなければなりません。南朝冊封体制における「国王」と「王」については、あくまで南朝の史料によって考える必要があると思います。

そこで、以下は、こうした基本的な問題について考察を加えるとともに、それをもとに、「倭国王」と「倭王」という二つの称号のもつ意味を考えてみたいと思います。

南朝諸史はどう表現しているか　はじめに、かんたんに説明しておきますが、南朝とは、一般に宋（そう）・斉（せい）・梁（りょう）・陳（ちん）の四朝を指します。これは、北魏（ほくぎ）など、北朝に対する謂（いい）です。南北朝時代とは、北魏が華北を統一した西暦四三九年から隋が中国を再び統一する五八九年までの約百五十年のあいだ、南北に王朝が並立していた時期を指します。それぞれの王朝については、その歴史を綴った書物が編纂されています。

まず、宋（四二〇～四七九）については『宋書』があります。これは、沈約が斉の武帝に命ぜられて編纂した百巻からなる紀伝体の歴史書です。「夷蛮伝」の記述のなかに、倭の五王と呼ばれる日本の支配者の朝貢や除正の記載があることはよく知られています。つぎが『南斉書』で、これは、宋のあとに興った斉（四七九～五〇二）の歴史書です。梁の蕭子顕が書いた紀伝体の史書で、全五十九巻からなります。これにつづくのが、『梁書』です。同書は、梁（五〇二～五五七）の歴史を記した歴史書で、全部で五十六巻あります。『宋書』や『南斉書』にくらべると、王朝が滅んでからずいぶんあとになってまとめられたもので、唐の時代の貞観三年（六二九）に姚思廉が完成させました。つぎの陳（五五七～五八九）の時代を扱った『陳書』も、やはり、姚思廉が編纂した史書で、貞観十年（六三六）に完成しました。この陳が南朝最後の王朝です。

最後の『南史』はちょっと変わっていて、宋・斉・梁・陳四王朝の歴史をしるした通史です。八十巻からなりますが、まとめられたのは唐の顕慶四年（六五九）のことです。

『宋書』倭国伝に「倭国王」と「倭王」の両方の用例がみられることは、さきにものべたとおりですが、南朝の冊封体制を検討するためには、やはり、南朝諸史のなかに記載される「王」と「国王」の用例をすべてピック・アップし、それをもとに、正史ごとの性質や各国の特徴を把握しておく必要があります。

そこで、わたくしは、正史別に本紀と列伝の「王」と「国王」の用例を悉皆調査してみました。本紀は、紀伝体の歴史書において皇帝の事績を一代ごとに年代記風に整理したもので、列伝は、個々の人物や周辺の異民族のことを書いた記録で、南朝諸史では『宋書』・『梁書』・『南史』に倭に関するまとまった記載が存在します。

本来なら、これらの詳しいデータとその分析結果を紹介すべきですが、あまりに煩瑣になるので、省略します。

データの詳細をご覧になりたいかたは、拙著『記紀と古代史料の研究』（国書刊行会、平成二十年二月）に収録した「倭の五王の一考察」という論文をお読みください。本日はその結論だけを紹介しておきますが、南朝諸史の調査の結果、

(1)『宋書』列伝には、「王」と「国王」の称号の使い分けがある、

(2)『南斉書』列伝についても、用例はじゅうぶんではないが、『宋書』と同様の使い分けがある、

(3)『梁書』本紀には、「王」と「国王」の称号の使い分けがあると考えられるが、列伝には、信憑性の乏しい一部の記録をのぞいては、「王」の表記しか存在しない、

などの諸点があきらかになっています。

三、不思議な扶南と芮芮

扶南の称号は特殊か　以上のように、南朝諸史には「王」と「国王」の使い分けがあるようなのですが、そのなかでも、とくに注目すべきことは、倭とともに、芮芮（ぜいぜい）（蠕蠕）・扶南（ふなん）が「王」と「国王」の両方の表記を有していた点です。そこで、倭の五王の考察に入るまえに、この二国について検討しておきたいと思います。

はじめに、扶南ですが、南朝諸史における扶南の「王」と「国王」の用例は、ひじょうに混乱しています。こうした用例の混乱については、

(1)宋・斉・梁を通じて一貫して「王」であったにもかかわらず、「国王」と表記される場合がある、

(2)ぎゃくに、一貫して「国王」であったにもかかわらず、「王」と表記される場合がある、

(3)「国王」から「王」へ、ある時点で称号が変化した、

という三つの考えかたができますが、いずれの見解が妥当でしょうか。

そこで、『宋書』・『南斉書』・『梁書』の扶南の用例を検討しながら、この点について考えてみましょう。

まず、『宋書』では夷蛮伝に、

①扶南国、太祖十一（四三四）、十二、二十五年、国王持黎跋摩遣使奉献。（扶南国条）

②林邑欲伐交州、借兵於扶南王。扶南不従。（林邑国条）

という二例がみえるだけです。

一般的にいえば、扶南国条にみえる①の用例のほうが信頼できます。しかも、こうした記述は、たとえば、槃皇国条に、「槃皇国、元嘉（げんか）二十六年（四四八）、国王舎利盤羅跋摩遣使献方物四十一種」とあるのをはじめとして、『宋書』夷蛮伝に多く類型がみられるので、扶南も、元嘉年間中（四二一〜四五二）に「国王」であったとみて差し支えないでしょう。

なお、その後、①にみえる「扶南国王」とは別の人物が遣使しており、『南斉書』巻五十八、蛮・東南夷伝の扶南の条には、

③宋末、扶南王姓僑陳如名闍耶跋摩遣商賈至広州。

とありますが、これについては『宋書』に記載がありません。さらに同条には、

④永明二年（四八四）、闍邪跋摩遣天竺道人釈那伽仙上表、称扶南国王臣僑陳如闍耶跋摩叩頭啓曰（後略）。

とあって、南斉代になって、①・③のいずれでもない人物が遣使朝貢したことを伝えていますが、これらの史料から、『南斉書』でも両方の称号が並立していたことが判明します。

それゆえ、こうした史料に依拠するかぎりでは、扶南が「王」国か「国王」国かをみきわめることはむつかしいのですが、扶南側が、みずから「扶南国王」と称している点を重視しますと、憍が、元嘉年間以後も、扶南は「国王たること」を認識していたと考えてよいと思います。『南斉書』蛮・東南夷伝の加羅国条には、

加羅国三韓種也。建元元年（四七九）、国王荷知使来献。詔曰、量広始登遠夷治化。加羅王荷知款関海外、奉贄東遐。可授輔国将軍本国王。

とあって、「国王」の称号を与えられている加羅が詔のなかで「加羅王」と呼ばれている例もあるので、南斉代の扶南も「国王」であったと考えてよいと思います。

ところで、『梁書』巻五十四、諸夷伝下扶南国条には、

⑤後、王持梨嚬跋摩、宋文帝世、奉表献方物。斉永明中、王闍耶跋摩遣使貢献。天監二年（五〇三）、跋摩復遣使送珊瑚仏像并献方物。詔曰、扶南王憍陳如闍耶跋摩介居、世纂南服、厥誠遠著、重訳献躁。宜蒙酬納班以栄号。可安南将軍扶南王。

とあるように、梁代に憍陳如闍耶（邪）跋摩（カウンディンヤ・ジャヤヴァルマン）がふたたび遣使しています。この天監二年の憍陳如闍耶跋摩の遣使朝貢および封冊については、武帝本紀にも、

⑥（天監二年）秋七月、扶南亀茲中天竺国各遣使献方物。

⑦（天監三年（五〇四））五月丁己、以扶南国王憍陳如闍耶跋摩為安南将軍。

と、それぞれ対応する記事があり、列伝に「扶南王」とあるものが「扶南国王」としるされています。しかし、『梁書』の諸夷伝は、もとは「国王」とあったものを「王」に書き改めた形跡があるので、⑦の用例こそが、宋・南斉両代にわたってきた扶南の称号を正しく表記したものと考えてよいでしょう。

ただ、『南史』の梁武帝本紀の同一箇所では、「(天監三年) 五月丁己、以扶南王憍陳如闍耶跋摩為安南将軍」とあり、⑤の詔の最後の「可安南将軍扶南王」という箇所と一致しています。この矛盾は、どのように考えればよいでしょうか。

この点について、わたくしは、天監二年(五〇三)の秋七月に朝貢してきた時点で憍陳如闍邪(耶)跋摩は「扶南国王」であったが、翌三年五月の封冊によって「安南将軍扶南王」となり、以後は、梁代を通じて扶南は「王」の称号を維持しつづけたのではないか、と考えています。梁代にはいると、扶南の遣使朝貢数が高句麗や河南なみに激増しますが、梁代に中国への従属度を強めたことが、「扶南国王」が「扶南王」へと変化した原因の一つだと思われます。

「主」とはなにか　芮芮・蠕蠕(「ぜんぜん」または「ぜいぜい」)は、ともに「柔然(じゅうぜん)」の音訳です。柔然は、四世紀の中頃から六世紀の中頃までモンゴリアを支配した遊牧民族の国家です。南朝の宋代はその極盛期であり、大号「可汗(かがん)」を称するとともに、しばしば華北へ侵入していました。華北回復を願う南朝側がこれに目をつけないはずはないのであって、芮芮は、南朝の初期より重視されていました。そのことは、『宋書』索虜伝芮芮条に、「索虜(さくりょ)(南朝が北魏を呼ぶときの蔑称)を撃ち、代々仇敵関係にあるので、宋はつねにこれを手なづけてきた」とあることからもあきらかです。

また、『南斉書』芮芮虜・河南鶻羌伝の芮芮虜の条には、

①宋世、昇明二年(四七八)、太祖輔政、遣驍騎将軍王洪軌、使芮芮剋期共伐魏虜。建元元年(四七九)八月、芮芮主発三十万騎南侵。魏虜拒守不敢戦。芮芮主於燕然山下縦猟而帰。(中略)。二年、三年、芮芮主頻遣使貢献貂皮雑物、与上書、欲伐魏虜、(後略)

②（永明元年〈四八三〉）芮芮王求医工等物。（後略）

とみえています。

芮芮と南朝との関係については、あとで詳しくのべるとして、ここでは、芮芮の首長は「芮芮主」・「芮芮王」どちらが正しいのか考えておきます。

『南斉書』芮芮虜・河南鶫羌伝の芮芮虜の条には、「芮芮主」と「芮芮王」と二つの表記が存在するのですが、これは、おそらく「芮芮主」のほうが正しいと思われます。なぜならば、北朝の正史である『魏書』が蠕蠕のことをしるした箇所に「蠕蠕主」という表記がみえるからです。また、『宋書』索虜伝芮芮条には「芮芮は勝手に大号を称していた」とあるので、芮芮は、どうもたんなる「王」の称号ではなく、南斉の時代までは「主」だったのでしょう。

では、どうして、芮芮にだけ、「主」という特殊な呼称がもちいられたのでしょうか。

この点についても、あとであらためて考えてみたいと思いますが、ここで注意しておかなければならないのは、『梁書』諸夷伝下や『南史』斉本紀上に「国王」の用例がみられることです。

『梁書』の例は、例外的な表記だと考えられますから、とくに問題とするには足りませんが、『南史』斉本紀上に「（建元二年〈四八〇〉）九月辛未、蠕蠕国王遣使欲倶攻魏献師子皮袴褶烏程」とあるのは、すこしく注意しておく必要があります。

これは、『南斉書』芮芮虜・河南鶫羌伝に、「（建元）二年、三年、芮芮主頻使貢献貂皮雑物与上書、欲伐魏虜謂上足下。自称吾献師子皮袴褶皮（後略）」とある記述によったものでしょうが、ここに「芮芮主」とあるものが、どうして『南史』では「蠕蠕国王」に書き換えられたのでしょうか。

この点については、いろいろな解釈ができると思いますが、ひとつには、梁代には「国王」と称した事実があり、『南史』がそれを採ったとみることができます。そうなると、芮芮の称号は、梁代に「主」から「国王」に変化したことになりますから、称号の変化を考えるうえで、興味深いものがあります。

四、「国王」国と「王」国のちがい

どの国が何回遣使したか　さて、以上の考察によって、南朝の冊封体制下には、外蛮首長に対する称号としては、「王」と「国王」という二系統の称号のほかに、「主」という呼称が存在することがあきらかになりました。そこで、つぎに、こうした称号をもつ外蛮国の対南朝外交の遣使朝貢や封冊の状況を調査し、はたして南朝に対する従属度に差があるのかどうか検討してみたいと思います。

つぎの**表Ⅱ**は、各国ごとの遣使朝貢回数プラス封冊回数の合計を、南朝各代（ただし、宋のみは宋初、文帝の元嘉年間、宋末の三つに区分）ごとに示し、さらに、南朝時代を通じての合計を表示したものです。ただし、これは、単純な遣使朝貢と封冊の合計ではなく、いわば、両者をあわせた「関係回数」の合計ともいうべきものです。すなわち、朝貢によっておこなわれたことがみとめられる封冊は一回と数え、また同年に朝貢や封冊が二回あった時にはそのまま二回と数えています。

なお、南朝に通じた国は、四十以上におよびますが、ここでは、スペースの関係上、三十一国しか掲載していません（省略した国は、そのほとんどが、南朝全時代の関係回数の合計が一回の国です）。

表Ⅱでは、㈠１～８までが「王」の称号を有する国、㈡９～11が特殊性をもっていると考えられる国、㈢12～

22が「国王」の称号を有する国、㈣23～31の不明の国、の順に排列していますが、こうした分類がこれまでの考察にもとづくことはいうまでもありません。

つぎに、表Ⅱに示した数値について解説しておくと、まず、合計回数でいえば、「王」国は五～四十三（平均値二十五弱）、「国王」国は一～八（平均値三強）、称号の変化した倭と扶南はそれぞれ十三と十八（平均値十五強）となり、

表Ⅱ　関係回数表

		宋初	元嘉	宋末	南斉	梁	陳	合計
王	1 林邑	1	7	3	4	9	2	26
	2 高（句）麗	4	6	9	4	12	5	40
	3 百済	2	5	4	3	7	5	26
	4 武都（興）	2	9	12	15	5		43
	5 河南	1	13	10	5	14		43
	6 河西（西河）	2	9	1				12
	7 宕昌			4	4	6		14
	8 鄧至		1		2	2		5
特殊	9 倭	1	6	4	1	1		13
	10 扶南		4	1	1	10	2	18
	11 芮芮（蠕蠕）		1	5	3	6		15
国王	12 訶羅陁		1					1
	13 訶羅単		7					7
	14 媻皇		3	5				8
	15 媻達		3					3
	16 闍媻媻達		1					1
	17 師子		3					3
	18 迦毗黎		1	1				2
	19 蘇摩黎		1					1
	20 斤陁利		1			3		4
	21 加羅				1			1
	22 滑					4		4
不明	23 丹丹					3	3	6
	24 中天竺					1	1	2
	25 婆黎			1		2		3
	26 狼牙					3	1	4
	27 新羅					1	3	4
	28 粛慎（特）		1	1				2
	29 槃槃			1		4	2	7
	30 亀茲					2		2
	31 于闐					3		3

やはり、「王」国が密接に交渉していたことがわかります。

また、時期ごとにいうならば、「王」国の数値は各時代を通じてほぼコンスタントにあらわれるのが、大きな特徴です。八国のうち、六つの時期区分のすべてに数値のあらわれるものが三国（林邑・高〔句〕麗・百済）、六時期のうちの五時期まで数値のあらわれる（陳代だけない）ものが二国（武都〔興〕・河南）とあり、残りの三国（河西・宕昌・鄧至）も、六時期中三時期に数値があらわれています。

これに対して、「国王」国では六時期中一〜二時期にしか数値があらわれません。倭や扶南は、六時期中五時期に数値があらわれていますから、その回数は、「王」国に準ずるかのようです。

では、これらの数値からは、いったいどのような事実が読み取れるのでしょうか。以下、「王」国・「国王」国・特殊性を有する国、の順で考えていきましょう。

「王」国は中国と関係が深い　「王」国の関係数合計が多いのは、その地理的環境によるところが大きいのであって、「王」国はすべて中国本土周辺に存在しています。そして、それらの国々は、中国側からみても利用価値が大きかったのです。そのことは、これらの国々が、その封冊をうけるにあたって、「王」号のほかに、督諸軍事や将軍・刺史・牧・公など純中国的な官職まで授けられていることからもうかがうことができます。しかも、驚くべきことには、それらの官職名には実質をともなわないもの（ただし、これは現代のわれわれの解釈であり、当時の中国からみれば、なんらかの意味をもっているものではありますが）さえふくまれています。

たとえば、元嘉十九年（四四二）に封冊された河西王沮渠無諱の称号には、「持節散騎常持都督河涼沙三州諸軍事征西大将軍領護匈奴中郎将西夷校尉涼州刺史河西王」とみえています。この封冊は、対北朝政策の一環と考えられるのですが、この時代には、すでに沮渠氏の河西地方の支配権は失われていました。にもかかわらず、その地域における「都督諸軍事」や「刺史」の称号が無諱に与えられています。これをみると、宋は、右のような称号を授与することによって、すでに北魏の実質支配下に移った「河西」の潜在的所有権とでもいうべきものを主張していたことがわかります。

なお、これと同様の例として、「過去の栄光」とでも表現すべき称号が授けられていることも、注目されます。高句麗や百済に与えられた「楽浪公」という称号がその代表的な例でしょう。この称号によって、かつての漢帝国の栄光を夢みる江南漢人王朝の政治的意識が、外夷の国にまでおよんでいたことがうかがえます。

さて、以上のことから、「王」国は、中国南朝に対して、ひじょうに従属性が強かったことがわかるのですが、こうした「王」国の特徴は、おおよそ、

①中国に近い位置にある、

②それゆえに中国に遣使朝貢回数が多い、

③歴史地理的にみて中国側に潜在的な主権の自覚がある、

④封冊においてたんに「何々王」という称号だけの除正にとどまらない、

⑤南北朝の対立下にあって、南朝が軍事的に協力を求めることが可能である、

という五点に整理することができます。ぎゃくにいえば、こうした五つの条件をほぼ満たしていることが「王」国と認められる資格だといえます。

「国王」国は従属性が弱い　では、つぎに、右の①〜⑤の五つの条件を、「国王」国の場合にあてはめてみましょう。ただし、その際、多少問題の残る加羅・滑両国は、ひとまず除外します。

まず、条件①の「中国に近い位置にある」でみると、これらの国々は、インドネシア諸島およびインド附近に存

在しており、こうした遠隔地への往来には船を使わなければなりません。船による往来は、わが国の遣唐使の例をひくまでもなく、気象条件に影響されやすく、回数も、不定期におわってしまう可能性が大きいのです。したがって、当然のことながら、条件②の「中国に遣使朝貢回数が多い」もあてはまらなくなります。

つぎの条件③の「中国側に潜在的な主権の自覚がある」も、「王」国の場合にはあてはまらない場合が多いと思います。そのことを端的に示しているのが、『宋書』夷蛮伝の序文です。ここでも中国との歴史的なかかわりについては、いっさいふれられていません。そもそも、条件①のところでもみたように、自然地理的に近くない以上、条件③があてはまらないのは当然といえます。

つぎに、条件④の「封冊においてたんに「何々王」という称号だけの除正にとどまらない」もあてはまりません。たとえば、『宋書』夷蛮伝にみえている盤達・盤皇の封冊がたんなる「国王」のみにとどまったことは、すでにのべたとおりです。

最後の条件⑤の「南北朝の対立下にあって、南朝が軍事的に協力を求めることが可能である」という点も、まったくといってよいほど関係ありません。これらの国々は、むしろ貿易・友誼・仏教的な交流を求めて朝貢していたのです。

ところで、ここで、さきに留保しておいた加羅・滑の二国についても考えておきます。

まず、条件①の中国との距離、②の朝貢回数についていえば、両国は、「王」国に準ずる位置（加羅は朝鮮、滑は西域です）にあるといえます。ただ、それにもかかわらず、中国との関係回数はかならずしも多くはないのですが、これは、この両国が「新興国家」であったことに原因があると思われます。

つぎに、条件④「「何々王」の称号にとどまらない」、⑤「軍事的協力」ですが、これらの条件は、両国のあいだで、多少ことなる点があります。

まず加羅ですが、ここで注目されるのは、他の「国王」国の例です。東南アジア・インド諸国は、たんに「何々国王」の封冊しか受けていないのに対して、加羅が「輔国将軍、本国王」に封冊されています。おそらく、「輔国将軍」号が附加されたのは、条件⑤に関して、加羅がある程度条件を満たしていたからでしょうが、関係回数の点からいえば、加羅は「国王」国レベルです。

では、滑はどうでしょうか。

まず、「国王」という称号が与えられた理由は、加羅と同様でしょう。しかし、将軍号が付与されなかったのは、加羅とはぎゃくの理由によるものであって、障碍の多い陸路を通じてくる西域諸国とくらべて、朝鮮半島のほうが、軍事的に重視されていたのは当然です。

ちなみに、条件③「中国側の潜在的主権」についていいますと、この両国に関する一定した評価はきまっていなかったようです。しかし、加羅は、一回の遣使朝貢で「輔国将軍、本国王」を授けられているので、もし、その後もコンスタントに遣使をつづけられていたら、百済や倭のような称号をみとめられたと思われます。また、いっぽうの滑についても、西域諸国は、漢代以来の慣習により「王」と表記されていたと考えられますから、遣使を重ねていれば、やがては「滑王」となったかも知れません。

倭と扶南は中間的存在　つぎに、倭と扶南について、条件①～⑤の五つの条件を当て嵌めてみましょう。

まず、条件①の中国との距離については、倭や扶南は、加羅や滑と類似しています。つまり、「王」国と一般的な「国王」国の中間的な地域にあります。**表Ⅱ**にみえるように、条件②の朝貢回数において、やはり中間的になっているのもそのためです。

つぎに、条件③「中国側の潜在的主権」はあてはまりません。インドシナ半島を南から西へと回る位置にある扶南と、朝鮮半島と海を隔てて位置する倭の二国に対し、中国が潜在的主権を主張することは、まず考えられません。

また、条件④の「「何々王」の称号にとどまらない」という点についても、両者の差異はありますが、ほぼ中間的形式をとっていたといえるのではないでしょうか。なぜなら、扶南にしても倭にしても、最終的には、それぞれ「安南将軍、扶南王」・「使持節、都督倭・新羅・任那・加羅・秦韓・慕韓六国諸軍事、安東将軍、倭王」に封冊されているからです。

さらに、条件⑤の「軍事的協力」ですが、扶南は、林邑の交州侵入を牽制するために、また、倭は、ときとして北魏へ通じる高句麗への牽制のために、それぞれ南朝の「遠交近攻」策に利用されていたと考えられます。したがって、倭と扶南は、やはり、「王」国と「国王」国の中間的（倭はやや「王」国に近いといえますが）状況にあったと考えられるのです。

芮芮の特殊な立場　まえにお話ししましたように、芮芮の首長の称号は、おそくとも南斉までは「主」という特殊なものでした。これは、「皇帝」、または「可汗」を呼びかえて称したものだと考えられます。このことは、北魏の皇帝を「索虜主」とか「魏主」と呼んだのとおなじです。芮芮は、中国南朝の冊封体制において、「外夷」、すなわち、中国皇帝の徳を慕ってくる異民族としてのあつかいをうけていなかったのです。

表Ⅱに示したように、十六回におよぶ芮芮と南朝の関係回数の中味は、すべて遣使朝貢であり、封冊がまったくありません。宋の元嘉年間から梁代にかけて、コンスタントに朝貢をつづけていた芮芮に対して、南朝がなんの封冊もおこなわなかったことは、きわめて異例です。政治情勢的にみて、「王」国にまさるとも劣らぬ重要性をもつ芮芮がなんの封冊をもうけていないということは、まことに不思議ですが、これは、結局のところ、宋・南斉時代の芮芮が外夷第一の強国であったことに原因があるのでしょう。

『南斉書』芮芮虜・河南鶮羌伝芮芮条にみえる芮芮からの書状には、南斉皇帝を「足下」いい、自分のことを「吾」と書いていたとあったといいますが、これによれば、芮芮は、みずからを南斉以上に強大だと考えていたのであり、南斉側も、あえてそれを否定しなかったのでしょう。

このようにみていくと、宋から南斉にかけての南斉・芮芮が北魏と対抗していたこの時代は、一種の三朝鼎立状態にあったといえます。あるいは、後世の北宋・遼（りょう）・西夏（せいか）の関係に近いかも知れません。芮芮の「主」という称号は、そうした当時の政治情勢に支えられた称号であったとみてよいでしょう。

ただ、こうした状態は、四八〇年代に芮芮が丁零に圧迫されたために、やがては破綻します。さきに、芮芮の称号が、梁代に、「主」から「国王」に変化したとみるべき徴証のあることにふれましたが、こうした芮芮の弱体化を考慮すれば、それも頷けることなのです。

五、「倭国王」から「倭王」へ

変化する称号　さて、これまでの考察によって、「王」と「国王」を比較した場合、いろいろな点で、「王」が「国王」よりも従属度が高いことが判明したのですが、これによって、冒頭に紹介した栗原先生の説が南朝冊封体制にもあてはまることが証明されました。しかも、「国王」の称号は、けっして固定的なものではなく、従属度の変化に応じて、倭や扶南のように、「王」の称号へと変化することもあったのです。

そこで、つぎに、こうした事実をもとに、「倭国王」から「倭王」への称号の変化について考えてみましょう。はじめに、『宋書』の対倭関係の記事をかかげておきます。

①讃死弟珍立、遣使貢献。自称使持節都督倭百済新羅任那秦韓慕韓六国諸軍事安東大将軍倭国王、表求除正。詔除安東将軍倭国王。珍又求除正倭隋等十三人平西征虜冠軍輔国将軍号。詔並聴。（倭国伝）

②（元嘉十五年（四三八）四月）己巳、以倭国王珍為安東将軍。（文帝本紀、①と同じ）

③（元嘉）二十年（四四三）、倭国王済遣使奉献。復以為安東将軍倭国王。（倭国伝）

④（元嘉）二十八年、加使持節都督倭新羅任那加羅秦韓慕韓六国諸軍事、安東将軍如故。並除所上二十三人軍郡。（倭国伝）

⑤（元嘉二十八年（四五一））秋七月甲辰、安東将軍倭王倭済進号安東大将軍。（文帝本紀）

⑥済死、世子興遣使貢献、世祖大明六年（四六二）、詔曰、倭王世子興（中略）可安東将軍倭国王。（倭国伝）

⑦（大明六年三月）壬寅、以倭国王世子興為安東将軍。（孝武帝本紀、⑥と同じ）

このなかで、まず問題となるのは、④の元嘉二十八年（四五一）の済に対する授爵が「使持節、都督倭・新羅・任那・加羅・秦韓・慕韓六国諸軍事、安東将軍、倭王」なのか、それとも「使持節、都督倭・新羅・任那・加羅・秦韓・慕韓六国諸軍事、安東将軍、倭国王」なのかという点です。

これまでのべてきたことからもあきらかなように、「国王」の封冊は、たんに「何々国王」にとどまっています。加羅国王荷知（かち）が「輔国将軍、本国王」に封冊された例を考慮にいれても、せいぜい「将軍」号＋「国王」号までです。その意味では、「安東将軍倭国王」が「国王」国としての倭が授けられる称号の限界であって、倭が「使持節、都督倭・新羅・任那・加羅・秦韓・慕韓六国諸軍事、安東（大）将軍」となるためには、「国王」ではなく、

「王」の称号を有する必要がありました。この点から、わたくしは、この元嘉二十八年（四五一）の済は、おそらく「倭王」であったと考えています。

さて、このことを踏まえたうえで、済関係の④・⑤・⑥の史料の関係を解釈すると、つぎのようになるかと思います。

まず、元嘉二十八年に「安東将軍、倭国王」済の遣使があって、済は「使持節、都督倭・新羅・任那・加羅・秦韓・慕韓六国諸軍事、安東将軍、倭王」とされた（史料③→④）。そして、すでに「倭王」となっていた（倭）済に対して、おなじ年の秋七月にも将軍号の進号があって、（倭）済は「安東将軍」から「安東大将軍」へと進められたのです（史料④→⑤）。

では、済が「倭王」に封冊されたことと、珍が「自ら使持節、都督倭・新羅・任那・加羅・秦韓・慕韓六国諸軍事、安東大将軍、倭国王と称し」たこと（史料①）との矛盾は、いったいどのように理解すればいいのでしょうか。

讃の爵号はどう変わったか　そこで、この問題を考えるために、あらためて、初代の讃から考えてみます。

讃については、

⑧倭国在高驪東南大海中、世修貢職。高祖永初二年（四二一）、詔曰、倭讃万里修貢、遠誠宜甄、可賜除授。太祖元嘉二年（四二五）、讃又遣司馬曹達奉表献方物。（倭国伝）

とあって、永初二年と元嘉二年の二回宋に遣使したことはうたがいありません。

さらに、元嘉七年（四三〇）にも、

⑨（元嘉七年春正月）是月、倭国王遣使方物。

という記事がみえますが、わたくしは、これも讃のことと考えてよいと思います。⑨の「倭国王」を倭の五王以外の六人目の別な王とみる説がありますが、これは成立の餘地がありません。もし、これが新王のはじめての遣使ならば、他の例と同様、封冊記事が記録されるのが本紀一般の用例です。これなどは、『宋書』本紀を繙けば、かんたんにわかることですから、研究者の怠慢としかいいようがありません。元嘉七年の缺名王は、その時点まですでに二度遣使朝貢をおこなっていた讃のことと考えるべきです。

では、讃は、この三回の遣使のあいだに、どのような爵号を得たのでしょうか。坂元先生は、讃は、⑧の永初二年（四二一）の遣使で「安東将軍、倭国王」となったものと考えておられるが、これは、したがうべき見解です。加羅が初遣使（しょけんし）（南斉の建元元年〔四七九〕）で「輔国将軍、本国王」となったことを思うと、すでに漢代や三国魏代、晋代に通じた倭が、宋代初遣使でこれぐらいの爵号を授けられるのは、当然です。

さらに、坂元先生は、讃は遣使をかさねるうちに、史料①のような珍の自称に近い爵号を得たと推定しておられます。もし、そうだとしたら、讃も、最終的には、「倭国王」から「倭王」へとその称号が変化しなければならなかったはずです。わたくしは、おそらく、興をのぞく倭の四人の首長たちは、「安東将軍、倭国王」→「使持節、都督倭・新羅・任那・加羅・秦韓・慕韓六国諸軍事、安東（大）将軍、倭王」というパターンで封冊・除正されてきたのだと思います。

さて、以上のように考えると、「倭国王」から「倭王」への称号の変化は、「使持節、都督倭・新羅・任那・加羅・秦韓・慕韓六国諸軍事」と連動しておこなわれたことがよくわかります。

「使持節都督倭国諸軍事」だけならともかくも、朝鮮半島の百済・新羅・秦（辰）韓・慕（馬）韓という地域での軍事権を獲得し軍事行動を起こす以上は、中国側の（潜在的）主権の発動にあうことはまぬかれません。主権の一部を移譲（いじょう）してもらうためには、「国王」ではなく、「王」国となる必要があったのでしょう。その意味では、「使持節、都督倭・新羅・任那・加羅・秦韓・慕韓六国諸軍事」は、一部の研究者がいうような「修飾のための称号」などではなく、倭の実質的な軍事権を意味していたといえるのです。

なお、『木書』倭国伝によれば、

⑩興死、弟武立。自称使持節都督倭百済新羅任那加羅秦韓慕韓七国諸軍事安東大将軍倭国王。（倭国伝）

とあって、最後の武も、珍とおなじく（おそらく讃・済もそうしたでしょう）、「使持節都督（中略）百済諸軍事（中略）倭国王」を自称しています。

かれが南朝冊封体制の原則を無視した理由はわかりません。しかし、倭側は、南朝の冊封体制の意義を知ったうえで、あえて「倭国王」を自称したものと思われます。倭としては、それだけ、朝鮮半島における軍事的支配権に固執していたのでしょう。

しかし、こうした自称に対し、宋が許したのは、「使持節、都督倭・新羅・任那・加羅・秦韓・慕韓六国諸軍事、安東大将軍、倭王」であって、「都督百済諸軍事」と「倭国王」はついにみとめられませんでした。

じつは、倭が、南斉初の建元元年（四七九）より以後、中国との交渉を断っているのも、こうした武の除正と関係があると考えられます。すなわち、四八〇年代以後の倭は、百済と結んで高句麗と戦うどころか、ぎゃくにその百済や新興の新羅と任那加羅の支配をめぐって争うことになるのでして、そうした実際の軍事的行動において、いつまでも中国の権威を高に着ることができないということが、ここに至ってようやくわかってきたのでしょう。建元元年以降、中国との国交が杜絶えてしまったのも、倭が、中国の権威に見切りをつけた結果だと考えることができます。

おわりに

さて、これまで、南朝諸史をもとにして、その王と国王の用例の検討→南朝冊封体制の検討→扶南・芮芮・倭のそれぞれの特殊性の問題→「倭国王」と「倭王」のちがい、という順で論を進めてきました。ここで、もういちどかんたんに整理しておくと、

(1)興以外四王が、宋代に「安東将軍倭国王」から「使持節都督倭新羅任那加羅秦韓慕韓六国諸軍事安東(大)将軍倭王」へと進められた、

(2)その理由は、倭が中国の(潜在的)主権の一部を譲られるためには、「国王」国から「王」国へとその従属度がかわらなければならなかった、という点にもとめられる、

(3)しかし、倭は、こうした中国の処置を望まずも、むしろ、独立性の強い「倭国王」を自称した。このことは、扶南とことなって、倭が強い自立性をもって外交をおこなっていたことを示すもので、それがひいては、南朝との国交断絶の原因にもなった、

などの諸点に尽きます。

なるべく文献史料に忠実に即して論をすすめてきたつもりですが、ここでのべた「王」「国王」の比較を通じて、中国南朝の冊封体制下にあって、倭の五王が、異端かつ独立的な外交を展開していたことを把握することができるのは貴重なことではないか思います。本日ご説明したことによって、いくらかでも、当時の日本の立場を国際的な見地から理解することができたならば、わたくしとしても、たいへんうれしく存じます。

長時間にわたって、ご清聴、ありがとうございました。

〔質問1〕表Ⅰに元嘉二年（四二五）に倭王讃が司馬曹達を遣わしたという記事がみえますが、ここにいう「司馬」はなにを意味するのですか？

――「司馬」について二つの解釈があります。一つは中国人の人名とみる説です。いま一つは官職名とみる説で、中国の軍官には「司馬」が存在します。讃は講演でもお話ししましたように、安東将軍に任命されたと考えられますから、「司馬曹達」は安東将軍府の属僚としての「司馬」という軍官の曹達という人物と考えるほうがよいと思います。「讃」が中国風の大王名であるとすれば、曹達もまた中国風のネーミングだと考えられます。

〔質問2〕やはり表Ⅰに関する質問ですが、荊木先生のお話では、昇明元年（四七七）の名無しの倭国王は「興」以外には考えられないとのことでしたが、もしそうだとすると、稲荷山古墳の辛亥銘鉄剣の銘文と矛盾します。銘文中のワカタケル大王を雄略天皇すなわち倭王武とみ、辛亥年を西暦四七一年とみると、雄略天皇の前王の安康天皇に比定される興が四七七年に宋に遣使しているのは、ちょっとおかしいのではないでしょうか？

――おっしゃるとおりです。昇明元年の遣使が興であることは、『宋書』の記載方法からみて疑いありませんから、「辛亥年」が西暦四七一年だとすると、ワカタケル大王は武ではなく興ということになります。しかし、わたくしは、むしろ、鉄剣銘の辛亥年は、四七一年ではなく、一巡繰り下げた五三一年がよいのではないかと考えています。詳しいことは別の機会に譲りますが、わたくしは、銘文に「在斯鬼宮時」とあるのを「シキの宮に在リシ時」と過去形に理解し、ヲワケの臣は、雄略天皇の時代に杖刀人として奉仕したことを回想しつつ、五三一年に銘文を刻んだのだと考えます。これは、通説とは異なる見解ですが、そう考えるほかないと思います。

第三章　昇明元年の「倭国遣使献方物」をめぐって

―稲荷山古墳鉄剣銘の辛亥年は四七一年か―

はじめに

南朝宋の歴史をつづった『宋書』の本紀（以下、『宋書』の巻次は省略し、たんに「孝武帝本紀」などとしるす）・列伝（以下、たんに「百済国伝」「倭国伝」などと称する）には、永初二年（四二一）から昇明二年（四七八）にわたるおよそ五十八年のあいだに、倭国の王が遣使して、宋王朝の除正をうけたことが記録されている。いわゆる「倭の五王」である。別表Iに示したように、このうち、元嘉七年（四三〇）・大明四年（四六〇）・昇明元年（四七七）の遣使記事には、それぞれ「倭国王遣使献方物」・「倭国遣使献方物」・「倭国遣使献方物」とあるのみで、具体的にどの王がおこなったものかはしるされていない。

この三回の遣使が、だれの手によっておこなわれたのかという点については、倭の五王の在位年数ともかかわっていろいろな説が提出されている。諸説の是非については、坂元義種氏がかなり叮嚀に検討を加えておられるし（『倭の五王』〈教育社、昭和五十六年九月〉一四二～一三三頁）、元嘉七年（四三〇）の遣使については、筆者も少しく論じたことがある（「元嘉七年遣使の「倭国王」をめぐって」『皇學館大学史料編纂所報　史料』一四四、平成八年八月、のち拙著『記紀と古代史料の研究』〈国書刊行会、平成二十年二月〉所収）。しかしながら、残る大明四年（四六〇）・昇明元年（四七七）の遣使についても、

表Ⅰ　宋と倭の交渉年表

西暦	年号	王名	本紀の記載	列伝の記載
421	永初2	讃	×	○讃、朝貢し、除授の詔を賜わる。（倭国伝）
425	元嘉2	讃	×	○讃、司馬曹達を遣わし、文帝に上表し、方物を献ず。（倭国伝）
430	元嘉7	?	○倭国王、使を遣わし、方物を献じる。（文帝本紀）	×
438	元嘉15	珍	○倭国王珍を安東将軍となす。（文帝本紀）	○讃死し、弟珍立つ。使いを遣わして奉献す。珍は、「使持節都督倭新羅任那加羅秦韓慕韓六国諸軍事安東大将軍倭国王」を自称し、「安東将軍倭国王」に除正される。また、倭隋ら13人は将軍号を授けられる。（倭国伝。ただし、年次の記載なし）
443	元嘉20	済	○倭国、使いを遣わして方物を献ず。（文帝本紀）	○倭国王済、使いを遣わして奉献す。復以て「安東将軍倭国王」となす。（倭国伝）
451	元嘉28	済	×	○済に「使持節都督倭新羅任那加羅秦韓慕六国諸軍事」を加授し、「安東将軍」は故の如し。（倭国伝）
451	元嘉28	済	○安東将軍倭王倭済、号を「安東大将軍」に進む（文帝本紀）	×
460	大明4	?	○倭国、使いを遣わして方物を献ず。（孝武帝本紀）	×
462	大明6	興	○世子興を以て「安東将軍」となす（孝武帝本紀）	○詔して、倭王世子興を「安東将軍倭国王」となす（倭国伝）
477	昇明元	?	○倭国、使いを遣わして方物を献ず。（順帝本紀）	×
478	昇明2	武	○武、使いを遣わして方物を献ず。武を以て「安東大将軍」となす。（順帝本紀）	○武、方物を献じ上表し、「使持節都督倭新羅任那加羅秦韓慕韓六国諸軍事安東大将軍倭王」を除せらる。（倭国伝）

○は記載があり、×は記載ないことを示す。

なお検討すべき問題が残されている。とくに、昇明元年（四七七）のそれは、倭側の史料との擦り合わせからも重要な意味を有するが、いまだ詳しい検討がなされないまま現在に至っている。

　そこで、小論では、この問題を取り上げ、少しく論じることにしたい。旧稿との重複の誹りを免れないが、再論に値する問題ではないかと思うので、博雅のご海容を乞う次第である。

一、問題の所在

　あらためて問題の史料を確認しておくと、『宋書』順帝本紀、昇明元年（四七七）条には、

①冬十一月己酉。倭国遣使献方物。

とあって、倭国の遣使のことがみえている。『宋書』孝武帝本紀によれば、これに先立つ大明六年（四六二）条には、

②（大明六年三月）壬寅、以倭国王世子興為安東将軍。

とあって、およそ十五年前に興が「安東将軍倭国王」に任じられた記事がみえている。この本紀の記載については、倭国伝のほうにも、

③済死、世子興遣使貢献。世祖大明六年、詔曰、倭王世子興、奕世載忠、作藩外海、稟化寧境、恭修貢職。新嗣辺業。宜授爵号可安東将軍倭国王。

とみえており、これによって、前王の済が死んだために子の興が新しい王となり、使いを派遣したことが知られる。

さらに、倭国伝には、

④(a)興死、弟武立。自称使持節、都督、倭、百済、新羅、任那、加羅、秦韓、慕韓七国諸軍事、安東大将軍、倭国王。(b)順帝昇明二年、遣使上表曰「封国偏遠、作藩于外。自昔祖禰躬擐甲冑、跋渉山川、不遑寧処。東征毛人五十五国、西服衆夷六十六国、渡平海北九十五国、王道融泰、廓土遐畿、累葉朝宗、不愆于歳。臣雖下愚、忝胤先緒、駆率所統、帰崇天極、道逕百済、装治船舫。而句驪無道、図欲見呑、掠抄辺隷、虔劉不已、毎致稽滞、以失良風、雖曰進路、或通或不。臣亡考済、実忿寇讎、壅塞天路、控弦百萬、義声感激、方欲大擧、奄喪父兄、使垂成之功、不獲一簣。居在諒闇、不動兵甲、是以偃息未捷、至今欲練甲治兵、申父兄之志、義士虎賁、文武效功、白刃交前、亦所不顧。若以帝徳覆載、摧此彊敵、克靖方難、無替前功。窃自假開府義同三司、其餘咸假授、以勧忠節。」詔除武使持節、都督、倭、新羅、任那、加羅、秦韓、慕韓六国諸軍事、安東大将軍、倭王。

とあって、①の遣使の翌年、すなわち昇明二年（四七八）に武が使いを派遣し、かの有名な上表文を提出したことがみえている。

さて、以上の①〜④を綜合すると、倭国は、大明六年（四六二）→昇明元年（四七七）→昇明二年（四七八）の順で遣使を送っていることがわかるが、大明六年（四六二）の王が興、昇明二年（四七八）のそれが武だから、中間の昇明元年（四七七）の遣使の主体については、興か武のいずれかということになる。④―(a)には「興死、弟武立」とあるが、興の死がいつかわからないので、昇明元年（四七七）の遣使の主体は興・武いずれにもとれるのであって、ここに二つの解釈が生じる餘地がある。

現状では、後述の稲荷山古墳出土の辛亥銘鉄剣との兼ね合いもあって、昇明元年（四七七）の遣使を武によるものとみる説が有力だが、じつはそう断定するのは早計である。そこで、以下は、まずこの点を論じてみたい。

二、『宋書』における缺名王の遣使

ここでは、倭側の史料、具体的にいえば、『古事記』崩年干支とか、『日本書紀』の年紀とかはひとまず論外におく。さらに、『宋書』によれば、済・興は父子、興・武は兄弟だが、これも記紀の皇統譜とのあいだに食い違いがあるので（後述参照）、記紀の記述についてはいったん排除しておく。ことはあくまで『宋書』の問題なので、同書の用例から解決する方法をとりたい。

『宋書』の各本紀のなかには、前掲の大明六年（四六二）・昇明元年（四七七）・昇明二年（四七八）の倭の三例をふくめて、都合二十例の缺名王入貢の記事が散見する。いま、労を厭わず、そのすべて掲げると、つぎのとおりである（ただし、前出の倭の三例は省く）。

(a)（元嘉六年〈四二九〉七月）百済王遣使献方物。（文帝本紀）
(b)（元嘉六年十二月）河南国西河王遣使献方物。（文帝本紀）
(c)（元嘉九年七月）壬申、河南国西河王遣使献方物。（文帝本紀）
(d)（元嘉十年）五月、林邑王遣使献方物。（文帝本紀）
(e)（元嘉十三年）六月、高麗国武都王遣使献方物。（文帝本紀）
(f)（元嘉十四年十二月）河南国西河王訶羅単国並遣使献方物。（文帝本紀）
(g)（元嘉十五年）是歳、武都王（中略）林邑国並遣使献方物。（文帝本紀）

(h)（元嘉十六年）是歳、武都王河南王（中略）高麗国並遣使献方物。（文帝本紀）
(i)（元嘉十七年）是歳、武都王河南王百済国並遣使献方物。（文帝本紀）
(j)（元嘉二十八年）五月戊戌、河南王並遣使献方物。（文帝本紀）
(k)（大明二年〔四五八〕）八月乙酉、河南王遣使献方物。（孝武帝本紀）
(l)（大明四年春正月）甲戌、宕昌王遣使献方物。（孝武帝本紀）
(m)（大明四年八月）壬寅、宕昌王遣使献方物。（孝武帝本紀）
(n)（泰始四年〔四六八〕四月）辛丑、芮芮国及河南王並遣使献方物。（明帝本紀）
(o)（泰始五年四月）己巳、河南王遣使献方物。（明帝本紀）
(p)（元徽元年〔四七三〕五月）丙申、河南王遣使献方物。（後廃帝本紀）
(q)（元徽元年十二月）丙寅、河南王遣使献方物。（後廃帝本紀）
(r)（元徽三年三月）丙寅、河南王遣使献方物。（後廃帝本紀）

これらの缺名王は、各列伝中に記載されている内容を検討していけば、いずれも、その王名のわかるものばかりである。

たとえば、(a)の文帝本紀の元嘉六年の「百済王遣使献方物」とある記事についていうと、百済国伝によれば、少帝の景平二年〔四二四〕に百済王餘映が長史張威を遣わして、闕に詣でて貢献したことがみえており、そのややあとの部分に、「其後毎歳、遣使奉献方物。元嘉七年。百済王餘毗復修貢職。以爵号授之」としるされているから、(a)の「百済王」は餘映であることが判明する。

他の(b)以下の事例についても同様であって、ここにいちいちその名前をあげることは控えるが、右にピックアップした二十例の缺名王は、列伝と照合すれば、いずれもその名前が判明するものばかりなのである。

しかも、もし、これらが新王の初遣使であるならば、右にあげた元嘉七年（四三〇）の百済王餘毗の例のように、封冊記事が記録されるのが本紀一般の用例である。それは、『宋書』本紀をひもとけば、ただちに理解されるところである。

このようにみていくと、倭の缺名王の初出である元嘉七年（四三〇）の倭国王の遣使を新王の初遣使とみることは困難であって、これは、むしろ、すでに二度にわたって遣使朝貢をおこなっていた讃のこととみるべきである。讃については、倭国伝に、

> ⑤倭国在高驪東南大海中、世修貢職。高祖永初二年、詔曰、倭讃万里修貢、遠誠宜甄、可賜除授。太祖元嘉二年、讃又遣司馬曹達奉表献方物。

とあって、永初二年（四二一）と元嘉二年（四二五）の二回宋に遣使したことは疑う餘地がない。したがって、元嘉七年（四三〇）の遣使は、讃の三度目の遣使・朝貢と解すべきであって、讃のあとに立った珍や、さらには五王以外の別の王の存在を想定することは、まず不可能である。

われわれが中国側の史料を利用する際にこころがけなくてはならないのは、『宋書』なら『宋書』の記事については、まず、その書物のなかで、どのように位置づけることができるのかを考えることである。ここで取り上げている倭の王の特定についても、『宋書』本紀では、㈠他の缺名王の記録はどのように解釈することができるのか、また、㈡新王の初遣は、どのように扱われているのか、という二点を点検すれば、容易に解決できる問題である。にもかかわらず、そのことはあまり知られていない。元嘉七年（四三〇）の遣使を讃・珍のあいだに存在した六人目の王とする説も、ひとえにこうした無知から生じたものである。第一、倭国伝にははっきり「讃死、弟珍立、遣

使貢献」と書いているのだから、讃と珍の間にいま一人の王を割り込ませる餘地はない（笠井倭人『研究史倭の五王』〈吉川弘文館、昭和四十八年一月〉六九頁）。『宋書』倭国伝には、そもそも「讃死、世子某立、某死、弟珍立」とあったのが編纂時に誤脱したか、伝写の間に缺脱したとみる解釈があるが、これなどまったく根拠のない推測である。

ところで、右の考察の結果を参照すれば、大明四年（四六〇）に遣使・朝貢した王も、大明六年（四六二）に遣使朝貢した興の前王、すなわち済と考えられるので、別な王を想定する必要はまったくない。そして、おなじことは、昇明元年（四七七）の遣使についても当て嵌まるのであって、この場合も、武ではく、その前王の興としか考えられない。こうした、昇明元年（四七七）の遣使を興とする説は、前出の坂元氏などを除けば、むしろ少数派であるが、筆者は、以上のような『宋書』の分析結果から、これを興によるものとみる見解を支持するものである。

ちなみに、藤間生大氏は、史料④―(a)に「興死、弟武立。自称使持節、都督、倭、百済、新羅、任那、加羅、秦韓、慕韓七国諸軍事、安東大将軍、倭国王」とある年時不明の倭国伝の記事が、本紀の史料①の昇明元年（四七七）の遣使・朝貢の記事と表裏の関係にあり、史料④―(b)の「順帝昇明二年、遣使上表曰（中略）。詔除武使持節、都督、倭、新羅、任那、加羅、秦韓、慕韓六国諸軍事、安東大将軍、倭王」（藤間氏は、これを『宋書』順帝本紀の「(昇明二年）五月戊午、倭国王武遣使献方物、以武為安東大将軍」という記事に対応させる）を武による二度目の遣使とみる（藤間氏『倭の五王』岩波書店、昭和四十三年七月、二一四〜二一八頁）。しかしながら、坂元氏も指摘されたように（「中国史書対倭関係記事の検討」『続日本紀研究』一四四・一四五、昭和四十五年五月、のち坂元氏『古代東アジアの日本と朝鮮』〈吉川弘文館、昭和五十三年十二月〉所収、四五三頁）、史料④―(a)が、順帝本紀の「(昇明二年）五月戊午、倭国王武遣使献方物、以武為安東大将軍」にあたるとみるべきであろう。

三、倭王の在位年数

さて、以上のような考えが認められるとすれば、初代の讃については、前掲史料⑤から、永初二年（四二一）と元嘉二年（四二五）の遣使に加えて、元嘉七年（四三〇）にも遣使・朝貢していたことが知られる。

では、讃は、この三回の遣使のあいだに、どのような爵号を得たのか。つぎにこれを考えておこう。

坂元氏は、讃は、永初二年（四二一）の遣使で「安東将軍、倭国王」となったものと考えておられるが（「倭の五王―その遣使と授爵をめぐって―」『朝鮮史研究会論文集』七、昭和四十五年六月、のち坂元氏『古代東アジアの日本と朝鮮』〈前掲〉所収、三四五頁）、これは、したがうべき見解である。加羅が初遣使（南斉の建元元年（四七九））で「輔国将軍、本国王」となったことを思うと、すでに漢代や三国魏代、晋代に通じた倭が、宋代初遣使でこれぐらいの爵号を授けられるのは、当然であろう。

さらに、坂元氏は、讃は遣使をかさねるうちに、後掲⑥の珍の自称に近い爵号を得たと推定しておられる（「倭の五王―その遣使と授爵をめぐって―」〈前掲〉、三四六頁）。もし、そうだとしたら、讃も、最終的には、「倭国王」から「倭王」へとその称号が変化しなければならなかったはずで、おそらく、興をのぞく倭の四人の首長たちは、「安東将軍、倭国王」→「使持節、都督倭・新羅・任那・加羅・秦韓・慕韓六国諸軍事、安東（大）将軍、倭王」というパターンで封冊・除正されてきたのであろう（拙稿「倭の五王の一考察―南朝冊封体制における「王」と「国王」をめぐって―」『ヒストリア』一五三、平成八年十二月、のち拙著『記紀と古代史料の研究』〈前掲〉所収）。

つぎに済だが、倭国伝には、

⑥讃死弟珍立、遣使貢献。自称使持節都督倭百済新羅任那秦韓慕韓六国諸軍事安東大将軍倭国王、表求除正。詔

除安東将軍倭国王。珍又求除正倭隋等十三人平西征虜冠軍輔国将軍号。詔並聴。

とあることから、讃の死後その弟の珍が立ち、「使持節都督倭新羅任那加羅秦韓慕韓六国諸軍事安東大将軍倭国王」を自称し、「安東将軍倭国王」に除正されたことが知られる。列伝の記載だけでは除正の時期がわからないが、文帝本紀には、

⑦（元嘉十五年〈四三八〉四月）己巳、以倭国王珍為安東将軍。

とあるので、それが元嘉十五年（四三八）四月のことだと判明する。

つぎに済だが、『宋書』の本紀と列伝をみると、つぎのような三条がみえている。

⑧（元嘉）二十年（四四三）、倭国王済遣使奉献。復以為安東将軍倭国王。（倭国伝）

⑨（元嘉）二十八年、加使持節都督倭新羅任那加羅秦韓慕韓六国諸軍事、安東将軍如故。並除所上二十三人軍郡。（倭国伝）

⑩（元嘉二十八年〈四五一〉）秋七月甲辰、安東将軍倭王倭済進号安東大将軍。（文帝本紀）

これらを綜合すると、まず、元嘉二十年（四四三）に「安東将軍・倭国王」済の遣使があって、やがて済は「使持節、都督倭・新羅・任那・加羅・秦韓・慕韓六国諸軍事、安東将軍、倭王」とされた（史料⑧→⑨）。そして、すでに「倭王」となっていた済（倭済）に対して、おなじ年の秋七月にも将軍号の進号があって、済は「安東将軍」から「安東大将軍」へと進められたと考えられる（史料⑨→⑩）。そして、その済が、さらに大明四年（四六〇）にも遣使・朝貢したことは、前節で考察したとおりである。

なお、済が「使持節、都督倭・新羅・任那・加羅・秦韓・慕韓六国諸軍事、安東将軍、倭王」に封冊されたことと、珍が『自ら使持節、都督倭・新羅・任那・加羅・秦韓・慕韓六国諸軍事、安東大将軍、倭国王と称し」たこと

（史料⑥）との矛盾については、別に詳しく論じたので、そちらを参照されたい（拙稿「倭の五王の一考察―南朝冊封体制における「王」と「国王」をめぐって―」〈前掲〉）。

さて、つづく興だが、彼については、倭国伝にみえる史料③に、「済死、世子興遣使貢献、世祖大明六年（四六二）、詔曰、倭王世子興（中略）可安東将軍倭国王」という記事があり、父済の歿後、王に立って、遣使・朝貢し、「安東将軍・倭国王」を授けられたことが知られるが、このことは、孝武帝本紀にも、

⑪（大明六年三月）壬寅、以倭国王世子興為安東将軍。

としるされている。そして、このあと、順帝本紀にみえる昇明元年（四七七）の倭国の遣使が、じつは興によるものだったことも、これまた前述のとおりである。

その後、史料④―(b)にあるように、昇明二年（四七八）に興の弟武が方物を献じ上表し、「使持節、都督倭・新羅・任那・加羅・秦韓・慕韓六国諸軍事、安東大将軍、倭王」を授けられたことは、周知のとおりだが、以上の記事を整理して倭の諸王の在位年数をもとめるならば、つぎのようになろう（坂元氏「中国史書対倭関係記事の検討」〈前掲〉、四五三頁）。

（1）四三八年　讃、この頃死亡。珍、倭国王に任じられる。

（2）四四三年　珍、この頃死亡。済、倭国王に任じられる。珍の治世約五年。

（3）四六二年　済、この頃死亡。興、倭国王に任じられる。済の治世約十九年。

（4）四七八年　興、この頃死亡。武、倭国王に任じられる、興の治世約十六年。

以上は、あくまで『宋書』の記載の分析結果によるものだが、これを日本側の史料と比較した場合、いくつかの複雑な問題が生じるのである。そこで、つぎにその点について論じておきたい。

四、記紀と中国史書の対応

ここで、問題としたいのは、おもに武とその前王の興である。

ここに至って、はじめて倭の五王と記紀にみえる天皇との比定を取り上げるが、一般に武は雄略天皇、興は安康天皇にあてる説がかなり有力である。

倭の五王を歴代天皇のいずれかにあてる場合、よりどころとなるのが、

（A）名前の音または意味の、類似または一致。

（B）記紀皇統譜との一致または類似。

（C）年代の一致。

である（安本美典『倭の五王の謎』講談社、昭和五十六年十二月、三六〜四〇頁）。

まず（A）に関していうと、『宋書』・『梁書』では倭の王の名は一字で表示されている。そこで、その字と記紀にみえる歴代天皇の諱との関聯を考え、両者の対応を探るのが、松下見林『異称日本伝』以来の伝統的手法である。たとえば、安康天皇の諱は「穴穂（あなほ）」であり、これが訛って「興」となったとみるとか、雄略天皇の諱は「大泊瀬幼武（おおはつせわかたけ）」であり、その最後の字を用いて「武」と名乗ったとか、と解釈するのである。しかしながら、ある場合には諱の第一字を採り、またべつのところでは第二字を採るなどと、称号の原則がかならずしも明確でなく、恣意的との印象を免れない。したがって、（A）は、倭の五王と歴代天皇の対比をする際の決定打とはなりえない。

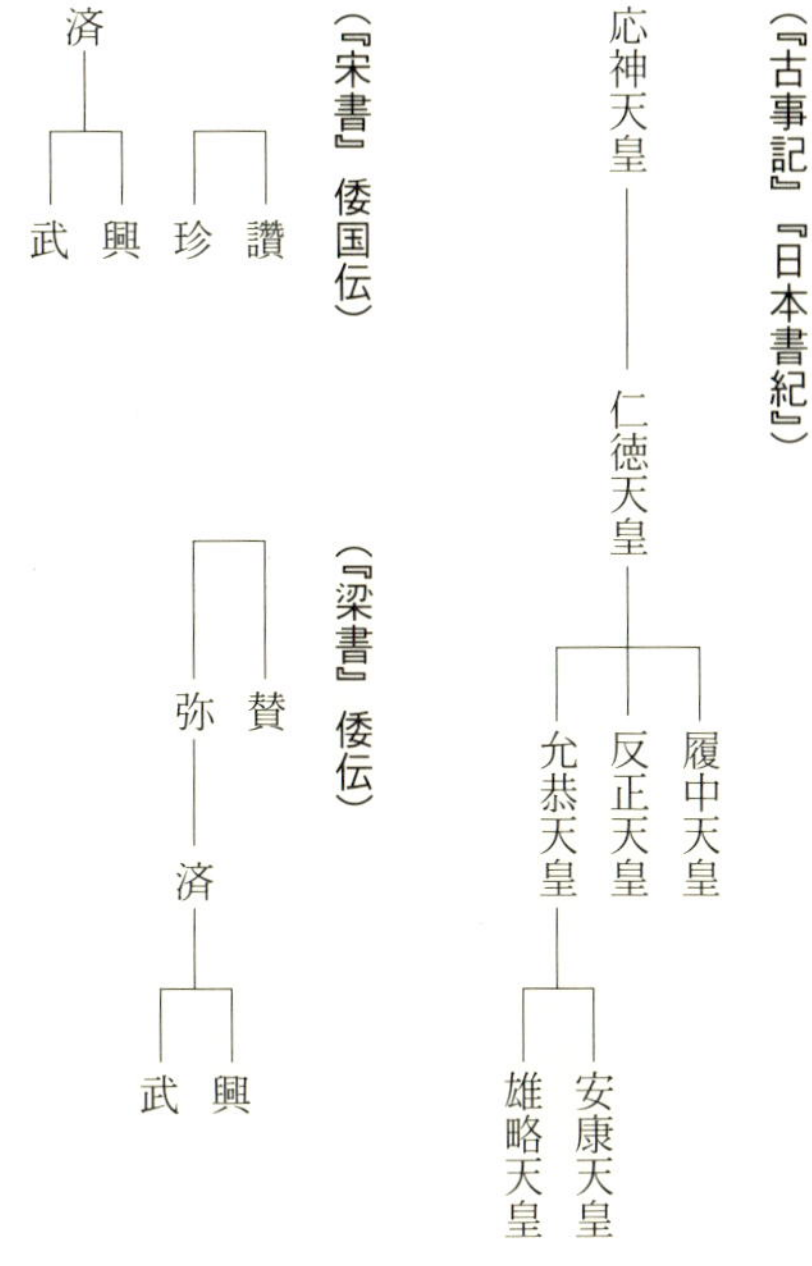

図１

つぎに、（B）の記紀の皇統譜との共通点である。さきにあげた『宋書』の史料⑥から、讃と珍が兄弟であったことがわかる。また、史料③に「済死、世子興遣使貢献」とあり、④―(a)に「興死、弟武立」とあることから、済・興は親子、興・武は兄弟と判明する。これは、允恭天皇と安康天皇・雄略天皇が親子の関係にあるとする記紀の系譜に一致するので、済＝允恭天皇、興＝安康天皇、武＝雄略天皇、という比定はかなり有力視されている。しかし、いっぽうで、『宋書』の記述では、珍と済の関係があきらかでない。讃・珍の複数の候補者が存在するのも、このためである。

さらに問題を複雑にしているのは、『梁書』倭伝に、

晋安帝時、有倭王賛。賛死、立弟彌。彌死、立子済。済死、立子興。興死、立弟武。斉建元中、除武持節、督倭新羅任那伽羅秦韓慕韓六国諸軍事、鎮東大将軍。高祖即位、進武号征東大将軍。

とある点である。これによれば、賛（讃）と彌（珍のことか）が兄弟、彌と済は親子、済と興も親子、興と武は兄弟だというが、賛と彌を兄弟とするところが、記紀の皇統譜とうまく合致しないのである（図１参照）。

『梁書』は唐代の西暦六三八年の撰で、『宋書』にくらべると、成立がかなり遅れるので、その史料的価値を疑問視する声もあるが、『梁書』を無視したところで、『宋書』の情報だけでは、明快な比定は不可能である。

このように、(B)についても、倭の五王を明確に絞り込むだけの決め手にはならないのだが、それは、最後の(C)についてもおなじである。

まず、『古事記』の崩年干支を取り上げる。

よく知られているように、『古事記』中・下巻には、神武天皇から推古天皇に至る三十三人の天皇のことがしるされているが、その約半数にあたる十五の天皇について、たとえば、

乙卯年三月十五日。崩也。（成務天皇）

などと、崩御の年の干支と月日（崇神・反正天皇については日を缺く）が分註のかたちでしるされている（別表Ⅱ参照）。いわゆる、『古事記』崩年干支である。

『古事記』には、ほかに、崩年干支とかかわりの深い「御年」（いわゆる「宝算」）や治世年数といった情報も記載されているが、関聯部分は、別表Ⅱに抜萃したとおりである。

この崩年干支については、最後の推古天皇の崩年「戊子」を西暦六二八年にあて、これを基点に、他の干支についても順次適当な西暦を配当していくことが可能である。

こうした西暦への換算は、現在では、おおむね別表Ⅱに示した数字に落ち着いているが、もし崩年干支が正しければ、四二七年に崩じた仁徳天皇を讃に、四五四年に崩じた允恭天皇を済に、四八九年に崩じた雄略天皇を武に、それぞれ比定でき、残る反正天皇・安康天皇をそれぞれ珍・興にあてることが可能である。

しかし、これも問題がないわけではない。まず、別稿でも論じたように、崩年干支そのものに疑わしい点がある

表Ⅱ　記紀崩年干支の対照表

	日本書紀崩年月日		古事記崩年月日		治世年数		宝　算	
	干支	西暦	干支	西暦	日本書紀	古事記	日本書紀	古事記
1 神武天皇	丙子3月11日	-585			76		127	137
2 綏靖天皇	壬子5月10日	-549			33		84	45
3 安寧天皇	庚寅12月6日	-511			38		57 (67)	49
4 懿徳天皇	甲子9月8日	-477			34		(77)	45
5 孝昭天皇	戊子8月5日	-393			83		(114)	93
6 孝安天皇	庚午1月9日	-291			102		(137)	123
7 孝霊天皇	丙戌2月8日	-215			76		(128)	106
8 孝元天皇	癸未9月2日	-158			57		(116)	57
9 開化天皇	癸未4月9日	-98			60		115 (111)	63
10 崇神天皇	辛卯12月5日	-30	戊寅12月〈戊寅〉	258 318	68		120 (119)	168
11 垂仁天皇	庚午7月14日	70	〈辛未〉		99	〔54〕	140	153
12 景行天皇	庚午11月7日	130			60		106 (143)	137
13 成務天皇	庚午6月11日	190	乙卯3月15日	355	60		107 (98)	95
14 仲哀天皇	庚辰2月6日	200	壬戌6月11日	362	9	〔8〕	52 (53)	52
神功皇后	己丑	269			摂政69		100	100
15 応神天皇	庚午2月15日	310	甲午9月9日	394	41	〔33〕	110 (111)	130
16 仁徳天皇	己亥1月16日	399	丁卯8月15日	427	87	〔34〕		83
17 履中天皇	乙巳3月15日	405	壬申1月3日	432	6	〔6〕	70 (77)	64
18 反正天皇	庚戌1月23日	410	丁丑7月	437	5	〔6〕		60
19 允恭天皇	癸巳1月14日	453	甲午1月15日	454	42	〔18〕		78
20 安康天皇	丙申8月9日	456			3			56
21 雄略天皇	己未8月7日	479	己巳8月9日	489	23		(62)	124
22 清寧天皇	甲子1月16日	484			5			
23 顕宗天皇	丁卯4月25日	487			3	8		38
24 仁賢天皇	戊寅8月8日	498			11			
25 武烈天皇	丙戌12月8日	506		8	8			
26 継体天皇	辛亥2月7日 (甲寅)	531 (534)	丁未4月9日	527	25		82	43
27 安閑天皇	乙卯12月17日	535	乙卯3月13日	535	2		70	
28 宣化天皇	己未2月10日	539			4		73	
29 欽明天皇	辛卯4月15日	571			32			
30 敏達天皇	乙巳8月15日	585	甲辰4月6日	584	14	14		
31 用明天皇	丁未4月9日	587	丁未4月15日	587	2	3		
32 崇峻天皇	壬子11月3日	592	壬子11月13日	592	5	4		
33 推古天皇	戊子3月7日	628	戊子3月15日	628	36	37	73 75	

※田中卓氏の表らをもとに作成。治世年数の〔　〕内は崩年干支よりの推定。宝算の（　）内は、立太子または生誕よりの計算。古事記崩年干支の〈　〉内は、『住吉大社神代記』の崩年干支。

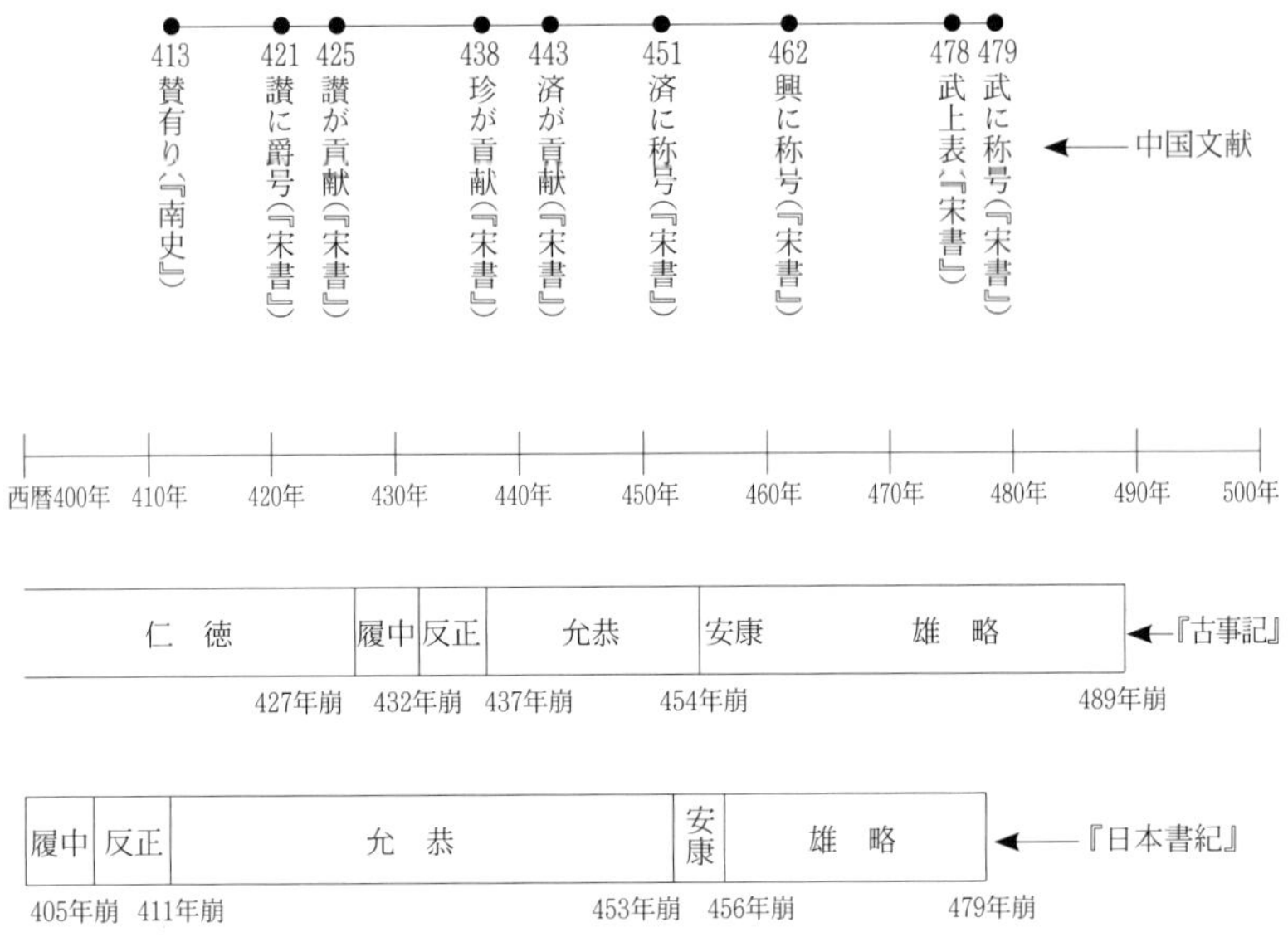

図２

点である（拙稿「『古事記』崩年干支と年代論」上田正昭編『古事記の新研究』〈学生社、平成十八年七月〉、のち拙著『記紀と古代史料の研究』〈前掲〉所収）。

さらに、いま一つは、『宋書』との矛盾である。『古事記』崩年干支を利用して讃を仁徳天皇、珍を反正天皇とした場合、さきの史料⑥が珍を讃の弟とすることとあきらかに矛盾する。また、反正天皇の崩年「庚戌」は四三七年にあてられるが、これは、その翌年の元嘉十五年（四三八）に珍が安東将軍に任じられたとする『宋書』の記述（史料⑦）と齟齬するのである。

ところで、こうした崩年は『日本書紀』のほうにもしるされているので、つぎに、これを『古事記』崩年干支と対比してみよう。

まず、もっともあたらしい推古天皇の「戊子」は、記紀の崩年干支が一致する。さらに、崇峻・用明天皇の崩年も、記紀のあいだで一致する。この時期の『日本書紀』紀年には延長がないと考えられているから、両者が符合することは、『古事記』崩年干支の信憑性を裏づける、有力な証左となる。しかも、この三朝については、記紀のあいだで崩御の月が一致しており、日も十日以内の差なので、かなり信頼がおけそうである。

しかしながら、これ以前の崩年干支を比較していくと、そこには、次第に大きな開きが生じる。これは、『日本書紀』の紀年延長が、古い時代ほどはなはだしいことからすれば、むしろ当然である。

それでも、敏達天皇の場合で九年、継体天皇の場合で四年（異説を採用すると、七年）、雄略天皇の場合で十年、允恭天皇の場合で一年、と、ここまではそれほど大きな差でない（安閑天皇の崩年は「乙卯」で一致）。とくに、四七八年に宋に遣使した倭王武が雄略天皇だとすると、雄略天皇の崩年を「己未」（四七九）とする『日本書紀』の記載とも矛盾することなく、『古事記』の崩年「己巳」（四八九）とも辻褄があう。したがって、これらの崩年干支は、雄略天皇のおおよその実年代を推測する目安となるであろう。

しかし、つづく反正・履中・仁徳天皇に目を移すと、記紀の懸隔はいっそう大きくなる。ただ、興味深いことに、この三天皇に関しては、ずれの幅がいずれも二十七年前後（正確には、反正天皇で二十七年六ヶ月、履中天皇で二十六年十ヶ月、仁徳天皇で二十八年七ヶ月）である。その理由はあきらかにしがたいが、この期間の紀年延長の幅をうかがう手がかりになるかも知れない。

ついでに、応神天皇以前の崩年干支についてもみておくと、ここにきて『古事記』と『日本書紀』における年代のずれは、目を覆うばかりである。すでに応神天皇で八十四年の差があり、仲哀天皇で百六十二年、成務天皇で百六十五年、と次第に広がり、崇神天皇に至っては、二五八年説でも二百八十五年、三一八年説では三百四十八年と、その差は奈何ともしがたい。むろん、この場合、問題は『日本書紀』紀年のほうにあるのだが、だからといって、『古事記』崩年干支が正しいというものでもない。

三品氏によれば、記紀にしるされた干支の信頼度にしたがって、紀年研究の時代区分をおこなうと、①仲哀天皇朝以前（干支年次のまったく缺如した時代）、②神功皇后・応神天皇朝より雄略天皇朝まで（干支年次の史料価値甚だ低く、朝鮮側にのみ干支のあった時代）、③雄略天皇朝以後（干支年次の史料として使用し得る時代）、という三期にわけることができるという（三品彰英「紀年新考」那珂通世著・三品彰英増補『増補上世年紀考』〈養徳社、昭和二十三年四月〉所収）一二六〜二一七頁）。こうした区分は、辛亥銘鉄剣より古い、干支による紀年の実例が確認できない現状では（隅田八幡宮所蔵の人物画像鏡にみえる「癸未年」については「癸」を助辞の「矣」の異体字とみて、末尾の四十八字目の文字に解する説も捨てがたく、ここではひとまず措く）、依然として有効だと思うが、これをみても、崇神・成務・仲哀・応神天皇の『古事記』崩年干支に対する不安は拭えないのである。

いずれにしても、『日本書紀』の年紀を信じるとすれば、永初二年（四二一）から（『南史』東夷伝、倭国条には「晋安帝時、有倭王讃、遣使朝貢」とあり、四一三年時点での讃の生存をしるす）昇明二年（四七八）までの（『南齊書』蠻・東南夷には「建元元年、進新除使持節、都督倭新羅任那加羅秦韓〔慕韓〕六国諸軍事、安東大将軍、倭王武号為鎮東大将軍」とあり、四七九年時点の武の生存を確認できるが、これはあくまで新王朝による形式的な除正である）の間は、允恭・安康・雄略の三天皇しかいない。『宋書』のこの期間に五王がみえることとはまるで一致しない。また、『宋書』によれば、永初二年（四二一）の讃、元嘉十五年（四三八）の珍、元嘉二十年（四四三）の済という三王による遣使が確認できるが、この期間に該当する天皇は、『日本書紀』では四一二年に即位し四五三年に崩じた允恭天皇のみであって、この点でも両者は合わないのである。

このように、在位年数の点においても、記紀の記述は『宋書』などの中国史書のそれといちじるしく整合性を缺いているのであって、歴代天皇の崩年から倭の五王の対応を割り出すことも、やはり不可能に近い。

五、興の在位年数と辛亥銘鉄剣銘

前節でみたように、記紀の記述はいろいろな点で『宋書』や『梁書』のそれと矛盾する。これが、倭の五王を歴代天皇に比定するうえで大きな障碍となっているわけだが、そうしたなか、一筋の光明ともいえるのが埼玉県行田市にある稲荷山古墳から出土した鉄剣（いわゆる「辛亥銘鉄剣」、「金錯銘鉄剣」とも）の銘文であった。これは、発掘後十年を経て昭和五十三年（一九七八）十月に確認されたものだが、この鉄剣の表裏に象嵌された銘文には、

辛亥年七月中記。乎獲居臣、上祖名意富比垝、其児多加利足尼、其児名弖已加利獲居、其児名多加披次獲居、其児名多沙鬼獲居、其児名半弖比、其児名加差披余、其児名乎獲居臣。世々為杖刀人首、奉事来至今。獲加多支鹵大王寺在斯鬼宮時、吾左治天下。令作此百練利刀、記吾奉事根原也。

とあって、「乎獲居臣」と名乗る人物から溯って八代にわたる系譜がしるされていた。冒頭の「辛亥年」は、西暦四七一年にあたるのではないかと考えられているが、彼が仕えた「獲加多支鹵大王」が雄略天皇に比定しうること、また、彼の上祖の「意富比垝」が記紀に登場する「大彦命（大毘古命）」と一致する蓋然性がきわめて高いところから、記紀の古い時代の記述に対する信憑性が、にわかに高まった。

このように、銘文そのものはきわめて貴重な史料だが、じつは、辛亥銘鉄剣の干支にはここで取り上げた倭の五王、とりわけ興・武の在位年数とのあいだに看過しがたい矛盾点がある。

すでにみたように、『宋書』の用例から判断するかぎりでは、昇明元年（四七七）の倭国の遣使は興以外には考えられない。ところが、いっぽうで、辛亥銘鉄剣の紀年を四七一年とし、獲加多支鹵大王を雄略天皇にあて、さらに

雄略天皇が武であるとすれば、昇明元年（四七七）に遣使したのは、興のあとに立った武ということになり、辻褄が合わなくなる。

そうなると、獲加多支鹵大王は雄略天皇ではなく、安康天皇のことなのであろうか。辛亥銘鉄剣の発見直後、坂元氏は、やはり、昇明元年（四七七）の遣使を興によるものとする立場から、獲加多支鹵大王を倭の五王に比定するならば、年代的には興ということになるのであって、獲加多支鹵大王を武に比定し、そこから「辛亥年」を四七一年とする考えには検討の餘地があるとされた（坂元氏「倭の五王の時代」『歴史と人物』八九、昭和五十四年一月、一一九頁）。筆者もまた、中国史書の分析からはそう考えざるをえないのである。

しかし、これは、獲加多支鹵大王＝大泊瀬幼武天皇とする通説を真っ向から否定することになる。しかも、倭王武は大泊瀬幼武天皇の一字をとったものだとする説はもはや定説といってもよいほど多くの支持者を得ているから、この点でも獲加多支鹵大王＝安康天皇説は、大方の承認を得られないであろう。

では、翻って、「辛亥年」を四七一年とした前提そのものが、そもそも誤りであろうか。鉄剣銘の発見当時は、干支を一巡繰り下げて五三一年とする説も提唱されていた。これは、現在ではむしろ少数意見であるが、銘文の発見直後、国語学者の大野晋氏は、「獲加多支鹵大王寺在斯鬼宮時、吾左治天下、令作此百練利刀、記吾奉事根原也」の部分を「ワカタケル大王の寺、シキの宮に在りし時、吾、天下を治むることを左（たす）く。此の百練の利刀を作らしめ、吾が事へ奉る根原を記す也」と読み下し、「わが家系は代々、杖刀人の首として奉仕して来たが、ワカタケル大王の寺が斯鬼宮にあった時、私自身は実際にお助けした」という回想だとされた。そして、過去形である以上、ワカタケル大王とあるからといって、「辛亥年」をただちに四七一年と結びつけていいかどうかはよく考えなければならないことを指摘された（井上光貞他『シンポジウム鉄剣の謎と古代日本』〈新潮社、昭和五十四年一月〉の一一八〜一三九頁の大野氏の発言、大野氏「稲荷山古墳出土鉄剣の銘文」『諸君！』昭和五十四年二月号、のち同氏『日本語と世界』〈講談社、平成元年九月〉所収、参照）。

なるほど、辛亥銘鉄剣と好一対の江田船山古墳出土の大刀銘は、「治天下獲□□鹵大王世奉事典曹人名无利弖」という形で（東京国立博物館編『江田船山古墳出土　国宝銀象嵌銘大刀』〈吉川弘文館、平成五年八月〉所収の東野治之「銘文の釈読」の読み下し文では「天の下治らしめしし獲□□鹵大王の世、典曹に奉事せし人、名は无利弖」となる）、為政者の名を用いて過去の年代をあらわしている（前掲東野氏「銘文の釈読」六七頁）。また、墓誌には、たとえば「船首王後墓誌」の銘文のように、宮の所在地（宮号）による天皇名によって過去の年代をあらわした例があることから判断すれば（坂元義種「文字のある考古学史料の諸問題」上田正昭他編『ゼミナール日本古代史』下〈光文社、昭和五十五年一月〉所収、五五～六一頁参照）、辛亥銘鉄剣の場合も過去形に理解しても不都合はあるまい。そこで、筆者は、獲加多支鹵大王＝大泊瀬幼武天皇＝武であるにしても、これが五三一年時点における回想ではなかったかということを、あらためて指摘したいのである（ちなみに、その後の埼玉古墳群の調査が進み、現在では、稲荷山古墳の築造時期を五世紀末から六世紀初頭する考えが定着しているが、礫槨部分の造営の年代については、なお検討すべき点がある）。

ちなみにいえば、この機会に、銘文研究の原点に回帰し、「辛亥年」が実際の年であるかも再検討されなければならない。銘文にみえる年紀がかならずしも実際の年号や干支をしるしたものでないことは、われわれのよく承知するところである。しかも、江田船山古墳出土の大刀銘にも「八月」という月はしるされるものの年紀のない点も、この際、考慮する必要があろう。

ただ、筆者は、辛亥銘鉄剣が刀や鏡に刻まれた銘文としては、吉祥句をまったくふくまない異例のものであること、加えて、みずからの系譜と立場を語る具体性をもつこと、などから判断して、これを、従来知られている銘文とは同一視することはできないように思う。そのため、筆者は、ここにしるされた「辛亥年七月中」という年月も、実際に銘文が刻まれた年の干支とみてよいと判断している。

おわりに

さて、以上、縷述してきたように、昇明元年（四七七）の遣使の主体をだれとみるかは、かなり重要な意味をもつ問題であって、その解釈次第では、昭和五十三年（一九八八）の銘文の確認以来、先学が積み上げてきた辛亥銘鉄剣の解読と研究を根底から覆すことにもなりかねないのである。

しかしながら、管見の及ぶかぎりでは、近年、この問題を積極的に議論した研究を寡聞にして知らない。小論ではそれを遺憾とし、あえて坂元氏の高論や自身の旧稿との重複を厭わず、この問題を再論した次第である。筆者の微意をおくみ取りいただければ幸いである。小論の結論とするところには、反論も予想されるが、『宋書』の昇明元年（四七七）の遣使を興とする説を覆すことは、容易ではないと思う。しかし、いっぽうで、獲加多支鹵大王＝大泊瀬幼武天皇＝武が動かないとすれば、「辛亥年」のほうを見直すしかない。それゆえ、今後は、ここに焦点を絞って議論していくことが肝要であろう。博雅のご教示を期待したい。

Ⅳ 史料の周辺

第一章　正倉院文書の一写本

——架蔵『正倉院古文書寫』の紹介——

はじめに

筆者が、日本古代史の研究の過程で、参考となるさまざまな資料を蒐集していることは、拙著『記紀と古代史料の研究』（国書刊行会、平成二十年二月）でものべたことがあるが、多くは明治以降のもので、古代史料、わけても文書類になるときわめて少ない。

原文書としては、天平年間の写経の断簡が三葉あるのみで、写しとしては、承和九年の「広湍秋麻呂売券」と、ここで紹介する正倉院文書の二点である。

このうち、「広湍秋麻呂売券」については、かつて拙稿「承和九年十二月十六日附広湍秋麻呂売地券について——大和国広湍郡の条里と氏族——」（『藝林』五六—二、平成十九年十月、のち、若干の修正を加え、拙著『記紀と古代史料の研究』〈前掲〉に収録）・「承和九年の広湍秋麻呂売券をめぐって——伊藤寿和氏「大和国の条里関連史料についての基礎的研究」にふれて——」（『皇學館大学史料編纂所報　史料』二二一、平成二十一年六月、本書所収）で詳しく紹介・検討したのでしばらく措くとして、小文では架蔵の正倉院文書の写本について紹介したい。

恩師井上辰雄先生が正倉院文書（いわゆる庫外流出文書）の原文書を所有しておられたの[1]と比較すると、コレクションの質にはかなり差があるが、それでも、後述のように、正倉院文書の写本としては他に例をみないものなので、学界に紹介するだけの価値はあるのではないかと思う。

〇

天保四年から七年にかけての開封の際に、穂井田忠友が正倉院に眠っていた古文書を整理し、いわゆる「正集」四十五巻を作製した。これによって、正倉院文書の存在が世に知られるようになったのであって、同時に、その写本が作られ一般に流布するようになることは、よく知られている。

這般の事情については、皆川完一氏の労作「正倉院文書の整理とその写本—穂井田忠友と正集—」（坂本太郎博士古稀記念会編『続日本古代史論集』中巻〈吉川弘文館、昭和四十七年七月、のち日本古文書学会編『日本古文書学論集』3古代Ⅰ〈吉川弘文館、昭和六十二年三月〉に再録）に委曲が尽くされているし、明治以降の写本については、皆川氏の研究を継承・発展させた西洋子『正倉院文書整理過程の研究』（吉川弘文館、平成十四年一月）がある。

皆川・西両氏の研究によれば、穂井田忠友が整理した成巻文書は、まず、これを模写したものが仁孝天皇の希望により勧修寺宮済範親王から天皇に献上されている。当時の目録には、献上文書は上中下三巻にわかれ、文書の総数は五十通であったとある。

この献上文書は現在所在不明であるが、宮内庁書陵部所蔵の『正倉院古文書写』三軸附目録一冊（B6―6）がその写しであろうと考えられており、ほかにもこれの写しとおぼしきものが、神宮文庫・東京大学法学部・無窮会専門図書館に所蔵されている。

また、これとはべつに、穂井田忠友は文書の写しを作り、同好の士に提供しており、江戸時代後期には正倉院文書の存在は国学者のあいだではよく知られていた。たとえば、『日本書紀伝』の著者として有名な幕末の国学者鈴木重胤なども、同書において正倉院文書を積極的に引用・利用している。

正倉院文書の書写は、明治時代にも盛んにおこなわれたことは、これまた周知の事実であるが、明治以降の書写活動で注目されるのは、明治八年十二月より浅草文庫において、続修・続修後集・続修別集の整理がはじまったことである。これによって、穂井田忠友の整理した正集以外の正倉院文書も写されるようになったのである。このなかには、大学本（旧東京帝国大学図書館所蔵、現在は東京大学史料編纂所所蔵）や大橋本（大橋長憙が書写したもの、東京大学史料編纂所所蔵）のように『大日本古文書』一～六の編纂に利用されたものもあり、書写の過程に関心が向くところだが、これについてはすべて前出の西氏の研究に譲る。

○

さて、前置きが長くなったが、つぎに架蔵の正倉院文書の写しについてのべたいと思う。

筆者の所蔵する正倉院文書の写本は、軸装で外題に「正倉院古文書寫」とある。軸長は、三六・五センチで、長短二十一張の紙を張り継いで都合十四通の正倉院文書を書写したものである。

第一紙の裏に、

正倉院文書寫　　　　三巻之内

とあり（これは外題を書いた人物とは別人の筆になる。外題が「正倉院古文書寫」であるのに対し、ここでは「古」の字がない）、これによって、もとは三巻本であったことが判明するが、筆者が購入したときにはすでに他の二巻は失われており、また、箱などもなかった。

つぎに、書写された文書を順に列挙しておく（行頭の番号は、便宜的に筆者が附した）。

①「造東大寺司牒」（天平勝宝二年）正集四十四－十四[2]（大日本古文書3－四一四頁）
②「恵美太家牒」（天平宝字八年）正集四十四－十五（大日本古文書二5－四九三頁）
③「造東大寺司牒」（天平勝宝八歳）正集七－五（大日本古文書4－一八〇頁）
④「越前国司牒」（天平宝字二年）正集六－一（大日本古文書4－二八七頁）
⑤「生江臣息島解」（天平宝字三年）正集六－二（大日本古文書4－三五九頁）[3]
⑥「越前国足羽郡書生鳥部連豊名解」（天平宝字三年）続集十七－三[4]（大日本古文書4－三六六頁）
⑦「氏未詳真養月借銭啓」（天平宝字二年）続修四十六－一（大日本古文書4－二七三頁）
⑧「巨勢村国請暇解」（天平宝字四年）続集二十－六（大日本古文書4－四四七頁）
⑨「丸子人主月借銭解」（天平宝字五年）続集二十五－六（大日本古文書4－五〇七頁、のち15－九九頁に再録）
⑩「大原国持請暇解」（天平宝字二年）続集二十－二（大日本古文書4－三四六頁）
⑪「長瀬若麻呂啓」（天平宝字二年）正集四十四－十八（大日本古文書25－二四五頁）
⑫「島浄浜請暇解」（天平宝字二年）続集十九－一（大日本古文書4－三三八頁）。

⑬「天平十八年具注暦」（天平十八年）正集八－一（大日本古文書２－五七〇頁）
⑭「天平二十一年具注暦」（天平二十一年）正集八－二〜三（大日本古文書３－三四七頁）

いずれも比較的短い文書を中心としており、⑧「巨勢村国請暇解」・⑪「長瀬若麻呂啓」のような四五行のものさえある。⑭「天平二十一年具注暦」のような、比較的長文のものもあるが、それでも大日本古文書で六頁にわたる程度である。

しかし、全体に能筆の人物が筆写にあたったと思われ、印影の模写こそないものの、文字を脱したり、写し誤ったりすることなく、ほぼ正確に原文書を写していることは、注目してよい。⑬「天平十八年具注暦」・⑭「天平二十一年具注暦」などは、細字の込み入った具注暦であるが、筆先の細いものを用いて丹念に写し取っているのであって、ここから判断すると、本写本が原本を直接写し取った可能性もじゅうぶんに考えられよう。書写に用いた紙は、影写に使うような薄いものではなく、原文書の上に用紙をあてて臨模したものではないかも知れないが、文字の歪み具合や自署の運筆なども原文の書風をよく伝えていると思われる。

はじめて本写本をみたときには、第一紙の裏に「三巻之内」とあったのが目に入ったので、あるいは、さきにふれた仁孝天皇への献上文書かと思ったが、実際に写された文書をみれば、献上文書の写本でないことはあきらかである。

ちなみにいえば、献上文書は、おおむね正集の順に写されており、上巻は「内礼司解」から「三綱牒」までを、中巻は「大倭国正税帳」から「下総国戸籍」までを、下巻は「御野国戸籍」から「薩摩国正税帳」までを収めるが、本写本はまったくちがう正倉院文書の写しであり、排列も正集の順にしたがっているとはいいがたい。これをみても、献上文書と無関係であることは、明白である。

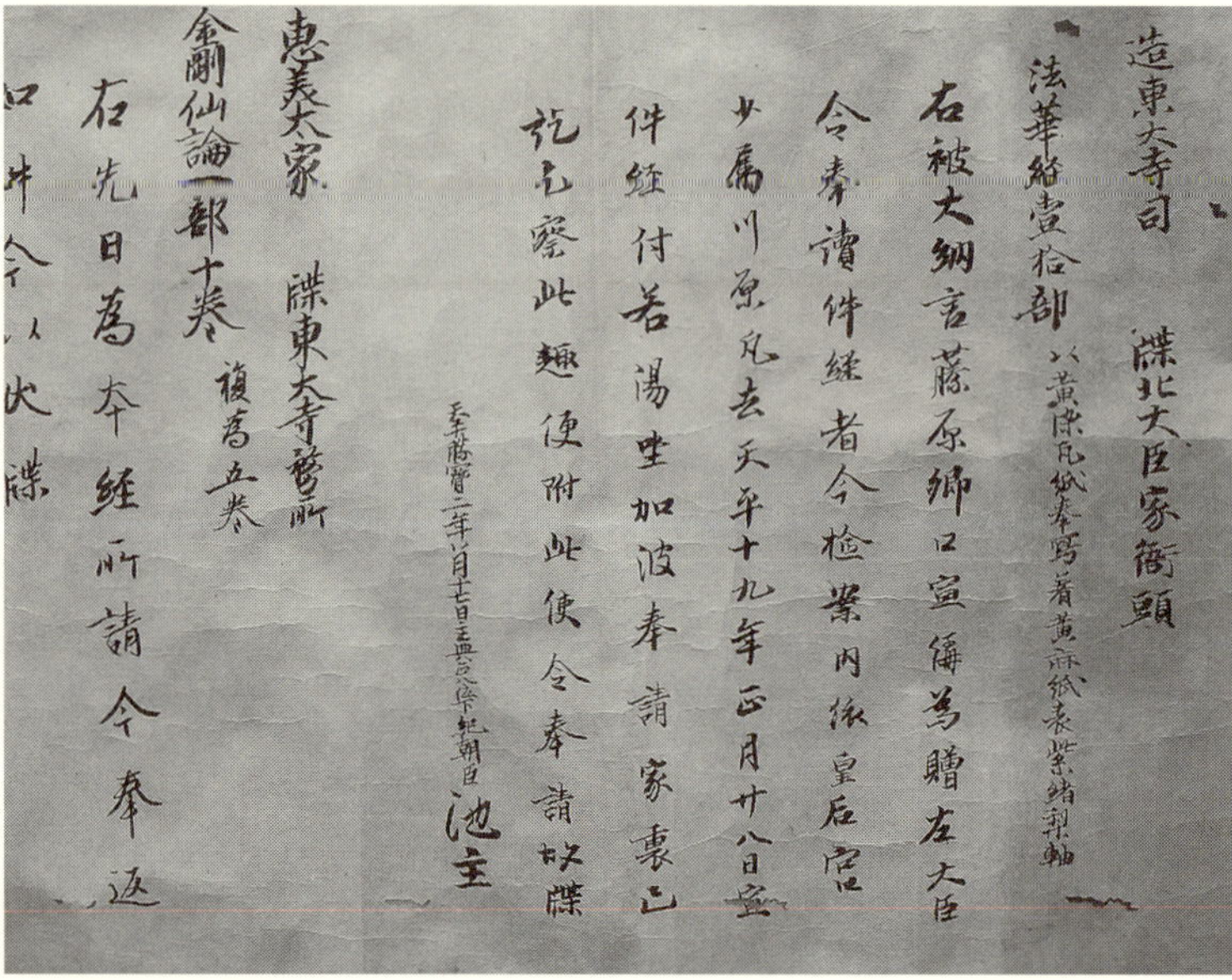
造東大寺司　牒北大臣家衙頭
法華經壹拾部　以黄麻紙奉寫着黄麻紙表紫緒朱軸
右被大納言藤原卿口宣偁為贈左大臣
令奉讀件經者今檢案内依皇后宮
少属川原凡去天平十九年正月廿八日宣
件經付若湯坐加波奉請家裏已
訖乞察此趣便附此使令奉請以牒
天平勝寶二年八月十七日主典正八位上紀朝臣池主
恵美大家　牒東大寺[illegible]所
金剛仙論一部十巻　複寫五巻
右先日為奉經所請令奉返
如件今以状牒

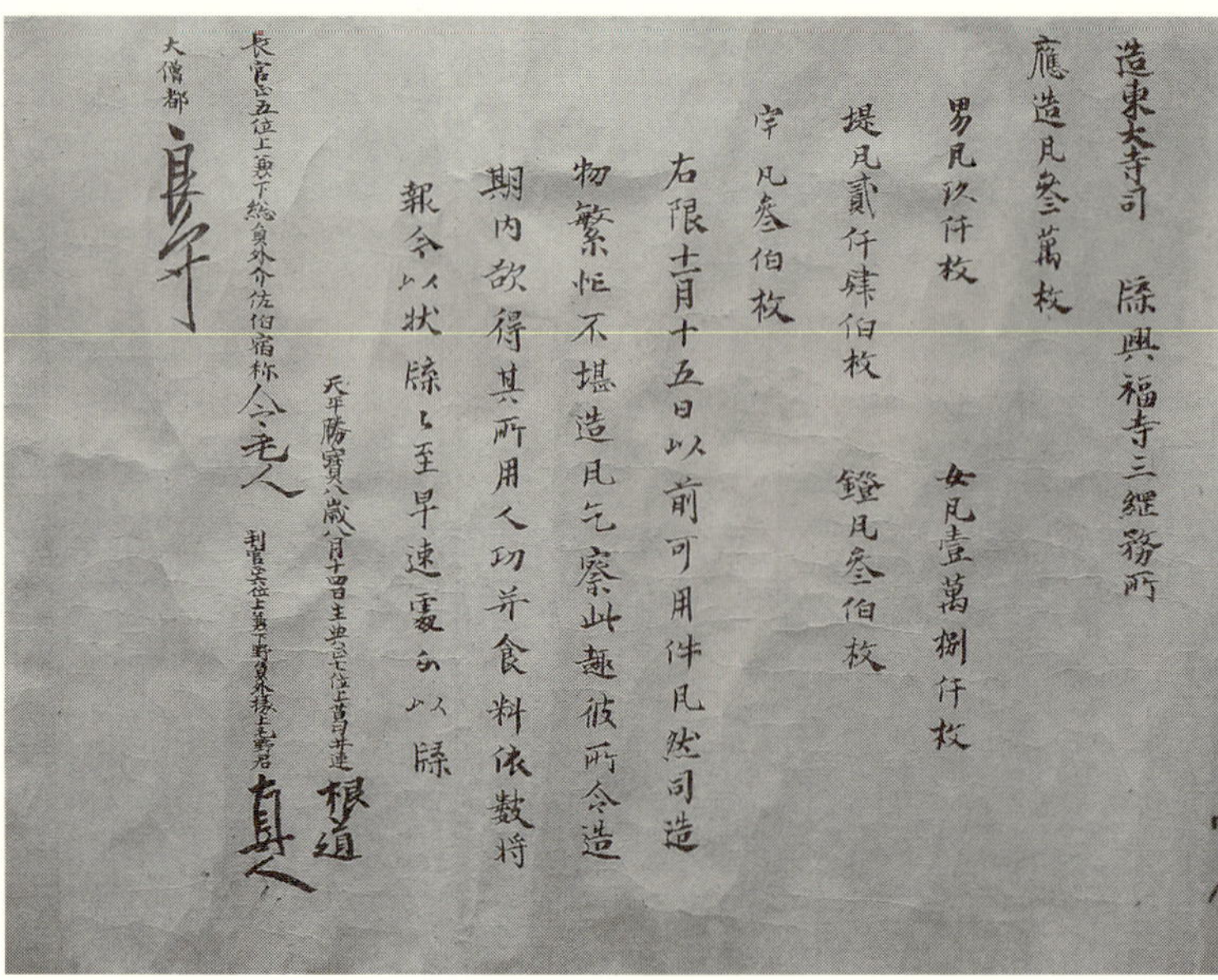
造東大寺司　牒興福寺三綱務所
應造瓦參萬枚
男瓦玖仟枚　女瓦壹萬捌仟枚
堤瓦貳仟肆伯枚　鐙瓦參伯枚
宇瓦參伯枚
右限十月十五日以前可用件瓦然司造
物繁忙不堪造瓦乞察此趣彼所令造
期内欲得其所用人功并食料依數将
報今以状牒至早速處分以牒
天平勝寶八歳八月十四日主典正七位上葛井連根道
長官正五位上兼下総員外介佐伯宿祢今毛人
判官正六位上兼下野員外掾上毛野君真人
大僧都良弁

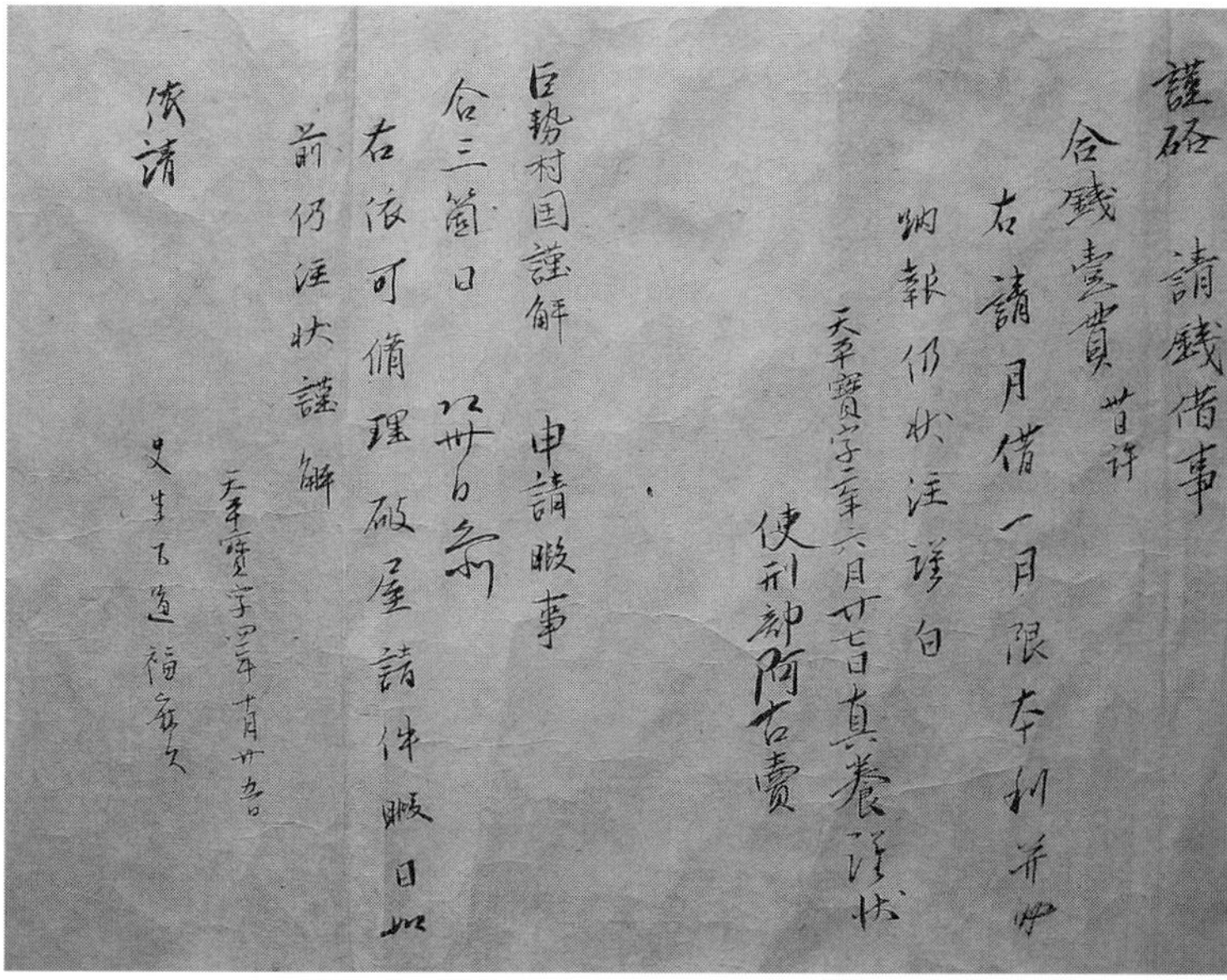

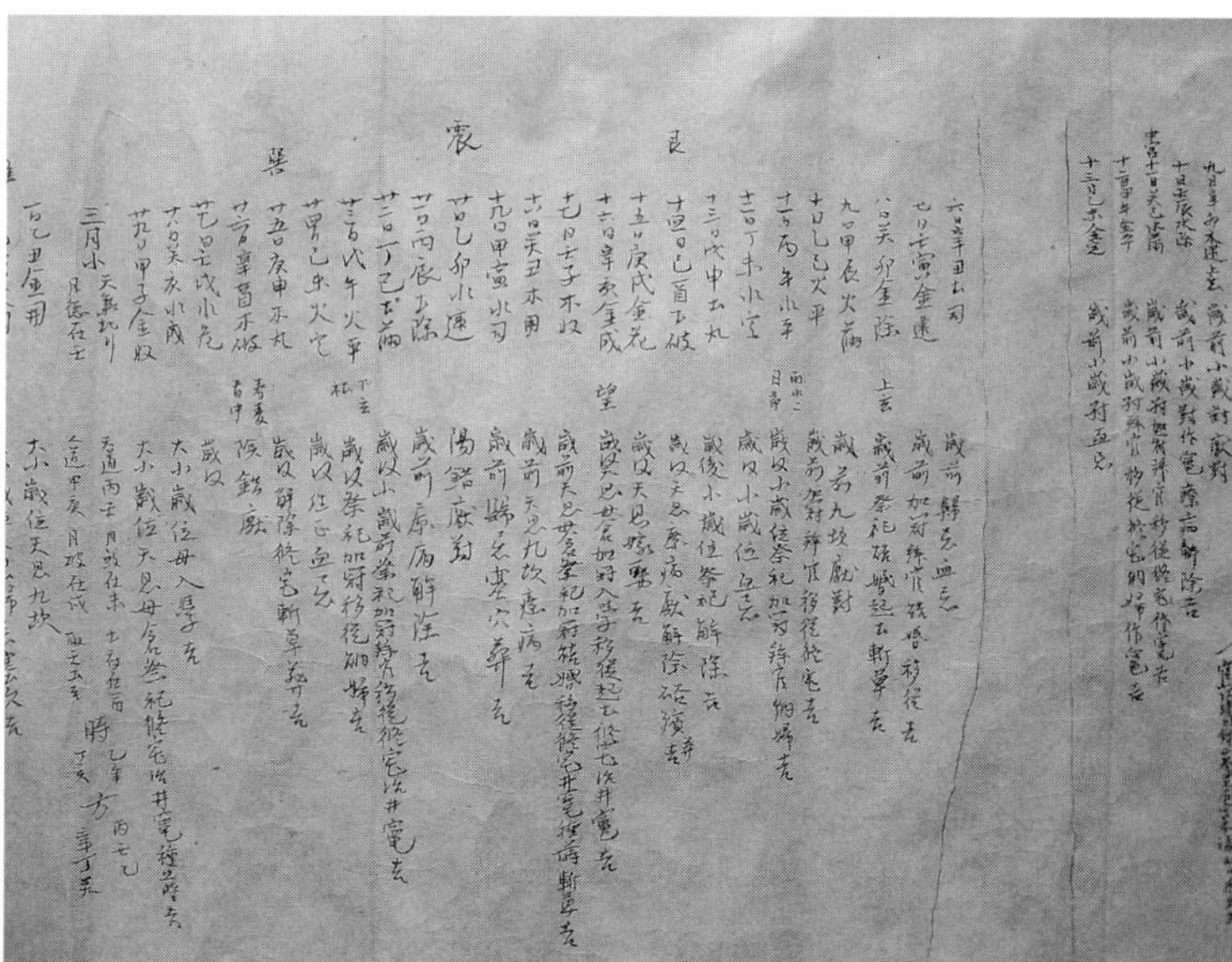

では、本写本はいつだれの手によってどこで写されたものであろうか。

本写本には奥書などもなく、しかも、失われた他の二巻の内容が把握できない現状では手がかりは皆無である。ただ、唯一ヒントになるのが、本写本が続集の文書をふくむ点である。前述のように、続集は、明治八年以降に整理がはじめられたものだから、それをふくむ本写本も、当然それ以降のものであると考えられる。

書写された文書の内容から、筆写の目的を探ることも考えられるが、天平宝字二三年のものが多いというほかには、写し取られた文書に一定の傾向は見出せないようである。むしろ、筆写したひと、もしくは筆写を命じた人物が興味の赴くままに、種々の文書を抜き書きした印象が強い。献上文書のように、かならずしも正集・続集の排列にしたがっていないことも、それを裏づけているように思う。

おわりに

以上、架蔵の正倉院文書の写本について、かんたんに紹介してきた。文字通りのたんなる「資料紹介」であって、本写本がなにものであるか、肝腎なところはなに一つあきらかにできないままである。じつは、はやくに本写本を入手しながら、ながらく放置していたのも、多少の調査ではいっこうに本写本の来歴をあきらかにすることができなかったからである。それをいまになって公開するのは無責任な気もするが、この上は、正倉院文書に詳しい研究者のかたがたのお智恵を拝借するしか解決の途はないと判断したからである。

ここ十数年のあいだに正倉院文書の研究が飛躍的に進み、ここで取り上げた正倉院文書の写本の問題についても、さまざまな角度からアプローチがこころみられている。そうした風潮に意を強くして、ここに弊架の資料を紹介し、博雅のご教示を乞う次第である。

〔補註〕

（１）井上先生が所蔵しておられたのは、宝亀三年九月二十七日の年紀のある「葦浦継手手実」で、大日本古文書未収のものである。国立歴史民俗博物館編『正倉院文書拾遺』（便利堂、平成四年四月）一二一頁にその図版が、さらに一九九頁に解説がみえている。この文書は、現在では国立歴史民俗博物館に寄贈されたとうかがっている。

（２）大日本古文書がこれを「正集三十四」とするすのは誤記。

（３）原文書は紙面に「生江息嶋印」があるが、他の正倉院文書でしばしばみかける印の模写は本写本にはない。

（４）原文書は紙面に「鳥豊名印」があるが、他の正倉院文書でしばしばみかける印の模写は本写本にはない。

第二章　三品彰英博士の書簡一通

ここに紹介するのは、古代朝鮮史や神話の研究でつとに令名の高い三品彰英博士（一九〇二〜一九八一）が、舞鶴にあった海軍機関学校教授時代に恩師の三浦周行博士にあてた書簡である。

筆者は、べつにも書いたことがあるが（「いわゆる「三浦・瀧川論争」の一資料―三浦博士の自筆原稿の出現―」拙著『記紀と古代史料の研究』〈国書刊行会、平成二十年三月〉所収）、三浦周行博士関係の資料とはなぜか縁があり、ここ二十年足らずのあいだにかなりの量のものを蒐集してきた。多くは古書肆から購入したり、他人から譲られたもので、博士の歿後、遺族が処分されたものが坊間に出回ったと仄聞している。

ここに紹介する三品彰英博士の書簡は、平成十年ごろ、兵庫県尼崎市の図研という古書店から三浦周行博士の辞令を購入した際にこれらに混じっていたものである。

ちなみに、三浦周行博士の辞令は、明治から大正年間にかけてものが全部で二十五通あり（参考までに、このうちの二点を図版で掲げる）、これらもまた学史的に貴重な資料ではあるが、いまは詳しくふれない。

件の書簡は、封書もなく、発信の詳しい年月も定かでないが、三品彰英博士が三浦周行博士にあてたものであることはまちがいなく（三浦周行博士の辞令とともに博士の手元に残ったのであろう）、また便箋裏にしるされた三品彰英博士の住所が「京都府中舞鶴町榎川通り五丁目」とあるから、これまた海軍機関学校教授時代の書簡であることも疑いない。

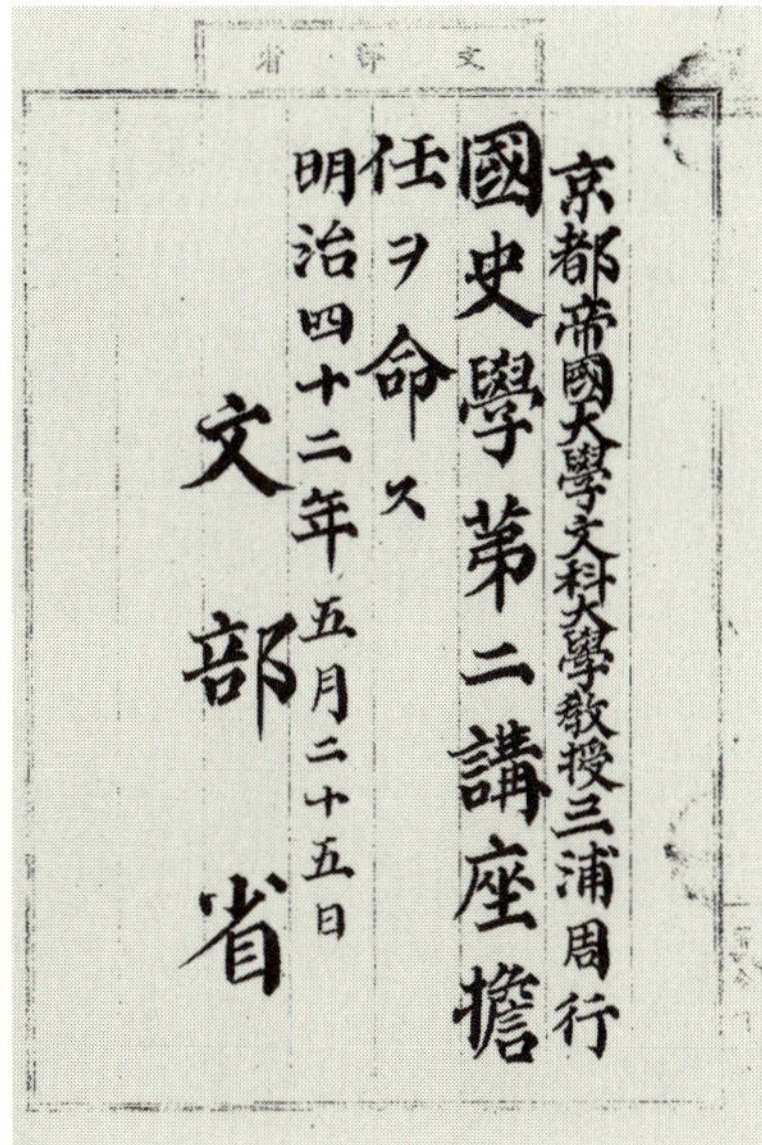

文部省

京都帝國大學文科大學教授三浦周行
國史學第二講座擔任ヲ命ス
明治四十二年五月二十五日
文部省

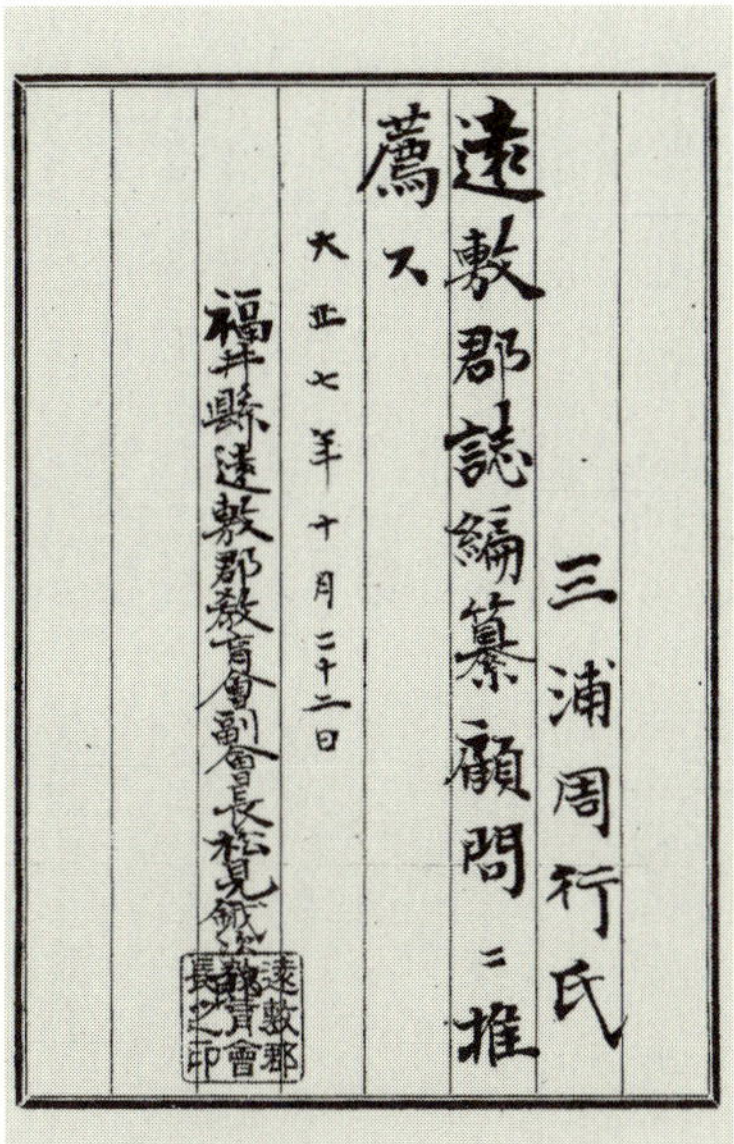

三浦周行氏
遠敷郡誌編纂顧問ニ推薦ス
大正七年十月二十二日
福井縣遠敷郡教育會副會長松見鍼次
遠敷郡教育會長之印

関係者がすでに物故した現在では学史的な価値も少なくないと思われるので、ここに本誌の餘白を借りて、全文を紹介する次第である。なお、飜刻にあたっては、常用漢字については常用漢字体に改めるとともに、適宜原文にある以外の箇所にも句読点を附した。

○

謹啓

時下追々春暖に向ふ折柄上先生はじめ皆々様如何御消光あらせられ候哉、御伺い申上候。旧冬来小生大学病院入院中は色々御心配被下深く感謝仕り候。其の後は未だ全治に至らず候へども、次第に経過良好に候へば、乍他事御休神被下度候。

扨て今回文学部長より公文を以て機関学校に宛て小生を講師に招致するの旨達し有之。右に就き機校当局に於ては人事関係のことは決し難く、海軍省の方へ機校より取り次ぐとのことに候。之に就き部長よりの公

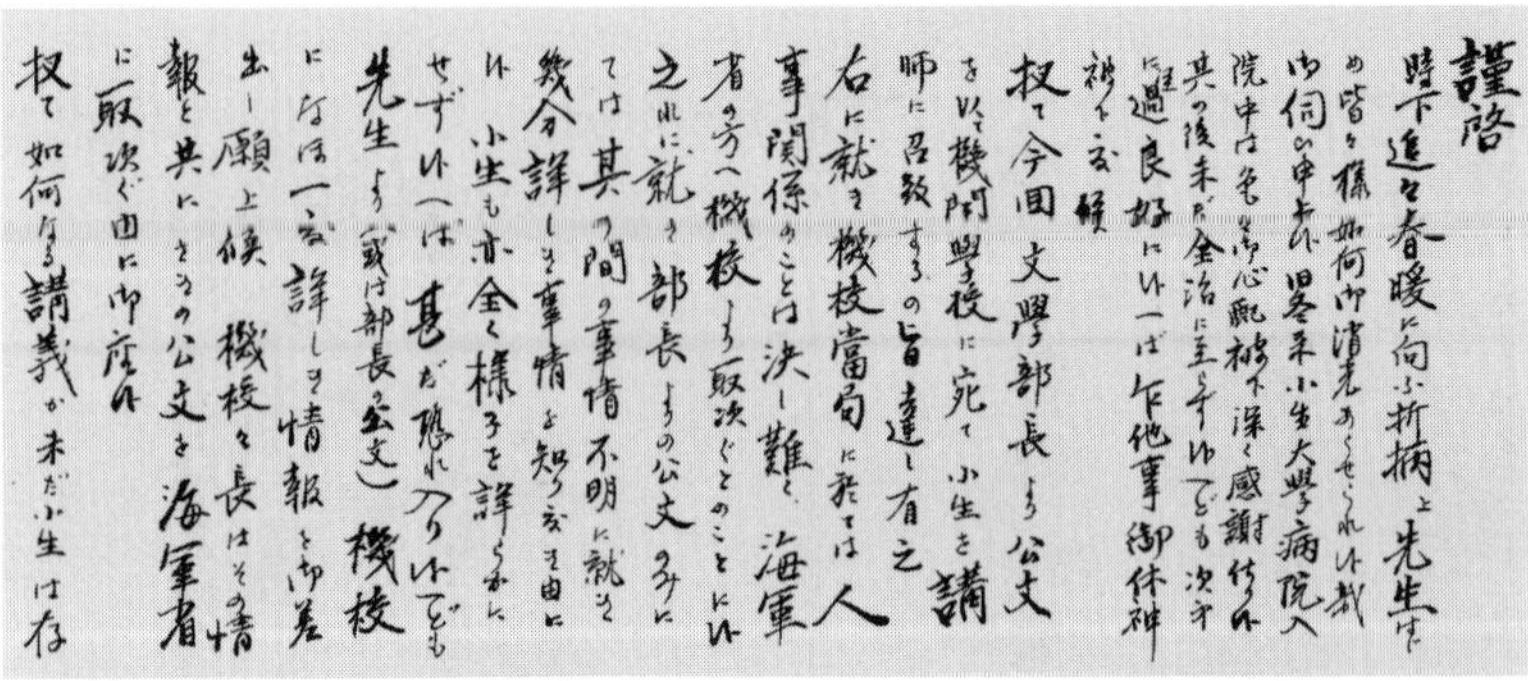
謹啓
時下追々春暖に向ふ折柄上先生はじ
め皆々様如何御消光あらせられ候哉
御伺ひ申上げ候 昨年小生大学病院入
院中は色々御心配被下深く感謝仕り候
其の後未だ全治に至らず候ても決して
に経過良好に候へば乍他事御休神
被下度候
扨て今回文学部長より公文
を以て機関学校に宛て小生を講
師に召致するの旨達し有之
右に就き機校当局に於ては人
事関係のことは決し難く海軍
省の方へ機校より取次ぐとのことに候
之れに就き部長よりの公文のみに
ては其の間の事情不明に就きいくぶ
ん詳しき事情を知り度き由に
候 小生も亦全く様子を詳らかに
せず候へば甚だ恐れ入り候へども
先生より（或は部長の公文）機校
になほ一度詳しき情報を御差
出し願上候 機校々長はその情
報と共にさきの公文を海軍省
に取次ぐ由に御座候
扨て如何なる講義か未だ小生は存

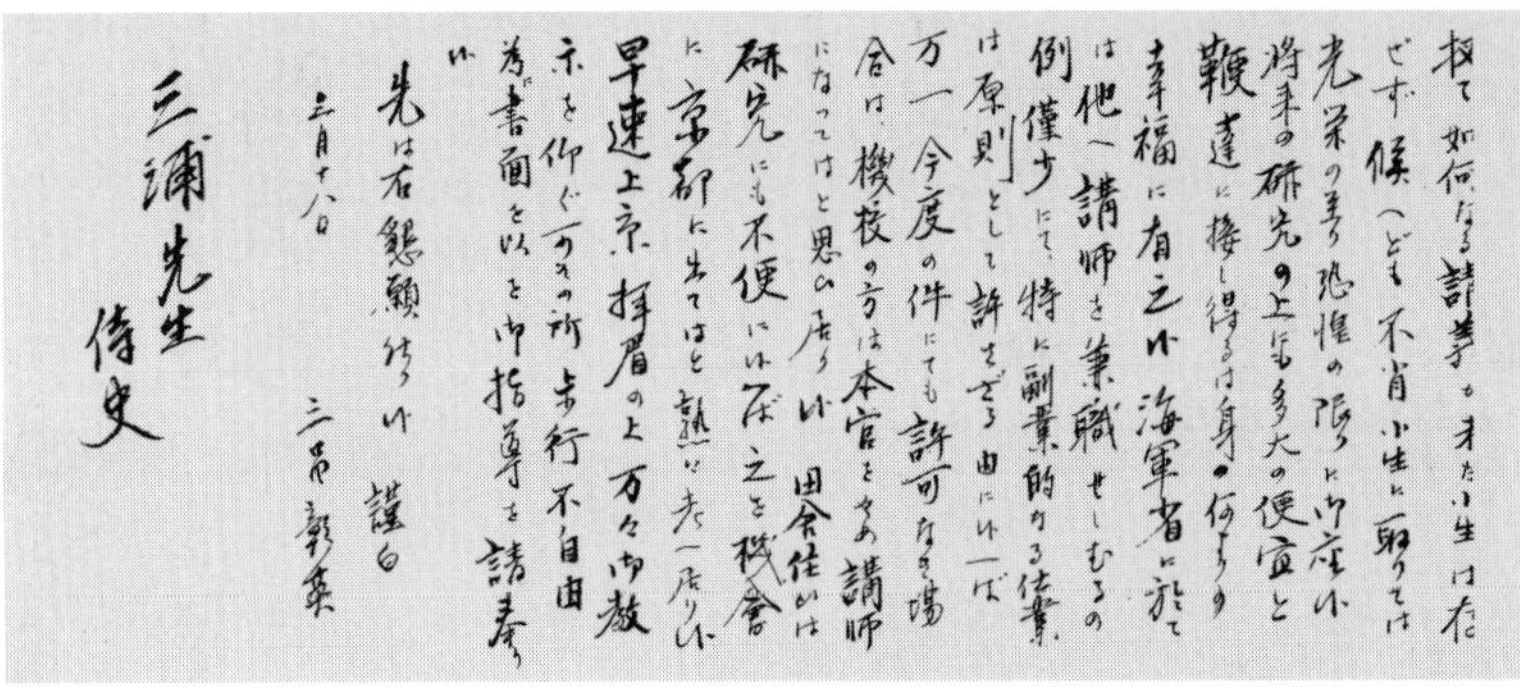
ぜず候へども不肖小生に取りては
光栄の至り恐惶の限りに御座候
将来の研究の上にも多大の便宜と
鞭撻に接し得るは身の何よりの
幸福に有之候 海軍省に於て
は他への講師を兼職せしむるの
例僅少にて特に副業的なる仕業
は原則として許さざる由に候へば
万一今度の件にても許可なき場
合は機校の方は本官をやめ講師
になつてはと思ひ居り候 田舎住いは
研究にも不便に候へば之を機会
に京都に出てはと熟々考へ居り候
早速上京拝眉の上万々御教
示を仰ぐ可きの所歩行不自由
為め書面を以て御指導を請奉り
候
先は右懇願仕り候 謹白
二月十八日 [illegible]
三浦先生
侍史

文のみにては其の間の事情不明に就きいくぶん詳しき事情を知り度き由に候。小生も全く様子を詳らかにせず候へば、甚だ恐れ入り候へども先生より（或は部長の公文）機校になほ一度詳しき情報を御差出し願上候。機校々長はその情報と共にさきの公文を海軍省に取次ぐ由に御座候。

扨て如何なる講義か未だ小生は存ぜず候へども不肖小生に取りては光栄の至り恐惶の限りに御座候。将来の研究の上にも多大の便宜と鞭撻に接し得るは身の何よりの幸福に有之候。海軍省に於ては他への講師を兼職せしむるの例僅少にて、特に副業的なる仕業は原則として許さざる由に候へば、万一今度の件にても許可なき場合は、機校の方は本官をやめ講師になつてはと思い居り候へば、田舎住いは研究にも不便に候へば、之を機会に京都に出てはと熟々考へ居り候。早速上京拝眉の上万々御教示を仰ぐ可きの所、歩行不自由、為に書面を以て御指導を請奉り候。

先は右懇願仕り候　　　　　　　　謹白

三月十八日　　　　　　　　　　三品彰英

三浦先生

侍史

○

三品彰英博士のご経歴については、あらためて紹介するまでもないが、明治三十五年（一九〇二）七月、滋賀県野洲郡小津村（現在守山市三宅町）のお生まれ。大正十四年（一九二五）三月第三高等学校文科乙類をご卒業ののち、京都帝国大学文学部史学科に入学、昭和三年（一九二八）三月にご卒業された。同年四月からは大学院に入学されたが、七月には海軍機関学校教授嘱託、十二月には海軍教授・海軍機関学校教官となり、さらに、昭和十九年（一九四四）十月には海軍兵学校舞鶴分校教官となり、終戦の年十月に依願免官となるまで務められた。この間、昭和十二年（一九三七）二月から翌年二月までエール大学客員教授に招聘されたほか、戦後は、大谷大学・同志社大学教授を経て、昭和三十五年（一九六〇）十月に大阪市立博物館長に就任、同四十三年（一九六八）三月までその任にあったことはよく知られている。昭和四十六年十二月十九日に六十九歳で逝去されるまでに、処女出版の『建国神話論考』（目黒書店、昭和十二年十月）をはじめ、『朝鮮史概説』（弘文堂、昭和十五年八月）、『日鮮神話伝説の研究』（柳原書店、昭和十八年六月）、『新羅花郎の研究』（三省堂、昭和十八年十二月）などを矢継ぎ早に刊行し、神話学・朝鮮史など幅広い分野で多数の実証的な研究を公にされたが、その全貌は、『三品彰英論文集』全六巻（平凡社、昭和四十五年〜同四十六年）によってうかがうことが可能である。

なお、三品彰英博士の経歴・業績については、『古代文化』二四—三（昭和四十七年三月）に掲載された「三品彰英先生略歴」と「三品彰英先生著作目録」が詳細であるが、ほかにも、歿後、岸俊男先生が『日本歴史』二八六（昭和四十七年三月）の「学界消息」欄に寄稿された「三品彰英博士の訃」をはじめ、『国史大辞典』第十三巻（吉川弘文館、平成四年四月、三二一〜三二二頁）と『日本史大事典』第六巻（平凡社、平成八年二月、四一五頁）に、上田正昭先生・井上秀雄先生がそれぞれ「三品彰英」の項目を執筆しておられるし、『日本史研究者辞典』（吉川弘文館、平成十一年六月）にも無記名ながら、その項目があり、いずれも有益である。右にあげた博士のご経歴もそれらに負うものである。

○

さて、書簡であるが、一見してあきらかなように、海軍機関学校在任中に京都帝国大学の講師の委嘱を受けたことに関するものである。

残念ながら、封書を缺いており、末尾の日付も「三月十八日」とあるだけで、何年のものかは判然としない憾みがある。

ただ、京都帝国大学の史学研究会の機関誌『史林』一六—三（昭和六年七月）・同二一—三（昭和十一年七月）・同二三—二（昭和十三年四月）・同二五—二（昭和十五年四月）・同二七—三（昭和十七年七月）各号の彙報欄の各年次の文学部史学科の開講科目一覧や、京都大學文學部編『京都大學文學部五十年史』（京都大學文學部、昭和三十一年十一月）三七三

頁以下の講師（非常勤）一覧などによって確認すると、戦前に限っていえば、博士は、昭和六年（古代日鮮関係史）・同十一年（朝鮮通史）・同十三年（朝鮮史）・同十五年（朝鮮古代史の特殊問題）・同十七年（朝鮮史）の五箇年にわたって京都帝国大学に出講されている。

文面からの推測であるが、三品彰英博士ご自身が唐突な講師の委嘱にいささか戸惑いをみせておられる様子がうかがえるところから、はじめての出講に際してのやりとりであった可能性が大きい。その点から判断すると、この手紙は昭和六年三月に認められたものであるとみてよいのではあるまいか。

舞鶴在任中の三品彰英博士については、昭和十六年四月から四年餘り博士の同僚であった関西大学名誉教授の横田健一先生からしばしば直話をうかがったことがあるし、その一端は、『古代文化』二四—三（昭和四十七年三月）に掲載されている横田先生の「三品彰英先生の憶い出」にもみえている。これらによって、戦時下の不自由な時代、地方在住にもかかわらず、博士は、孜々として研究に打ち込み、充実した生活を送っておられたかの印象が、筆者にはあった。しかし、三浦周行博士にあてたこの手紙からは、舞鶴での研究生活がけっして満足のいくものではなかったことがうかがえる。文中、「万一今度の件にても許可なき場合は、機校の方は本官をやめ講師になつてはと思い居り候へば、田舎住いは研究にも不便に候へば、之を機会に京都に出てはと熟々考へ居り候」とあるのは、若手研究者の多くが経験する将来への不安を吐露した一文として、身につまされるものがある。

○

それはともかく、京都帝国大学における三品彰英博士の講義は斬新で、当時史学科で国史・東洋史を学ぶ若者に強いインパクトを与えたようである。さきに紹介した横田健一先生は、昭和十三年と十五年の二度三品彰英博士の講義を聴講し、文化人類学や民俗学に関心を抱くようになられたという（ただし、昭和十三年度の講義の題目は、『史林』によれば「朝鮮史」とあるが、横田先生の追悼文では「満鮮における古代国家の形成」としるされている）。また、直木孝次郎先生も、昭和十七年度の講義を聴講されたときの思い出を『日本書紀研究』第二十冊（塙書房、平成八年十月）に寄せた「三品先生の思い出」のなかで、つぎのように綴っておられる。

「三品彰英先生の講筵に列したのは、一九四二年、私が京都大学二回生のときである。太平洋戦争は、前年十一月にはじまっており、二年上級の人々は、一九四二年三月卒業の予定を四か月くりあげて、四一年一二月に卒業した。私たちが、二回生に進級した四二年四月に三回生となった人々―のちの関西大学教授有坂隆道さんや富山大学教授梅原隆章さんのクラス―は四二年九月に卒業して行った。私たちのクラスもこの時に三回生になった。つまり二回生の期間は半年という慌しさだった。

だからせっかく舞鶴の海軍機関学校から出講して下さる三品先生の授業も、半年しか受講できなかった。二、三年前までは、柳田国男や折口信夫など名だたる大家の集中講義があったということを、先輩からよく聞かされたが、戦局がきびしくなった私たちの時にはもう望めなかった。（中略）やはり古代に関心があったからだろう。特講のなかでは三品先生のと東伏見先生のとが面白かったのも、ひとつはそのせいだろう。

とくに三品先生の神話の研究には魅了された。五〇年以上前のことだし、当時のノートは戦災で失っているし、正確なことは思い出せないが、比較神話学の方法で日本神話を解明する、きわめて実証的・科学的な研究であったと思う。先生の最初の著書『建国神話論考』と、第二の研究書『日鮮神話伝説の研究』にまとめられた業績を踏まえた講義であった。このとき先生は四十五歳、研究者としてもっとも充実しておられたころではなかろうか。半年で先生の講義が終るのが残念であった。レポートには出雲神話と日向神話の比較を書いて優をいただいた。（後略）」（四五五〜四五六頁）

戦後、機関学校を辞して京都に戻られた三品彰英博士が中心となって、昭和三十三年（一九五八）に日本書紀研究会が発足するが（這般の事情については、江畑武「日本書紀研究会紹介」『朝鮮学報』第二四輯、昭和三十七年、に詳しいので参照されたい）、この会に前出の横田健一先生や直木孝次郎先生が参加され、会の中心メンバーとしてながく活躍されるが、その背景には戦中の京都帝国大学における博士の講義の存在があったといえよう。

○

なお餘談になるが、直木孝次郎先生は、さきの「三品先生の思い出」のなかで、横田健一先生が、『日本書紀研究』第八冊（塙書房、昭和五十年一月）「序」において、「ここで思い出すのは、その〔昭和〕一八年、学界で最も進歩的であった某史学専門雑誌に、先生の学問が米英科学的（ママ）であると論難した批評が掲載された。米英を相手に戦っているときに、米英科学的（ママ）と評せられることは、まかり間違えば生命とりになりかねない。しかし先生は、この評を読んで呵々大笑されたのみであった」（「序」二頁）とお書きになったこと（このエピソードは、『古代文化』掲載の「三品彰英先生の憶い出」にもみえている）について、つぎのようにしるしておられる。

「某史学専門雑誌は『歴史学研究』であると横田さんから伺った。ただし『歴史学研究』の総目録を検した限りでは、三品先生の著書は独立した書評としては取りあげられていない。右の批評は学界動向のような欄に見えるのだろう。

それにしても先生が米英的とも評されるぐらい自由な学風を維持できたのは、学問に理解のある海軍の学校に勤めておられたのが、却ってよかったのかもしれないが、先生の御性格による所が大きかったのであろう。」（四五七頁）

これをみると、直木先生は原文を確認しておられないようであるが、この点については、三品彰英博士ご自身が、『三品彰英論文集』第三巻（平凡社、昭和四十六年九月）の「あとがき」で『歴史学研究』の原文を引用しつつふれておられるので、興味のあるかたはこちらを参照されたい。そこには、控え目ながら、かつて「欧米科学的」と評された戦時中のご自身の研究を、発表から三十年を経てほぼそのままの形で論文集第三巻に収録することに対する自負が垣間みえている。

〔附記〕

近刊の上田正昭先生の自伝『アジアのなかの日本再発見』（ミネルヴァ書房、平成二十二年六月）の「恩師の方々」の一節には、井上秀雄氏とともにいつも三品先生のそばにいたので、口の悪い学生から「三品の狛犬」といわれたエピソードなど、三品彰英先生の回顧があり、有益である。

第三章　角田文衞著『平城時代史論考』

古代學協會理事長の角田文衞博士（以下、「著者」と略す）が、このたび、『平城時代史論考』（以下、「本書」と略す）と題する論文集を刊行された。

著者は、大正十二年（一九一三）四月のお生まれだから、今年で九十四歳。古代学の泰斗として八面六臂の活躍ぶりは周知のとおりだが、ご高齢の著者が、近年、こうした新刊をつぎつぎと上梓されるさまを目の当たりにして、その超人ぶりにはいまさらながらに驚嘆せざるをえない。

本書は、著者がこれまで雑誌や本に発表されたり、あるいはその後著書に収めたりしたもののなかから、奈良時代を中心とする論文十四篇を収録したものである。収録論文は、つぎのとおり。

①「日本古代史の時代区分」
②「後宮職員令考釈」
③「池原綱主」
④「天平五年の『右京計帳』の断簡」
⑤「国分寺の創設」
⑥「国師と講師」
⑦「丹後国分寺の本尊―並びに山田氏蔵金銅半跏思惟像に就いて―」

⑧「天平十五年十一月八日の『写経用紙充受文』」
⑨「天平感宝」元年の勅書」
⑩「天平勝宝元年の『造東大寺司解』―奈良時代の勤務評定―」
⑪「宝亀八年の『民部省牒』」
⑫「小治田朝臣安萬侶の墓」
⑬「備中国下道氏塋域に於ける一火葬墓」
⑭「京都府長岡町出土の骨壷」

ちなみに、本書の題名にある「平城時代」は、①によれば、「土器葬制政治史ニヨル時代区分」において、七世紀中葉から平安遷都までを指す用語であるという。

右の論文のうち、⑫〜⑭が『角田文衞著作集』の第二巻「国分寺と古代寺院」（法蔵館書店、昭和六十年九月）に、①・④・⑧〜⑪がおなじく第三巻「律令国家の展開」（法蔵館書店、昭和六十年三月）に、また、③が角田氏『王朝の映像』（東京堂出版、昭和四十五年八月）に、それぞれ収録されており、今回はその再録となる（ただし、④と⑧は、もと一続きの論文にして、著作集第三巻にも一篇として収録される）。

著作集収録の諸篇については、著作集各巻の「あとがき」に著者ご自身のコメントがあるので、そちらをご覧いただくとして、ここでは、今回はじめて著書に収録された②・⑤・⑥・⑦にふれておく。

②は、律令研究会編『譯註日本律令』第十巻令義解譯註篇二（東京堂出版、平成元年四月）のために書き下ろされた後宮職員令義解の注釈。『日本の後宮』（學燈社、昭和四十八年五月）をはじめとする、後宮とそこに生きた女性について、深い蘊蓄のある著者ならではの詳細な注解で、百二十六頁にも及ぶ。まさに本書中の雄篇である。

⑤・⑥の二篇は、いずれも角田氏編『新修国分寺の研究』第六巻（吉川弘文館、平成八年三月）のために書き下ろされたもので、②とともに、本書の目玉といってもよい。しかも、この二篇は、本書収録の諸論文のなかではもっとも新しいもので、『國分寺の研究』上下（考古学研究会、昭和十三年八月）の編輯以来、長年この方面の研究に心血を濺いでこられた著者の、集大成ともいえる論文である。⑤では、国分寺の創建について、研究史をふまえつつ、自説を展開し、⑥では、古代の仏教史上重要な役割を果たしてきた国師・講師・読師の制度の変遷を詳細に跡づけるが、⑤が六十六頁、⑥が四十一頁と、二篇で本書の四分の一以上を占める。いずれ劣らぬ力のこもった労作である。

著者は、かつては、天武天皇十四年（六八五）三月の「諸国毎家作仏舎。乃置仏像。及経。以礼拝供養」という詔にもとづき、各地の国府に国府附属寺院（国府寺）が置かれ、それが聖武天皇によって発展的に解消され国分寺・国分尼寺になる、と考えておられた。しかし、⑤では、(一)天武天皇が出した詔は、郡司層に対し寺院の設立を勧告したもので、いわゆる国府附属寺院や国分寺の発祥を示す史料ではない、(二)八世紀初頭に国家的な法会を執行する道場として国府附属寺院が置かれたが、これが国分寺に転用されることはなかった、など、ずいぶん旧説を改めておられる。こうした所説は、戦後飛躍的に進んだ各地の国分寺の発掘や研究の成果を咀嚼・吸収した、穏当な結論として首肯できるが、『角田文衞著作集』第二巻（前掲）所収の諸論文との齟齬には注意が必要である。

なお、⑦は、山田米太郎氏所蔵の金銅半跏思惟像が、丹後国分寺設置当時の本尊であることを考証したもの。著者は、同氏編纂の『國分寺の研究』下（前掲）一〇〇七頁以下でみずから丹後国分寺の項目を担当し、この仏像についても考証しておられる。

以上、駆け足で、本書の内容を紹介しつつ、若干のコメントを附してきたが、著者の業績をよく知るかたにはおわかりのように、本書は、著者がこれまで公にした古代学関係の論文のごくごく一部に過ぎない。標題の「平城時代」関聯のものに限っても、本書所収の論文はまさに九牛の一毛である。たとえば、著書の学風とも言える人物史の研究については、本書には、③しか収められていない。そのため、「伊福吉部徳足比売」・「藤原袁比良」・「葉栗臣翼の生涯」などの珠玉の人物伝は、いわゆる王朝三部作やその後編まれた『角田文衞著作集』第五・六巻の「平安人物志」上下（法藏館書店、昭和五十九年五月・同六十年七月）、さらには『佐伯今毛人』（吉川弘文館、昭和三十八年七月）といった単行本によって補っていただくほかない。

とはいえ、本書は、著者の学風を端的にあらわした珠玉の論文によって構成されており、その意味では、角田史学における「平城時代」研究の精華集である。日頃著者の論著から多大な学恩を蒙る一人として、評者は、本書を江湖にお勧めする次第である。

あとがき

本書は、筆者が近年公表した論文のなかから、おもに古代史料に関する論文を中心に、長短十六篇を択んで整理・類聚したものである。国書刊行会からは、平成二十年二月に『記紀と古代史料の研究』を、翌年三月には『風土記研究の諸問題』という論文集を出版していただいたが、本書はこれらにつぐもので、両著の刊行前後からこんにちに至るまでの間に公にした論文をもって構成した。内容的には前著二冊を承けたものだが、書名についてはとくに妙案のないまま、風土記に関する研究が分量的に多いことに因み、「風土記と古代史料の研究」と題することにした。今回の収録にあたっては、旧稿に一部加筆・修正を施したほか、図版の差し替えや増補をおこない、章によっては題目を多少改変したことをお断りしておく。

以下、前著に倣って、収録論文の初出書誌や執筆の動機などをしるしておく。

Ⅰ「**風土記の研究**」には、古風土記に関する研究七篇を収めた。**第一章「『摂津国風土記』「比売嶋」小考」**は、勤務先の機関紙『皇學館大学史料編纂所報　史料』第二二六号（平成二十二年六月）に掲載したもので、『摂津国風土記』逸文にみえる比売嶋の所在地について考えたものである。『摂津国風土記』逸文を総括的に考証した論文としては、前掲『風土記研究の諸問題』第四章に収録した「『摂津国風土記』をめぐって」があるが、本章はその一つ「比売島松原」を取り上げたものである。そもそも比売嶋を問題としたのは、応神天皇の大隅宮の所在地について考えたことがきっかけである。難波における応神天皇の行宮の存した大隅は、この比売嶋と近接した地名であったらしく、大隅宮を取り上げれば、必然的に比売嶋にも言及せざるを得なかった。

なお、大隅宮については、第二章「初期難波宮覚書—応神・仁徳天皇と難波の宮居—」で論究した。これは、第一章と同時進行で執筆したもので、皇學館大学人文学会発行の『皇學館論叢』第四三巻第四号（平成二十二年八月）に掲載された。こちらはもっぱら大隅宮の所在地の考証に終始しており、風土記の専論とはいえないが、第一章との関聯からここに収めた。

第三章『丹後国風土記』について」は、やはり、風土記逸文に関する研究で、いまは廃刊になった學燈社の『國文學—解釈と教材の研究』第五四巻第七号（平成二十一年五月）に掲載された一篇である。『丹後国風土記』残缺については、かつて古風土記の逸文かとも思ったが、いまは後世の偽作と考えている。

第四章「播磨と出雲—『播磨国風土記』にみえる出雲国人の往来をめぐって—」と第五章「播磨と讃岐—『播磨国風土記』からみた両国の交流—」の二篇は、ごく最近の発表にかかるもので、それぞれ『皇學館大学史料編纂所報　史料』第二二九号（平成二十三年三月）・第二三二号（平成二十三年十二月）に活字にしたばかりのものである。内輪の恥を晒すようだが、勤務先の機関紙もご他聞にもれず慢性的な原稿不足で、紙面に穴が空くような場合には、編輯担当の所員が埋め草を用意するという自転車操業の繰り返しで、ピンチを凌いできた。そのため、調査がじゅうぶん行き届かないものを、見切り発車のかたちでまとめることも一再ではなかった。ここに収録した二篇も、そうした事情から急ぎ組稿したもので、覚書の域を出ない内容である。しかし、『播磨国風土記』にみえる諸国との交流伝承については、史実を反映した可能性も大きいので、今後も引き続き考察を深めたいと祈念している。

つづく第六章「九州風土記の成立をめぐって」は、風土記研究会の機関誌『風土記研究』第三三号（平成二十三年六月）に掲載されたもの。この原稿は、平成二十年九月六日に開催された第六回風土記研究会研究発表会（於別府大学別府キャンパス）におけるシンポジウム（テーマは「九州風土記を考える」）にパネリストとして参加した際、基調報告のために用意したものである。九州風土記の成立に関する研究史を整理しつつ、問題点を指摘し、あわせて私見をのべたものだが、はやく『皇學館論叢』第二八巻第二号（平成七年四月）に載せた同名の論文（のち拙著『古代史研究と古典籍』〈皇學館大学出版部、平成八年九月〉所収）の繰り返しが多く、新味に掬すべき点に乏しい。ただ、他のパネリスト（多田一臣先生・荻原千鶴先生）らと討議や質疑応答はたいへん有意義で、大いに刺戟をうけた。生来の面倒臭がりで、学会やシンポジウムは敬遠することが多いのだが、風土記研究の新進兼岡理恵氏をはじめとする未知の国文・国語学者にお目にかかれたことはありがたかった。湯煙が立ちのぼる別府の街とともに、いまも懐かしい思い出である。

最後の**第七章「百園花園文庫の風土記関係史料について**―敷田年治の風土記研究・追考―」は、神宮文庫における百園花園文庫の再調査にもとづく、敷田年治翁の風土記研究に関する修正的報告である。百園花園文庫所蔵の資料は、かつて皇學館大学の佐川記念神道博物館に助手として勤務していた太田光俊氏（現三重県立博物館勤務）らが整理にあたったもので、この覚書の発表直後、「百園花園文庫目録を活用してくださったのは、先生が最初です」といってよろこんでおられたのが印象的であった。この文庫には、本章で言及した以外にも、幕末・明治の国学研究の貴重な資料が豊富にある。残念ながら自分はそこまで手が回らないが、太田氏ら労に報いるためにも、同文庫は今後おおいに活用されるべきだと思う。若手研究者の精進に期待したい。

つぎにⅡ「**古代史料とその研究**」には、三篇の論文を収めるが、いずれも相互に関聯はない。**第一章「帝王系図と年代記**」は、『皇學館論叢』第四三巻第六号（平成二十二年十二月）に掲載したもので、『日本書紀』の「系図一巻」についての、筆者のもっとも新しい研究である。旧案を多少訂正したところがあるので、「系図一巻」に関する私見は、今後本章によられたい。ただ、ごく最近発表された塚口義信「『日本書紀』と『日本紀』の関係について」

（『續日本紀研究』第三九二号、平成二十三年六月）は、「日本紀」は「日本書紀」三十巻と「系図一巻」の総称だとする前人未発の劃期的新説で、これを認めるとすれば、拙論もまた再考を促されるのであって、本章をもって「系図一巻」に関する最終案とはなしえないようである。

第二章「**孝徳天皇朝の阿倍氏**—阿倍倉梯麻呂を中心に—」は、『皇學館大学史料編纂所報　史料』第二一七号（平成二十年十月）に掲載したもの。孝徳天皇朝における阿倍氏の動向について、阿倍倉梯麻呂を中心に論じ、あわせて、改新政府内部に、中大兄皇子派と阿倍倉梯麻呂・蘇我石川麻呂派の対立があったとする説に対する批判をのべている。

第三章『**承和九年の広湍秋麻呂売券をめぐって**—伊藤寿和氏「大和国の条里関連史料についての基礎的研究」にふれて—」は、私蔵の当該古文書について、偽文書ではないかとする伊藤寿和先生のご批判をうけて再考したものである。この文書についてはその後もいろいろと考えてはいるが、やはり、痛感するのは、やはり、古文書の史料性を論じることのむつかしさである。

Ⅲ「**外国史料の読解**」も、やはり三篇の論文を収録している。第一章「**註解・魏志倭人伝**」は、勤務校の『皇學館大学紀要』四九輯（平成二十三年三月）に載せた一篇。魏志倭人伝の注釈の体裁をとりつつ、邪馬臺国の所在地をめぐる、従来の諸説に対する私案を展開したものである。筆者は、はやくから比較的旗色鮮明な九州説論者（具体的には邪馬臺国を筑後川中上流域に比定）だったが、学界の現状では、文献学の立場から、邪馬臺国問題について発言する機会もなく、私案をまとめようなどとは思いもよらなかった。ただ、最近では、大学院に進学してくる学生でさえ、倭人伝を読んだことがないという若者が多い。そこで、昔作ったノートを頼りに、久しぶりに講義で取り上げてみた。本章は、それを整理して原稿化したものである。邪馬臺国の所在地をめぐる議論は、近年ではもっぱら考古学者の専売特許となってしまった感があるが、それでも倭人伝が歴史書の一部である以上、まずは文献史学の立場から読み解くべきである。それゆえ、かかる作業が、まったく無意味だとは思えない。
なお、倭人伝といえば、勤務校の学長だった故大庭脩先生のことを思い出さずにはおれない。大庭先生には、先生が大学院教授として着任された平成四年四月からご逝去の平成十四年十一月まで折にふれてご教示をたまわったが、不思議と倭人伝が話題に出る機会は少なかった。本章執筆の過程で、先生のご著書を読み返しながら、もっとお話をうかがっておけばよかったと後悔したが、いまとなっては後の祭りである。

第二章「南朝冊封体制と倭の五王」は、「四・五世紀におけるヤマト政権をめぐって―南朝冊封体制と倭の五王―」という題目で、豊中歴史同好会の発行する『つどい』第二八一号（平成二十三年六月）に掲載したもの。内容的には、前掲『記紀と古代史料の研究』第Ⅰ篇第四章に収めた「倭の五王に関する一考察―南朝冊封体制における「王」と「国王」をめぐって―」と重複する点が多いが、次章とのかかわりから、あえて末尾の質疑応答とともにここに再録した。

第三章「昇明元年の「倭国遣使献方物」をめぐって―稲荷山古墳鉄剣銘の辛亥年は四七一年か―」は、『皇學館大学史料編纂所報　史料』第二三〇号（平成二十三年六月）に掲載したもので、『宋書』における倭の五王の遣使記録の分析から、稲荷山古墳出土鉄剣銘の「辛亥年」を五三一年とみたところが重要な論点である。最近、『日本歴史』第七六〇号（平成二十三年九月）の「はがき通信」欄に、つぎのような一文を寄せた。

稲荷山古墳の鉄剣銘の辛亥年が四七一年、獲加多支鹵大王＝雄略天皇＝倭王武は、いまや学界の定説です。しかし、いっぽうで、『宋書』にみえる昇明元年（四七七）の遣使は、どう考えても興のそれとしか理解できません。この矛盾に苦しんだ揚げ句、「在斯鬼宮時」を過去形にとり、辛亥年、すなわち銘文が刻まれた年は、五三一年ではないかと考えるに至りました。「暴論」と蔑むことなく、ご批正いただければ幸いです。

これは偽らざる本心で、切に読者諸彦の再考を乞う次第である。

最後のⅣ「史料の周辺」には、短篇三つを収録している。第一章「正倉院文書の一写本―架蔵『正倉院古文書寫』の紹介―」・第二章「三品彰英博士の書簡一通」は、それぞれ『皇學館大学史料編纂所報　史料』第二二七号（平成二十二年九月）・第二二八号（平成二十二年十二月）に載せたもので、お察しのとおり、これらも勤務先の機関紙の埋め草である。編輯担当の号で空き頁が生じると、架蔵のがらくたのなかから、資料的なものを引っ張り出しては少しく考証を加えて駄文を書き散らすのが常となっている。いずれも取るに足りない掌篇だが、こうして紹介した資料の一つ、『九條家本延喜式裏文書』を鹿内浩胤先生がご高著『日本古代典籍史料の研究』（思文閣出版、平成二十三年二月）で言及してくださったのは、嬉しいかぎりである。ここに収めた小論も、文字通りの鶏肋であるが、これらの資料に関してご存じのことがあれば、ご教示たまわりたい。

いま一篇の第三章「書評・角田文衞著『平城時代史論考』」は、日本歴史学会発行の『日本歴史』第七一八号（平成二十年三月）に掲載したもの。角田文衞先生の当該著書を紹介した短文で、ここに収めるのは適切ではない。ただ、角田先生は、筆者の敬愛する歴史学者のお一人で、『日本歴史』編輯部から紹介文の執筆の依頼を受けたときは、ほんとうに嬉しかった。先生を偲ぶ意味で、ここに収録させていただくことをお許しねがいたい。ちなみに、本書第Ⅱ篇第三章で取り上げた承和九年の広湍秋麻呂売券（写）を購入したのも、かつて角田先生の一文（『古代文化』第四十五巻第二号、平成五年二月）によって、文書が先生のご所蔵にかかるものだと知っていたからである。

○

本書の出版計画を国書刊行会に持ち込んだのは、平成二十三年四月のことで、論文集の企画としてはいかにも拙速であった。まだじゅうぶんでなかった計画を慌てて具体化したのには相応の理由があるが、ここで書くような話でもないので省略する。ただ、こうした筆者の慌ただしい申し出に迅速かつ叮嚀に対応してくださったのが、同社編集部の奥山芳広氏であった。四月二十二日、早速、快諾の旨ご連絡いただいたのは感激であった。

そのときは電話でのやりとりだけだったが、聞けば、一月から三月にかけて病気で入院されていたとのこと。驚きとともに、漠然とした不安に襲われたことを、いまもよく憶えている。

やがて原稿の調整も終わり、同年八月四日には、この「あとがき」と索引を除くすべての原稿を印刷所に入稿した。安堵とともに「奥山さんにご報告を……」と思っていたその矢先、三日前の八月一日に奥山氏が逝去されたとの連絡を受けた。訃報はまさに青天の霹靂であったが、同時に、そのような重篤な疾病に冒されていたことを知らずにいた自分の迂闊を恥じた。

思えば、奥山氏は、筆者のような鈍牛にとってはかけがえのない伯楽で、自身の研究成果の公表に際し、氏のご厚意に甘えることがしばしばであった。本書の校正紙すらお目にかけることができなかったことに悔いは残るが、心より同氏のご冥福をお祈りしたい。

合掌

なお、本書の刊行にあたって、平成二十三年度の皇學館大学出版助成金の交付をうけた。大学当局のご配慮にあつくお礼申し上げる次第である。

平成二十三年八月三十一日、大学院研究旅行の最終日、博多の宿舎にて

著者しるす

ま行

や行

ら行

わ行

な行

は行

さ行

た行

索　引

＊この索引は、目次を補うもので、キーワードとなるような主要項目を択んで抽出したが、すでに章名にふくまれている頻出語句については一部省略した。
＊Ⅲ－１「註解・魏志倭人伝」に関しては、各段落の小見出しを魏志倭人伝の項目のところに一括して掲げた。ただし、煩瑣になるので、当該項目に関する記述のある最初の頁数のみを示した。
＊語句は、本文の地の文にあるものに限り、引用文・史料・補註からは原則として採択しなかった。
＊抽出にあたっては、多少字句を整えるとともに、その頁に当該語句がなくても、前後の頁に存在し、叙述が連続している場合は、頁数に加えた。

あ行

か行

【著者紹介】
荊木美行（いばらき・よしゆき）

昭和34年和歌山市生まれ。高知大学人文学部卒業，筑波大学大学院地域研究研究科修了。四條畷学園女子短期大学専任講師・皇學館大学史料編纂所専任講師・同助教授を経て，現在，同教授。博士（文学）〔愛知学院大学〕。日本古代史専攻。『初期律令官制の研究』（和泉書院，平成3年）・『古代天皇系図』（燃焼社，平成6年）・『律令官制成立史の研究』（国書刊行会，平成7年）・『古代史研究と古典籍』（皇學館大学出版部，平成8年）・『風土記逸文の文献学的研究』（学校法人皇學館出版部，平成14年）・『記紀と古代史料の研究』（国書刊行会、平成19年）・『風土記研究の諸問題』（国書刊行会、平成21年）ほか多数の著書がある。

風土記と古代史料の研究（ふどき こだいしりょう けんきゅう）

平成24年3月10日 印刷
平成24年3月20日 発行

ISBN978-4-336-05507-1

著　者　荊　木　美　行
発行者　佐　藤　今　朝　夫

〒174-0056 東京都板橋区志村1-13-15
発行所　株式会社　国書刊行会
電話 03（5970）7421（代表）FAX 03（5970）7427
E-mail : info@kokusho.co.jp URL : http://www.kokusho.co.jp

落丁本・乱丁本はお取替いたします。印刷・千巻印刷産業株式会社

風土記研究の諸問題

荊木美行　鈴木重胤と敷田年治の風土記研究から説き起こし、「常陸国風土記」「出雲国風土記」を中心とした十二論考を収録。『摂津国風土記』逸文、『尾張国熱田太神宮縁起』と『尾張国風土記』逸文、『伊勢国風土記』逸文等を収録。

Ａ５判・上製函入　三四六頁　六三〇〇円

記紀と古代史料の研究

荊木美行　第Ⅰ篇「記紀をめぐる諸問題」・第Ⅱ篇「古代史料とその周辺」・第Ⅲ篇「学史上の人々とその著作」より構成。論文二十三篇を収録。記紀を中心とする古代史料をめぐる、著者積年の研究を集大成。

Ａ５判・上製函入　五一二頁　七三五〇円

風土記逸文研究入門

荊木美行　風土記逸文は、きわめて貴重な存在であるが、逸文として採択されているものの中には逸文として認定してよいかどうか疑問なものがあった。研究者のために逸文の基礎データを容易に解説。

Ａ５判・並製　一四四頁　二六二五円

律令官制成立史の研究

荊木美行　日本における律令編纂の歴史と、律令及び律令官制の成立過程を先行研究を丹念に整理しつつ実証的に考察。行政機構のメカニズムを知る上で重要な大宝律令の役所・役人に関する条文を新たに復原。

Ａ５判・上製函入　三七四頁　五九一三円

※表示価格は税込